노인기의
가치 있는 삶

노인기의 가치 있는 삶

발행일   2026년 1월 27일

지은이   이호재
펴낸이   손형국
펴낸곳   (주)북랩

출판등록   2004. 12. 1(제2012-000051호)
주소   서울특별시 금천구 가산디지털 1로 168, 우림라이온스밸리 B동 B111호, B113~115호
홈페이지   www.book.co.kr
전화번호   (02)2026-5777   팩스   (02)3159-9637

ISBN   979-11-7598-047-1 03190 (종이책)   979-11-7598-048-8 05190 (전자책)

작가 연락처 문의 ▸ ask.book.co.kr

전용 게시판에 문의를 남기시면 저자에게 직접 전달됩니다.

(주)북랩 성공출판의 파트너

북랩 홈페이지와 SNS에서 다양한 출판 솔루션을 만나 보세요!

홈페이지 book.co.kr   •   **블로그** blog.naver.com/essaybook   •   **출판문의** text@book.co.kr
카톡채널 북랩

노인기의 가치 있는 삶

The philosophy of existence that begins again at the end of life

이호재 지음

삶의 끝자락에서, 비로소 삶의 본질을 묻다.
인간의 마지막 공부는 '존재의 의미'를 아는 일이고,
죽음을 준비하는 일은 곧 삶을 완성하는 일이다.

북랩

노인은 몸과 마음이 건강하고
자유로우며 편안하여야 한다

노인기의 과제는
죽음의 강을 어떻게 건너느냐다

여기에는 인생에서
쌓아 온 모든 지혜를
총동원하여야 한다

이것은 삶을 반영하는 것으로
본인의 몫으로 남게 된다

삶

노인이 되었는데도
옳게 사는 법을 모른다면
수치스러운 일이다.

살아간다는 것은 쉽지 않다.
시간을 헛되이 보낸 것이 아닌지
의문을 가져 보아야 한다.

남들처럼
밥을 먹고 잠을 자면서 하루가 지나가고
학교를 다니고 직장에 나가면서 젊음을 보냈다.

오직
바쁘게만 살았을 뿐
삶의 실적은 보이지 않는다.

위대하기는커녕
영예롭지도 않았고
남에게 베풂음도 없었다.

황혼을 맞이하였음에도 텅 빈 가슴이다.
세월은 바람처럼 지나갔고
마음은 서글픔으로 얼룩져 있다.

지금이라도
시간을 아껴서
보람 있는 일을 해야 한다.

신(神) 앞에 성결(聖潔)하여야 하고
자연의 순리를 따라야 하며
품격 있는 삶을 살아야 함이다.

일상(日常)을 위하여서는
신독(愼獨), 전일(專一), 청렴(淸廉),
정제(整齊), 인순(因循) 그리고 퇴양(退讓)으로
마지막 생애(生涯)를 보냈으면 한다.

2026. 1. 15.
이호재

이 책을 읽는
이에게

인생이란 시간과의 처절한 싸움이다.

얼마나 많은 사람들이 짧고 귀한 생(生)을 탕진(蕩盡)하였던가?

후손들이 자신에게 무엇을 하며 살아왔느냐고 묻는다면 어떻게
대답할 것인가?

"인생이란 본인이 만들어 가는 것."

40대까지 삶의 실적에 따른 미흡했던 부분은 부모를 비롯한 학교
교육, 자신이 처했던 성장 환경 등으로 그 원인을 돌릴 수 있지만,
노인기에 접어들어서 인생의 결실에 대한 문제는 남의 탓이라고 말
하기에는 너무나 정당성이 없다.

노인기 삶의 주요 쟁점은 세 가지로 요약된다.

- 현재까지의 삶을 정리하는 것이다.
- 남은 인생을 그나마 성공적으로 이끄는 것이다.
- 앞으로 맞게 될 죽음을 준비하는 것이다.

노인기는 현재의 시점에서 지나온 과거를 점검하고 잘못 살아온 부분을 수정하여 실행 가능한 과업을 찾아 충실히 이행하는 일이다. 죽음을 대비하기 위해서는 후한(後恨)이 없도록 철저하게 삶을 살아가지 않으면 안 된다.

젊은이여! 노인기의 삶을 상상해 보아라. 황혼기를 준비하지 못한 사람들의 마지막 삶은 슬픔 바로 그 자체다. 그들의 삶은 악마의 손에 끌려가는 모습을 연상하게 한다. 주변의 일부 노인들이 차마 죽지 못하고 버려진 모습으로 살아가고 있는 현실을 보게 된다면, 이는 서글픔을 넘어 참담(慘憺)함이 아닐 수 없다.

성공적인 삶이란 젊은 시절을 어떻게 보냈느냐에 달려 있다. 이 시기를 알차게 보내지 않은 사람이 성공적인 노인기를 맞이할 것이라고 기대함은 헛된 꿈이 아닐 수 없다. 성공자(成功者)의 삶의 이면

(裏面)에는 낭비하지 않은 시간의 역사가 있었다는 사실을 명심하길 바란다. 문제는 젊은 시절 막연한 욕심만으로 성공은 불가능하다. 확고한 삶의 방향과 뚜렷한 목적을 갖고 하루하루를 치열하게 살아가지 않으면 안 된다. 삶의 범위를 넓히고 여러 분야에서 노력한다고 해서 성공을 붙잡는 것은 결코 아니다. 오히려 삶의 범위를 좁히고 하나의 목표를 위해 열심히 나아가는 삶이 성공에 이른다.

노인이 되었을 때 젊은 시절, 인생을 충실하게 살아서 성공적인 결실을 거둘 수 있다면 이는 찬양(讚揚)할 일이다. 과거에 있어서 노인기는 마냥 덤으로 주어지는 것으로 생각하고 시간을 흘려보냈다. 지금은 이 시기를 중요한 삶의 기간으로 재설정하지 않으면 안 된다. 66세에서 95세까지 30년의 황금기를 더 큰 꿈을 향하여 도전하여야 하기 때문이다.

이 책의 제목처럼 『노인기의 가치 있는 삶』이란 어떠한가? '가치(價値)'는 '값어치'의 준말이다. 이는 하루 동안에 무엇을 하며 시간을 보내는 것이 인생의 차원에서 가장 유익한 삶이냐는 것이다.

그렇다면 노인기에 무엇을 우선적으로 해야만 하는가?

- 상처받은 것에 대하여 치유하는 일이다.

- 부족하고 미비(未備)했던 점을 보완하는 일이다.

- 지속(持續)되어 오는 일에 대해서는 마무리함이다.

- 꼭 이루어야 할 과제가 있다면 새롭게 출발해야 한다.

- 다음 세대를 위해 헌신하는 일이다.

- 자기완성(自己完成)을 이루는 일이다.

노인은 젊은이와 다른 점을 알아야 한다. 요즘 세상은 물질적 소유와 인생의 성공을 동일시하는 경향이 짙어지고 있다. 젊은이는 시장경제 체제하에서 무엇을 얼마나 생산할 수 있는가에 따라 값어치가 매겨진다. 노인이 여기에 초점을 둔다면 생산 능력이 떨어지기 때문에 그 이상의 가치 실현은 어렵게 된다.

노인이 새롭게 찾지 않으면 안 되는 것이 무형의 세계다. 영혼의 실체를 찾는 일에 전력을 기울여야 한다. 루키아누스는 "참다운 재산은 영혼 안에 있는 재산이다"라고 말했다. 그 정도로 인생에서 영혼이 차지하는 부분은 전부다. 젊은이들이 아직 접근하기 어려운 과제, 이들이 현재까지 가지 않은 그 미지의 영역을 탐색하고 그 본질을 파악하도록 사색하는 일이다. 이러함은 다음 세대를 위해서도 더욱더 필요하리라 본다.

그리고 도덕적으로 부족함이 없도록 자기완성을 이룩하여야 한다. 이의 가장 높은 수준의 단계는 자연과 합일(合一)을 이룸이다. 노인으로서 이 경지에 이르게 되면 이제 그 이상 죽음은 두렵지 않게 느껴질 것이다. 이미 자연과 하나 되어 이 세상의 삶을 초월할 수 있게 되었기 때문이다.

그래서 노인기의 화두는 '인생을 어떻게 마감해야 하는가'다. 이 문제를 해결하기 위해서는 본인의 전 생애를 통하여 쌓아 온 지식은 물론 지혜를 총동원하여 그 해답을 구해야 한다. 이처럼 어려운 현실 속에서도 노인기를 헛되이 보내지 않게 된다면, 그래도 다행한 일이 아닐 수 없다. 독자들은 이 책을 통하여 황금보다도 더 귀중한 노인기의 시간을 아껴 최대한의 가치를 이끌어 낼 수만 있다면 저자로서 그 이상 바람이 없을 것이다.

2026년 1월 15일
저자 **이호재**

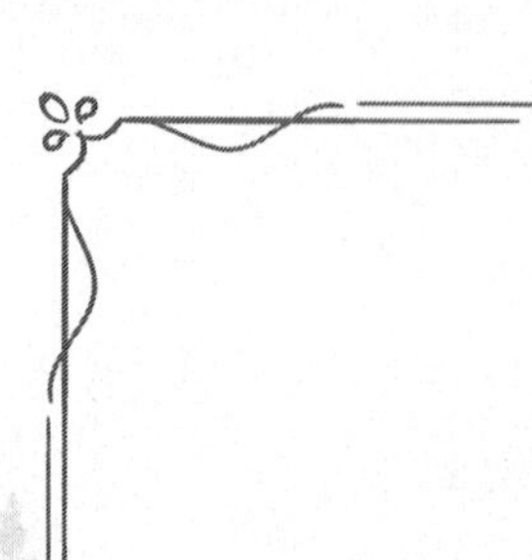

5장   노인으로서 갖추어야 할 조건

6장   노인기의 삶은 어떠한가?

1장

우주관(宇宙觀)

나와 우주는 하나다

고대인도의 철학 경전 『우파니샤드(Upanisad)』[1]에서 보면 그의 주된 관심사는 '우주와 자아'에 관한 것이다. 우리가 경험하는 다양한 우주의 궁극적 본질은 무엇이며, '나'란 어떠한 존재인가? 나와 우주의 궁극적 본질과의 관계는 어떻게 이루어지고 있는가를 묻고 있다.

이들의 궁극적 실체는 바로 '브라흐만(brahman, 梵)'과 '아트만(atman, 我)'이다. 즉 우주의 근원은 '브라흐만(brahman, 梵)'이고 나의 실체는 '아트만(atman, 我)'이다. '브라흐만(brahman, 梵)[2]'이란 태초에

---

1   『우파니샤드』는 산스크리트어로 구전되어 온 인도 철학의 사상들을 문헌으로 모은 것이다. 산스크리트어로 '(사제 간에) 가까이 앉음'이란 뜻으로, '(스승의 발 아래에) 가까이 앉아 스승에게 직접 전수받는 신비한 지식'이라고 해석되기도 한다.

2   브라흐만(brahman, 梵): 고대인도 경전 우파니샤드(Upanisad)의 중심 사상, 힌두교에

이 우주는 사트(sat, 有)[3], 즉 존재만 있었다는 것이다. 나의 실체로서 아트만(atman, 我)[4]이라는 존재는 영혼을 가리킨다.

마찬가지로 아낙사고라스[5]가 애초에 우주의 본질을 누스(Nous)라고 했다. 여기서 누스란 오성(悟性), 지성(知性), 정신, 이성, 지혜, 상식과 같은 뜻이다. 그러고 보면 우주 역시 하나의 정신이라고 해도 과언이 아니다. 물론 '나'의 실체 역시 마음이라고 보면 우주와 나는 동류의 개념이다.

고대 인도의 힌두교 사상 우파니샤드(Upanisad)를 중심으로 우주와 인간과의 관계성을 관련시켜 본다면 우주의 실체는 존재(sat)고 바꾸어 말하면, 즉 신명함이며 인간의 실체는 영혼이라고 볼 수 있는데 이 영혼은 우주의 실체인 사트(sat), 즉 존재와 관련성에서 찾아볼 수 있다. 이를 다시 음미해 보면 '나'의 실체는 영혼이며 이는

서 우주의 근본 원리를 가리킨다. 개인의 본체인 아트만(atman, 我)과 함께 범아일여(梵我一如) 사상의 주요 개념이다. 브라흐만은 힌두교에서 우주의 근본적 실재 또는 원리를 가리킨다. 아트만이 진정한 자아를 뜻하는 개별적, 인격적 원리인 반면, 브라흐만은 우주적, 중성적(中性的)원리다.

3 사트(sat): 베다(veda)와 초기 힌두교 사상에서 궁극적 실재의 본질에 관한 중요한 개념. 원래 사트는 지각할 수 있는 세계에 나타난 신성(神性)으로서 비존재(asat)에 종속된다고 서술되었지만 〈찬도기야 우파니사드〉(chandogya Upanisad) 제6장에는 존재란 원래 비존재라는 선험적인 단계 없이 존재한다는 견해가 나타나 있다.

4 아트만(atman, 我); 고대인도의 경전 우파니샤드(Upanisad) 철학에서 브라흐만(brahman, 梵)과 함께 가장 중요한 원리 가운데 하나, 끊임없이 변화하는'물질적 자아(육체, 생각, 마음)'와 대비해 절대 변치 않는 가장 내밀하고'초월적 자아(영혼)'을 말한다.

5 아낙사고라스는 기원전 5세기경 활동했던 고대 그리스의 철학자다. 천체 현상을 비롯한 세상 만물을 자연적 방법으로 이해하려 했으며, 원소들의 혼돈에 질서를 부여하여 만물을 이루게 하는 정신이자 운동 원리인 누스(Nous)를 강조했다.

우주의 실체, 즉 사트(sat)라고 하는 존재에서 유래되었다는 것이다. 그렇다면 궁극적으로 '나'라는 영혼은 우주의 산물이라고 볼 수 있으니, 나는 위대하고 귀중한 존재라고 하지 않을 수 없다.

최효선 역해 책『장자』편에서는 "자연은 만물을 낳고 이를 변화시켜 무(無)로 돌린다"라고 말하고 있다. 이것이 장자 사상(思想)이다. 자연의 변화에 우리의 삶을 적용시켜 보면 인간도 무화(無化)되어 가는 과정에 놓여 있게 됨이다. 우주의 원리는 눈에 보이지 않는 무형의 세계며 우주의 기운(氣運)과 인간의 마음(心)이 어떠한 관련성이 있는가가 주요한 관심사다.

우주와 인간의 연관성은 호베르 뮈상블레의 책『천년의 역사』에서도 찾아볼 수 있다.

여기서 보면 파라켈수스[6]의 신비주의적인 생명론의 이론과 연관

6　파라켈수스는 의사이자 연금술사. 그러니까 마술과 과학의 경계선을 넘나들던 인물이자 의학과 화학이라는 학문의 기초를 닦은 인물. 파라켈수스(Paracelsus, 1493~1541)는 스위스 출신이었다. 왜 우리는 파라켈수스를 주목하는가? 수많은 과학자가 인류 문명사를 수놓고 있는데도 왜 이 인물을 지목해서 알아보고 있는가? 이는 그의 독특한 사고와 행동 때문이다. 우선 독특함은 그의 이름에서 드러난다. 사실 그의 본명은 필립푸스 오레올루스 테오프라스투스 봄바스트 폰 호헨하임이다. 그렇다면 왜 그는 히포크라테스 같은 인물을 제쳐 두고 켈수스를 뛰어넘겠다고 선언했을까? 켈수스는 1500년 전 인물임에도 파라켈수스가 활동하던 무렵 최고의 의학자로 여겨지고 있었다. 이는 그가 남긴『의학』이란 저작물이 그 무렵 막 보급되던 인쇄술에 의해 널리 읽혔고, 그 가운데는 상처의 소독과 방부제를 이용한 치료, 다른 피부를 이용한 성형 수술 등의 놀라운 내용이 담겨 있었던 까닭에 '로마의 히포크라테스'라는 명성을 얻고 있었기 때문이다.

파라켈수스

성으로, 이것은 다음과 같은 사상을 통해서 학문의 여러 분야에 영향을 주었다. "인간은 우주의 반영(反映)과 같으며 소우주(인간의 육체와 정신)는 편재(偏在)하는 구조적 유사성에 의해서 대우주와 연결된다"는 이론이다. 즉 이 생명론은 인간의 육체와 정신을 소우주로 볼 때 여기에 비추어 대우주를 추론함으로써 우주 속에 머물고 있는 신명함을 인간의 정신으로 보는 사상이라고 생각함으로, 대우주 역시 하나의 큰 생명체라는 것을 유추·해석할 수 있음이다. 이 사상이 이 생명론의 함의(含意)이다.

우주의 개념을 정의해 보면 우주는 존재하는 모든 것들, 전체를 의미한다. 우주는 작게는 소립자들로부터 넓게는 태양계가 속한 은하(—銀河, milky way)와 그 밖의 외부은하(外部銀河, extragalactic astronomy)의 우주 거대 구조가 일정한 물리적 법칙하(下)에 형성되고 진화하는 시공(時空)이다.

현대 우주론으로서 상대성 이론 혹은 상대론(relativity)은 아인슈타인이 제창한 시간과 공간에 대한 물리이론으로 1905년에 발표된 특수상대성 이론(special theory of relativity)과 1916년에 발표된 일반상대성 이론(general theory of relativity)으로 나누어진다.

아인슈타인의 상대이론은 시공, 즉 우주에 대한 인류의 사고(思考)

에 큰 변혁을 가져왔는데, 특히 일반상대성 이론은 현대 우주론에 많은 영향을 끼쳤다.

이와 관련하여 영국의 스티븐 호킹 물리학박사는 "우주가 어떻게 만들어졌는지는 알겠는데 왜 만들어졌는지는 모르겠다"고 말했다. 여기서 우주의 대폭발설(대폭발 우주론), 즉 빅뱅(big bang)이라는 학설이 개진(開陳)된다.

하지만 천지창조와 인간 탄생의 문제에 대해서는 현대과학이 발달한 오늘날에도 창조과학자들이나 진화론자들이 주장하는 것을 어느 것이 정답이라고 확답하기는 어려운 실정이라고 학계에서는 보고 있다.

시간의 개념은 어떠한가? 시간이 무엇인지에 대한 인류의 의문은 2,500년경 이상 계속되어 왔다. 이는 우주의 공간이나 초월적 공간으로 말하기도 한다. 공간의 셈 차원에서 시간이 시작된 것이다. 시간은 인간과 외부 세계와의 접점을 나타내기도 한다. 최근 물리학에서도 시간이란 개념을 파악하는 것은 쉬운 일이 아니라고까지 말하기도 한다.

시간이란 도대체 무엇인가? 아리스토텔레스(기원전 384~322)는 그의 저서 『자연학』에서 시간은 운동의 전후에서의 수(number)다. 여기서 아리스토텔레스가 말하는 운동이란 사물의 변화를 말한다. 그 변화의 수(변화의 척도)가 시간이라고 생각한 것이다.

또한 뉴턴의 '절대시간'이라는 개념이 있다. 이는 '물체가 있든 없든 그것과는 무관하게 전적으로 일정한 템포로 흐르는 것이다'. 즉 흐름이다.

그 외에도 시간의 개념은 많이 존재한다. 현대과학이 시간의 개념을 인정한 것은 아인슈타인의 일반상대성이론에서부터 시작된다. 이 이론에 따르면 빅뱅에 의해 시간이 시작 됐다고 전해진다. 아인슈타인 역시 처음에는 우주를 영원한 존재라고 생각하고, 그 시작을 생각지도 않았다. 하지만 그는 그 뒤에 이 생각을 철회했다고 한다.

미국의 천문학자 '에드윈 허블(Edwin Hubble, 1889~1953)'이 우주는 시간과 더불어 팽창하고 있다는 증거를 발견했기 때문이다. 우주가 시간과 함께 팽창(膨脹)하고 있다면 과거의 우주는 더욱 작았을 것이고, 138억 년이라는 시간을 거슬러 올라가면 우주 전체는 미시(微視)의 한 점에 불과한 것이다. 이 점이 '빅뱅(big bang)'이라고 불리는 우주의 시각(時刻)이다.

상대성이론에 따르면 시간과 공간은 서로 뗄 수 없는 관계고, 그 둘이 일체가 되어 이 우주를 이뤘다고 생각한다. 그래서 빅뱅은 우주의 시작으로 간주한다면 그것은 동시에 시간의 시작이기도 하다. 이것이 현재의 '표준적인 우주론'적 입장이다.

인간이 삶에 있어서 지켜야 하는 도(道)는 자연의 섭리(攝理)를 따르는 것이다. 자기의 마음을 자연의 뜻에 순화시키는 것이 곧 인격이요 성숙이다. 자연의 섭리란 보이지 않는 가운데 변화와 법칙이 존재하고 있음을 인간에게 간접적으로 보여 준다. 우리의 삶도 보이지 않는 자연의 법칙을 그대로 수용하며 살아가야만 한다. 이는 '변화'라는 두려움이 삶과 생명 속에 함축되어 있다는 것이다. 이 무서운 변화의 개념을 수용해야만 하는 것이 자연의 철칙이고 보면, 인간도 이를 어떻게 받아들이고 수용하느냐에 따라 각 개인의 삶은 천차만별로 그 양상(樣相)이 달리 나타나게 된다.

생명 자체는 변화다. 탄생에서부터 소멸이라는 점진적인 과정 속으로 인생은 흘러가는 것이다. 변화라는 것을 인간에게 적용해 보면 그 한정된 시간 속에 생명이 무화(無化)됨이며, 그 시간 속에 자신이 어떤 것을 추구하며 무엇을 남기고 소멸할 것이냐가 본인이 다루어야 할 중요한 과제다. 인간으로서 자기의 정체(正體)를 알려고 하면 우주의 차원에서부터 출발하지 않으면 안 된다.

마르쿠스 아우렐리우스의 『명상록』을 보면 "항상 우주를 하나의 실체와 하나의 영혼을 가진 하나의 생명체로 간주하라"고 제언하고 있다. 우주의 실체와 기능을 보고 인간을 알게 되며, 인간의 마음을 살펴보고 우주의 실체를 이해하게 된다는 이론이다.

최효선 역해 책 『장자』 편에서도 "하늘을 알고 사람을 아는 것이 최고의 지혜"라고 가르친다. 즉 하늘이 하는 일을 알고 사람이 하는 일을 아는 사람은 사람으로서 최고의 지혜에 도달한 것이다.

우리 선조들의 우주관은 어떠하였는가?

율곡 선생의 '양생(養生)'이라는 개념이 있다. 이는 "인간의 생명을 보존하고 기르는 차원으로부터 하늘을 섬기는 일에까지 미친다" 라는 내용이다. 이 '양생(養生)'이라는 범주가 인간의 세계에만 머무르지 않고 우주적인 차원과 연관성이 있음을 말함이다.

이황(李滉) 역시 평소 "우주의 본체가 무엇인가? 인간의 본바탕은 무엇인가? 골몰히 연구하면서 자신의 사고와 행동에 자연스레 철학이 배어들도록 했다"고 전해진다.

그 정도로 우리의 선조들은 우주의 실체를 인간의 생명과 연관시켜 살아왔다. 이런 사고와 행동으로 인생을 살았기에, 그들은 위대한 학문적·사상적 업적을 낳을 수 있었을 것으로 본다. 그들의 생각은 우주가 쉼 없이 인간을 낳아서 길러 가는 목적을 우주를 경영하는 데 사용하기(use) 위함이라고 말하기도 한다.

우리의 선조들은 자신들의 삶과 우주의 신비스러움을 함께 엮어 삶에 따른 한(恨)을 표현하였다. 그것이 바로 우리나라의 민요 〈아리랑〉이다. 이 〈아리랑〉에서 우주와 인간의 연관성을 찾아볼 수 있다.

조상들이 5월 신록의 계절을 맞아 부처님 탄신일에 사원(寺院)을 방문하였다가 저녁 늦게 귀가하면서 장구(일명 장고(杖鼓))를 치며 부르던 노래, 〈진도[7] 아리랑(Jindo Arirang)〉의 일부 가사[8]를 떠올릴 수 있다.

이것을 보면 "아리 아리랑, 쓰리 쓰리랑 아라리가 났네, 아리랑 음 음 음 아라리가 났네. 청천 하늘에 잔별도 많고 우리네 가슴속에 사연도 많다."라는 구절이 나온다. 이 아리랑의 민요는 우주와 인간

(마음)의 관련성을 표현한 노래고, 우리나라의 민요라는 점에서 그 가치를 높이 평가하지 않을 수 없다.

나는 늘 〈아리랑〉 노래를 생각하면서 인간의 한(恨)을 달랬던 우리 조상들의 슬기로움에 대하여 감탄한다. 이것은 인간의 삶을 우주에서 찾고자 하는 맥락이라는 점에서 대단한 의미를 내포하고 있기 때문이다. 이러한 심정은 자연스럽게 선조들의 마음에서 우러나온 것이다. 여기서 〈진도 아리랑〉이 함축하고 있는 그 내용의 중요성은 '선조들이 인간의 마음을 우주의 신명(神明)함' 에서 찾는다는 점에서 더 높은 의미가 주어진다. 이 신명(神明)함은 우주의 신(神)과 인간의 심(心)을 밝음(明)으로 아울러 표현하고 있기 때문이다. 이와 같은 노래의 곡조와 가사를 보면 인간의 삶을 우주와 연관 지으며 생(生)을 펼쳐 온 우리 선조들의 지혜는 세계 어느 나라에서도 찾아볼 수 없는 뜻밖의 유래라고 하지 않을 수 없다.

---

7   진도는 우리나라 기상청에서 인정한 서남해안 최고의 낙조지(日沒)로 상징한 곳이다. 이 지역이 바로 세방낙조(진도군 지산면 가학리 415번지에서 본)이다. 그래서인지 진도에는 아리랑 마을(진도군 임회면 귀선리)이 있다. 아마노 이렇게 세계적으로 유명한 아리랑도 이 주변 지역에서 탄생되지 않았나 하고 예측해 본다. 이 아리랑 가사와 곡조(曲調)에 담긴 혼(魂)은 우주의 신명함이 그대로 우리 선조들의 마음속에 깃들여져서 불러진 노래로 생각된다. 세계에서도 이러한 노래 가사와 곡조(曲調)는 없을 것이다.

8   진도아리랑의 가사(歌詞)에서 우주의 신명함을 찾을 수 있는 대목은"아리 아리랑 쓰리 쓰리랑 아라리가 났네. 아리랑 음 음 음, 아라리가 났네"에서, 그다음으로 후렴이 중요하다. 여기에서는 인간의 삶을 우주에서 찾으려고 하는 내용이다. 4번째 후렴은"노다 가세 노다가세 저 달이 떴다 지도록 노다나가세." 5번째 후렴은"청천 하늘엔 잔별도 많고 우리네 가슴속엔 사연도 많다."10번째 후렴은"서산에 지는 해는 지고 싶어지느냐 날 버리고 가시는 님 가고 싶어 가느냐"다. 이러한 구절들은 전부 인간의 삶과 한(恨)을 우주의 시공간과 연관하여 상상한 노래라는 점에서 그 의미가 특별하다고 하겠다.

우주의 심오(深奧)함은 무형(無形)에 있다. 우주의 신비스러움과 인간의 영혼을 동일체로 보는 것은 살아 있는 생명체라는 점에서 그러하다. 물질적 차원에서 인간은 생멸한다. 우주의 성체(星體) 역시 이러한 변화의 과정을 밟는다.

영적 차원에서 본다면 생명은 언제나 변함이 없는, 살아 있는 생명체다. 그것도 발전적으로 항진(亢進)을 되풀이하면서 말이다. 인간의 영적인 면이나 우주의 신비스러움을 볼 때 형체가 없는 형이상학적 차원에서 양자 모두 소멸하지도 탄생하지도 않는 무형(초) 그 자체다.

누구나 잔디밭에 누워 눈을 감고 하늘을 향하면 자신의 육체는 어느 순간 사라지고 마음은 우주와 합일(合一)을 이루게 된다. 이러한 현상은 죽음처럼 육체가 없어지는 것과 같은 느낌이다. 높고 푸른 먼 하늘을 바라보면 어느 사이에 내 마음은 우주에 빨려들어 가고 만다. 이렇게 됨으로써 생명의 두려움에서 벗어나 평화와 자유를 얻을 수 있는 느낌을 갖는다. 이것이 우주의 실상(實相)이며 인간 영혼의 고향이다.

우주는 본래부터 생명으로 가득 채워져야 할 하나의 시공간이다. 우주에는 생명의 터전이 지속적으로 조성되고 스스로 자기 확장을 하고 있다. 물론 별들도 어느 기간이 지나면 소멸한다.

이부영 교수의 〈인문강단〉에서 보면 "은하계도 별들도 죽게 되고 또 새롭게 탄생한다. 우리 몸의 대부분을 이루는 수소나 산소 역시 우주로부터 온 산물이다"라고 말한다. 그것뿐인가? 우주의 먼지가 억만년이 지나면 다시 별이 만들어진다는 것이다. 생명이 태어나고 죽는 것, 또한 우주의 일부분으로써 하나의 작용이다.

우주(宇宙)의 사전적인 뜻은 '무한한 공간과 유구한 시간'이다. 우주(宇宙)의 크기는 약 30억 광년(光年)[9]에 달하는 넓이로 추정한다.

한 가지 더 주목해야 할 점은 우주의 현상과 연관하여 인간이 살아가고 있는 이 세상 역시 우주의 창조력에 의해 지상의 만물이 생성된 것으로 보는 칸트의 철학이다. 칸트의 『순수 이성비판』의 내용이 형이상학적이며 그 방법은 논리학이다.

칸트는 이 책에서 자신의 철학을 코페르니쿠스적인 혁명이라고 말한다. 중요한 것은 관찰자가 관찰 대상의 위치를 천문학에 두고 있다는 점이다. 칸트가 찾고자 한 해답은 '선천적인 인식'이다. 이 선천적 인식은 우주의 인식 그 자체다. 『칸트의 실천이성비판』의 도덕률에서 보면 '생각하면 생각할수록 경탄과 의문을 새로이 더하면서 나의 마음을 충만케 하는 것'이 두 가지가 있다.

"나의 머리 위의 별빛 반짝이는 창공과 하늘, 나의 마음속에 깃든 도덕률"인데, 여기에서도 칸트는 우주와 인간과의 연관성에서 그 유명한 실천이성비판을 도출하였음에 의미가 주어진다. 이는 우리나

9　　광년(光年): 우주 안의 먼 거리를 나타내는 데 쓰는 단위. 1광년은 빛이 초속 30만 km 의 속도로 1년 동안 나아가는 거리, 즉 9조 4,670억 7,782만km임.

라의 아리랑과 그 정신을 같이한다는 맥락에서 더 큰 의미를 부여
할 수 있다.

자연의 섭리에 순응하라

왜 노인이 되는가?

지구가 태양의 주위를 회전하기 때문이다

인간의 힘으로 이것을 멈추게 할 수는 없다

이로서 나무는 붉게 단풍으로 물들어야 하고

인간은 노인으로 늙어 가야만 한다

자신을 나의 것이라고 우기지 말아라

나는 자연의 소유물이다

자연이 인간에게 시사(示唆)하는 점은 무엇인가? 창세기 2:7에 보면 "하느님은 신성한 대지의 먼지를 가지고 인간을 창조하셨다"라고 기록하고 있다. 인간은 신성한 먼지의 일부임을 드러내는 가르침이다. 우주의 먼지가 억만년이 지나면 다시 별이 만들어진다는 말과 같다. 별(星)은 물론 인간도 먼지로 만들어졌다. 인간의 영혼은 물론 육체도 우주의 일부임을 가리키게 된다.

인간이란 히브리어로 아담(Adam)인바 이는 흙, 대지(大地)란 의미를 지닌 아디마(Adama)에서 유래된 것이다. 이 말의 뜻은 인간이란 자연의 흐름을 따라 순리대로 살아가라는 뜻과도 상통한다.

고사성어에 「관산청천(觀山聽泉)」이라는 글이 나온다. 이 글의 뜻은 '눈을 들어 산을 제대로 살펴보고 귀를 기울여 샘의 물소리를 올바로 들을 수 있어야 사물의 이치를 확실하게 파악할 수 있다'는 의미다. 자연의 오묘한 뜻을 제대로 살펴야 세상의 이치를 확실히 깨닫고 인생에서 스스로 대처할 수 있음을 가르쳐 주는 대목이다. 이것이 인간이 우주 자연으로부터 배워야 할 도(道)다.

자연은 인간이 생각하는 것보다 훨씬 더 엄밀(嚴密)하고 빈틈이 없다. 자연의 섭리란 우주의 뜻을 실현함으로써 인간이 살아가야 할 길을 제시해 준다. 인간이 만물을 관리하지만 만물 역시 인간에게 보내는 메시지는 크지 않을 수 없다.

마르쿠스 툴리우스 키케로의 책 『노년에 관하여』를 참고하면 "내가 지혜로운 것은 자연을 최선의 지도자로 모시고 자연이 마치 신(神)인 양 거기에 따르고 복종하기 때문일세. 인생이란 드라마의 다른 막들을 훌륭하게 구상했던 자연이 서투른 작가처럼 마지막 막을 소홀히 했으리라고는 믿기 어렵네"라는 글귀가 있다. 자연은 공평함을 생명으로, 변화하는 생명체다. 인간은 이에 순응하면 순리적으로 생을 살아가는 것이 된다. 이보다 더 현명하고 올바른 삶이란 있을 수 없다. 노인기 역시 중요하면서 아름다운 생의 마지막 단계임을 말하고 있다.

인간이 영적 작용에 의해서 영혼의 세계와 우주의 신비함을 유추하는 것과 같이, 만약에 우주와 자연이 우연히 생성되었다면 하필이면 지구의 주위를 달이 돌게 되었으며, 지구는 태양의 주위를 돌게 되었겠는가? 또 하늘과 땅이 형성되고 물이 생기게 되었겠는가? 지구는 전부가 땅으로 만들어지지 않고 2/3는 바다로 형성되었으며 바다에는 밀물과 썰물이 있게 되고 땅에는 사계절이 있게 되었겠는가? 이것을 마냥 자연적으로 이루어졌다고 우길 수 있겠는가? 인간의 성(性)은 동일한 숫자로 남자와 여자로 구분되어 탄생되어야 하는가? 이러한 현상들이 우연성이라고 보기에는 거리가 멀다. 우주를 관장하는 절대자는 이러한 것들을 현상세계에 보여 주면서 인간에게 많은 부분들을 암시하고 있는 것이 아닐까? 인간은 이러한 점들을 유추하면서 나름대로 절대자를 생각해 보게 되는 것이다.

마르쿠스 아우렐리우스의 책 『명상록』에서는 인간이 자연에 순응해야만 하는 이유를 "…… 세상 사람들의 평판이나 여론이 아니라 자연에 순응하며 살아가는 사람의 의견만 따라야 한다는 것을 잘 알고 있다. 자연에 순응하지 않고 살아가는 사람이 집 안팎에서 밤낮으로 어떻게 처신하고 있는가를, 또 어떤 자들과 어울리며 얼마나 삐뚤어진 생활을 하고 있는가를 늘 염두에 두고 있기 때문이다"라고 기술한다. 그 정도로 인간 세상사를 자연의 순리에 적용해 보면 인간에게는 인간심 그 자체의 이기심으로 얼룩져 있다는 것을 알 수 있다. 자연의 섭리에 순응하는 삶과 인간의 욕망에 사로잡혀 사는 사람과의 차이는 무엇에서 찾아볼 수 있는가? 이는 도덕성이다.

서대원의 책 『주역강의』에서는 "곤(坤, 땅)은 곧 실존적인 인간 삶의 과정을 상징하는 것이다. 그런데 이 세계는 기본적으로 음(陰)의 세계다. 하늘의 섭리와 떨어진 인간의 세계, 서로 싸우고 다투며 목숨을 연명(延命)해야 하는, 그런 실존적이고도 형이하학적인 세계인 것이다."라고 말하고 있다. 『주역』의 이러한 사상은 '인생은 고해(苦海)'라는 불교적 세계관과도 그 궤(軌)를 같이한다. 여기서는 이 어려운 삶의 문제를 이성과 합리성, 과학 기술로서는 풀기 어려운 문제가 있기 때문에 자연의 섭리, 즉 자연관에서 그 해답을 풀고자 했던 것이다. 인간으로서 지나친 욕심을 버리고 공생의 도리, 상생의 원리에 기초하여 자연에 귀의(歸依), 즉 도(道)를 따르라는 말이다.

자연은 모든 생물이 공존함을 목적으로 한다. 도덕성은 상생(相生)을 뜻함이다. 도덕이라는 본성은 자연성(自然性)에서 유래되었다. 자연성은 하늘의 도를 따름이다. 여기에는 인위적인 것은 끼어들 수 없다. 인간의 욕망심이란 인간성에 바탕을 두는 것이지만, 도덕성은 자연성에 바탕을 두는 것이다. 인간성은 인간의 욕망으로 끝이 보이지 않지만, 자연성은 자연의 섭리를 주축으로 하며 엄격한 질서가 따르게 된다. 인간성이란 경쟁심은 물론 우열(優劣)이 존재하는 세계다. 자연성은 인간이 마땅히 따라야 하는 규범을 내포하고 있다. 그리고 자연성은 정신세계에 비중을 두지만 인간성은 물질세계에 비중을 둔다. 자연성은 선(善)을 위주로 살아가도록 하는가 하면 인간성은 악(惡)에 치우칠 수 있게 되어 있다. 자연성은 우주 질서의 순행이며 인간성은 인간으로서의 이기심에 따름이다. 이기심에는 정욕(情欲)이 자리하고 있다. 그 차이는 만물이 공존할 수 있느냐 없느냐를 가늠한다. 자연의 섭리는 인간의 욕망심을 넘어 하늘의 도를 따르도록 하는 것이다. 그렇게 하여 만물이 공생(共生)함에 목적을 두게 된다.

도덕심은 어떻게 하여 세워졌는가? 이것은 이성(理性)의 작용에 의해서 자연의 섭리를 유추한 결과를 도출하여 얻은 인간이 따라야 할 규범이다. 여기에는 양심이 크게 관여한다. 자연에서는 섭리를 내부 규정으로 하여 스스로 따르게 하지만, 인간은 내부 규정으로 양심을 바탕으로 하여 도덕심을 내세우고 여기에 따라야만 한다. 자연의 섭리만큼 공평한 것은 없다. 여기에는 나는 살고 너는 죽는다는 불공평성은 있을 수 없다. 이 땅 위에 자연의 섭리가 작동되지 않고 인간의 이기심만 있게 된다면 모든 만물의 영원한 공존은 불가능하다. 인간 이기심으로는 만물을 제도할 수 없으며 만물의 영원한 공존은 있을 수 없기 때문이다. 자연의 섭리라는 절대사의 법칙만이 만물의 영원한 공존을 가능케 함이다. 즉 만물의 영원한 공존을 가능하게 하는 자연의 섭리에는 모든 생명은 태어나면 반드시 죽어야 하는 숙명적인 과제를 부여(附與)한다. 그래야 만물이 공존할 수 있다는 전제(前提)가 성립하게 되는 것이다. 이것이 이 지구상에서 가장 무서운 법칙이다.

앤서니 케니의 책 『서양철학사』
에서 말하는 콜버그의 도덕성 발
달의 7단계는 "인간을 자연의 동일
체로 인식함이다"이다. 여기서 도
덕성 발달 단계의 차원에서 보면
아마도 7단계는 인간이 거의 성현
의 경지에 이르는 것을 대변한다.
자연에 근거한 도덕성은 자연의 섭

콜머그

리를 얼마나 인정하고 수용하느냐에 달려 있다. 도덕성이 발달될수
록 인간은 자연의 섭리에 더 순응하는 삶이 된다. 자연의 섭리적 차
원에서 보면 권력이니 돈이니 명예니 하는 것은 찾아볼 수 없다. 이
러한 것들은 인간심에서 연유되기 때문이다. 정치가를 비롯한 권력
을 추구하는 삶은 자연의 섭리와는 거리가 멀다. 성숙한 인간이라
면 특히 성현에 가까이 갈수록 어디 권력이나 돈이나 명예를 추구
하는가? 그들은 하나같이 자연에 순응함으로써 단순하며 소박한
삶을 살아간다.

스피노자 역시 "도덕적 진보를 이루는 열쇠는 만물의 필연성을
이해하고 받아들이는 데 있다."라고 기술하고 있다. 그리고 "사람들
의 행위가 자연에 의해 결정된다는 것을 깨달을 때 우리는 다른 사
람에 대해 증오를 느끼지 않게 될 것"이라고 말한다. 여기서의 '자
연'은 '자연성'을 의미한다. 자연성은 모든 일이 자연히 이루어질 수

있다는 뜻이다. 하지만 본래의 뜻은 '자연' 그 자체를 의미하는 것이다.

스피노자는 "자연(自然) 속에는 우연적인 것이 하나도 없다. 모든 것이 신성한 자연의 필연성에 의해 특정한 방식으로 존재하고 작동하도록 결정되어 있다."라고 하였다.

그리고 스피노자는 즉, "영원의 관점에서 sub specie aeternitatis, 사물들의 필연적이며 자연적인 전체 구성 체계를 이해하고 받아들이는 것은 동시에 신(神)에 대한 지적인 사랑이다"라고 말하였다. 여기서 자연과 신의 존재를 어느 정도 동격으로 보는 시각이다. 중요한 것은 인간에게 있어서 도덕의 준수는 자연성이나 신(神)의 명령에 따른다는 의미로 풀이된다. 그렇게 볼 때 인간에게 있어서 내부의 규정을 상징하는 도덕심이야말로 중요하지 않을 수 없다. 이는 곧 자연 섭리의 차원에서나 신(神)의 의도성에서 그러하다.

자연(自然)의 사전적인 뜻은 '우주 또는 세상에 스스로 존재하거나 저절로 이루어지는 모든 사물이나 현상, 또는 인간의 세계와 독립하여 존재하는 우주의 질서와 현상'으로 되어 있다. 자연의 특징으로 그 현상은 변화(變化)다. 사계절의 변화가 있고, 밤과 낮의 변화도 있고, 그 속에 존재하는 만물도 변화한다. 이것을 섭리(攝理)라고 말한다. 인간은 자연의 피조물로서 자연의 섭리에 따르는 삶이 인간으로서 순리적인 삶이 된다. 인간은 나이를 더 먹게 되면서 차츰 늙어가고 성숙해져 가는데, 인간의 삶과 자연의 섭리라는 차원에서 우리가 명심해야 할 것은 인간심에서 자연심으로 차츰 삶을 이동(移動)해 감이 가장 정상적인 변화라는 점이다. 결국은 불교의 측면에서 보면 열반(涅槃), 입적(入寂)을 맞이하게 되는데, 이는 완전한 자연으로 돌아감이다. 이 점이 우리가 늙고 성숙해 가면서 반드시 필연적으로 이루어야 할 과제다. 이것이 순조롭고 자연스럽게 이루어져야 한다. 이는 어떻게 보면 정말 쉬운 듯 보이기도 하지만 어떤 종교적인 가르침을 받고 정성 어린 뜻으로 영성을 개발하여 지혜를 함양하지 않으면 쉽게 이룰 수 있는 문제가 아니다.

파스칼의 책 『팡세』에서도 "자연은 변화하며 유동적이다. 확신과 견고함을 찾지 말자. 이것을 잘 깨닫기만 하면 사람들은 각자 자연이 정해 준 상태 안에서 조용히 머물 것이라고 나는 생각한다."고 기술한다. 모든 인간은 확신과 견고함을 추구하지만 결론은 이것을 찾지 못하고 방황과 불안 속에서 생(生)을 유지하다가 결국은 자연의 섭리에 따라 죽음을 맞게 된다는 의미다. 팡세가 여기서 경고하는 것은 아무리 인간심으로 영원을 추구하며 자신의 욕망을 관철시키며 세상을 살아가려고 해도, 자연의 섭리에 따르지 않으면 제대로 삶을 살아갈 수 없다는 필연성을 여기서 강조하는 셈이다.

『장자』 편에서도 "인간으로서 어쩔 수 없는 운명 앞에 자신이 처(處)한 현실을 자연의 섭리에 적용하여 순응해 가는 일면(一面)이 있다"라고 기술하고 있다. 공자가 형벌로 발이 잘린 왕태의 인물됨을 묘사한다. "도(道)를 체득한다는 것은 인간이 세속적 가치관, 상대적 편견을 초월하여 자기 안에 절대 자유의 세계를 이루는 것을 말한다. 그러한 사람에게 외형이 걸림돌이 될 리는 없다. 그는 생사마저도 안중에 두지 않고 현상계의 변화에 마음이 동요되는 법이 없으며 외물에 의해 일신상에 미치는 변화도 자연의 운명임을 알고서 그 변화의 근원인 도(道) 자체를 지켜 나간다."라고 말한다. 여기서 왕태의 인물 됨은 비록 세속적인 가치관과 상대적인 편견이 개입되어 자신에게 형벌이 가해졌고 발이 잘려 나갔지만, 이것조차도 자연의 섭리, 즉 자연의 운명임을 알고 그것에 따르는 것이 도(道)라는 것으로 자신이 묵묵히 순응하는 자세를 보이고 있다. 그 정도로 자연의 섭리는 인간이 순응하지 않으면 안 되는 무서운 법칙(法則)이다.

우리가 일반적으로 자연을 논할 때 시공간을 떠나서 논할 수 없다. 또한 진리를 논할 때도 이와 다름이 없다. G.W.F. 헤겔의 책『정신현상학 1』에서도 "진리라는 것도 결코 어느 한쪽 편에 꼼짝없이 눌러앉아 있는 그런 생명 없는 체통을 지닌 것이 아니다. 현상계는 발생과 소멸이 되풀이되는 연속성 속에서도 생멸(生滅)의 단계를 넘어선 본연의 모습을 간직한 채 생동하는 진리를 안고 있는 현실 운동이다."라고 말한다. 아마도 앞에서 기술한 이 내용은 진리에 내한 진리를 설명하기에 앞서 자연의 섭리를 설명하는 것이 아닌가 하고 생각이 든다. 왜냐하면 자연은 그 속에 진리를 생명으로 하고 있으며, 진리 또한 그 본질적인 생명은 곧 자연의 섭리에서 오는 현상이기 때문이다. 이 부분이 바로 인간이 자연의 섭리에 대하여 이해하고 인식하여야 할 부분이다.

자연과 생명에 관련된 문장은 비록 소설이지만 파울로 코엘료의 책 『연금술사』에서도 찾아볼 수 있다. 여기서 보면 "생명은 사막에도 산에도 강물에도 존재한다. 바람과 빗물에도 나름대로의 생명이 존재한다."라고 서술하고 있다. 여기에서도 생명은 곧 자연이며, 자연은 곧 생명이다. 인간은 생명을 지닌 존재로서 이렇게 자연과 함께 살아가는 것이 삶의 본질이기도 하다.

인간이 만상만물의 안정에 영구적으로 이바지할 때, 그 영혼은 우주의 등불이 되어 지혜를 갖는 선구자의 자격을 얻게 될 것이다. 그러나 자연의 섭리와 인간 이기심에서 오는 생명 현상은 때로는 상반되어 충돌의 아픔으로 나타나기도 한다. 사연의 섭리는 우주의 본질이며 그 자체고, 신(神)의 명령이며 절대적인 생명 현상이다. 그런데 인간의 이기심(利己心)으로 인하여 자연의 섭리에 도전하고 충돌하는 사태가 여기저기서 벌어지고 있다. 그 결과는 무조건 인간의 생명이 위협받게 된다는 사실을, 우리는 주목하지 않으면 안 된다.

인간은 만상만물(萬象萬物)과
어떠한 관계인가?

자연(自然)에 소속된 동식물을 비롯한 만상 만물로서의 환경은 모든 생물이 편안하게 살아갈 수 있도록 광대하면서도 조화롭게 편재되어 있다. 이들은 인간에게 무엇을 암시하며 또한 그들 나름대로 존재하고 있는가? 이 세상은 참으로 아름답기도 하고 조화롭기도 하며 신비스럽기도 하다.

플라톤은 아름다운 자연을 보고 "세상은 신(神)이 인류에게 보낸 서신(庶神)이다"라고 말하였다. 여기에 더하여 "정신이 올바른 사람이 서신(庶神)의 진정한 의미를 이끌어 내기 위해 그 서신을 알고 연구한다면, 신(神)의 권능에 깊은 감명을 받아 신의 지혜를 더 확실하게 깨닫고 신의 자비로움에 더 감사하게 될 것이다"라고 기술하고 있다. 그 정도로 플라톤은 이 아름다운 자연을 보고 신(神)의 작품으로 예찬하였다.

몽테뉴의 책『몽테뉴 수상록』에서도 "생명과 감정을 가지고 있는 짐승들뿐만 아니라, 수목이나 하찮은 것이라 하더라도 인류 전체가 가져야 할 어떤 경의(敬意)와 의무가 결부되어 있다"라는 내용이 담겨 있다.

식물은 자연과 동물 사이에서 중간자로서의 역할을 다한다. 이는 중요한 생명체로서 자연의 법칙에 따르면서도 스스로 삶을 유지함과 동시에, 그들의 역할은 동물의 삶을 위해 완벽하게 책임과 의무를 다하고 있다. 생각해 보아라. 이 거대한 자연의 공간, 그것도 지구의 표면을 식물이 아니면 어떻게 생명을 위한 자원으로서의 구실을 완수하며 자연과 동물 사이의 조화를 이루며 쌍방에게 꼭 필요한 조건을 제공하고 자신의 생명을 스스로 유지할 수 있겠는가? 이러한 생명 현상을 우연성이라고 보기는 어렵다. 만약에 이 지구상에 식물이 없는 자연환경이라면 동물은 어떻게 살아갈 수 있겠는가? 식물은 자연의 섭리에 따라 자신의 생명을 유지하며 동물에게 삶의 터전을 마련해 주고, 자연이라고 부르는 이 공간을 아름답게 조화로움으로 가득 채워 준다.

앞의 장(章)에서도 우주에 관해서 언급하였지만, 지구의 나이는 45억 년 정도라고 과학자들은 말한다. 현재 지질학적 탐색이 허용되는 바로는 35억 년 이상의 나이를 가진 바위도 발견된다고 한다. 생명체 중에서 오래 산다고 하는 나무도 1천 년의 한계를 지니고 있다. 기껏해야 사람은 100년, 코끼리 50년, 말은 25~30년, 개는 12년, 곤충은 1년 정도다. 우리 인간이 주목해야 할 점은 이러한 생명 계통수의 최하위 벼랑 끝에서는 살아 있는 것과 살아있지 않은 것, 즉 유기체와 무기물 사이에 날카로운 구분 선을 긋는 것조차 위험한 일이라고 과학자들은 경고하고 있다.

또한 목숨의 덧없음을 비유하기 위해서 하는 말이지만 미물(微物) 중 하루살이는 하루만 생명을 유지한다고 붙여진 이름이다. 그런가 하면 불교에서는 극히 짧은 시간을 나타내는 말로 '찰나(刹那)'라는 용어가 사용되고 있는데, 그 뜻은 '짧은 순간'을 뜻한다. 깨달은 스님의 어록(語錄)을 보면 한 찰나에 900번 생멸(生滅)이 존재한다고 전해지기도 한다. 여기에서의 생멸(生滅)의 의미는 무슨 뜻을 지니는지는 우리로서는 잘 알 수 없다. 아무튼 생명과 생명 없음의 구분이 모호하기만 한 것이다. 이러한 현상들이 인간에게 삶과 죽음을 하나의 동일선상에 놓이게 하는 것이 아닐까 하고 생각하게 된다.

장회익 외 공저 『인문학 콘서트』를 보면 '온 생명[10]'이라는 용어가 등장한다. 여기서 기술한 것을 보면 "생명체 내부를 구성하는 것과 생명체 외부, 곧 환경을 구성하는 것이 서로 별개가 아니다. 이들이 함께 관련을 맺을 때 비로소 생명 현상이 발생한다. 이들이 함께하지 않으면 생명이라고 부를 수 없다."라는 내용이 나온다. 그 정도로 생명은 바로 주변의 자연 환경과 직결되는 것이다. 자연환

---

10 '온 생명'이라는 용어는 이 지구상에 살고 있는 생명체(박테리아와 인류 등을 망라한 모든 생명체)를 하나의 존재로 파악하여 붙인 이름이다. 그런데 온 생명이 형성되어 성장해 온 과정을 보면 대략 30~40억 년(즉, 아메바로부터 이 지구상에 생성되어 인류에까지 분화하여 발전되어 온 연수를 말한다. 그중에서 인류의 시작은 4만 년 전으로 본다)이 된다고 한다.

경을 보면 온 생명이 건강한 상태에 있는지 아닌지를 곧 알 수 있게 된다.

인간이 알아야 할 점이 자연환경(동식물을 제외한)은 동식물이 아름답고 안전하게 살아갈 수 있도록 신(神)이 조성해 준 보금자리인 동시에 안식처며, 이 속에서 함께 살아가고 있는 동식물은 인간의 형제며 동료고 자원이다.

인도에서는 야생 동물을 위해서 열매 맺는 나무는 함부로 베지 않고 법적으로 보호한다고 하니, 그야말로 만물의 영장으로서 인간은 제구실을 한다고 본다. 이 외에도 다우림 지역 내에서 그들은 짐승을 함부로 살생하지 않는다고 한다. 그 지역 부족장이 모든 동물과 공생을 목적으로 서로가 함께 살아갈 수 있도록 신(神)에게 향(香)을 피우고 기도를 하면 무서운 짐승이 인간을 공격하는 일이 없다고 전해진다. 인간은 무서운 독이 있는 코브라 등은 물론 뱀이나 개구리 등도 포살하지 않고, 전부 그들대로 평화롭게 살도록 환경을 만들어 줌으로써 인간과 모든 동물들이 공생하고 있다는 것이다. 이와 같은 법칙은 일반 동물에게도 똑같이 적용되며, 그들 자신도 그렇게 스스로 살아가게 되는 것이다.

식물과 동물이 다른 점은 의식이 있고 없다는 차이뿐이다. 식물이 자기의 생명을 유지하기 위한 기본적인 기능은 스스로 자신을 자연현상에 적응시키고 순응하면서 살아간다는 것이다. 그러한 식물의 생명 현상에 인간은 감탄하고 놀라움을 금하지 않을 수 없다.

이것이 곧 자연 현상이기 때문이다. 그러면서도 변화와 순환, 영속성이 존재한다는 사실 앞에서 인간은 자연히 숙연(肅然)해진다.

개인에게 주어진 생명은 진작 자신의 것이다. 그렇지만 그 생명을 통제하고 관리하는 주인은 보이지 않는 가운데 변화와 소멸로 이끌고 가는 자연 현상, 즉 섭리가 아닌가?

오늘날까지 등록되지 않은 생물종도 수없이 많을 것으로 과학자들은 추정하고 있다. 자료에 의하면 현재 지구상에는 대략 1,500만 종(種)의 생명들이 살아가고 있다고 추정한다.(다른 통계 조사도 있음) 그러면서도 기존에 있던 어떤 종은 소멸하는가 하면 또 새로운 종이 탄생하는 것이다. 이렇게 하여 자연은 변화하고 생명 현상은 이어지게 되는 것이다.

2장

사회적 변화

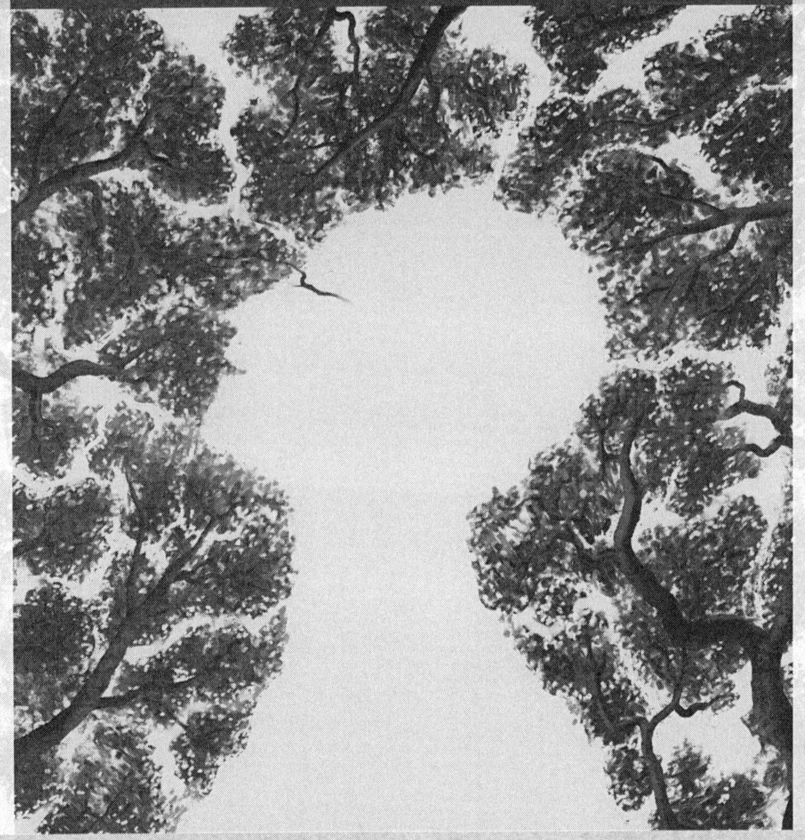

고국(故國)은
어떠한 의미를 갖는가?

　　노인에게 있어서 고국(故國)의 의미는 뜻이 깊게 느껴진다. 선조가 내 몸의 뿌리라고 한다면 나의 생년월일은 태어난 시점이 될 것이고, 고국은 공간적으로 태어나고 성장한 지역을 가리킨다. 어떤 한 사람을 알려고 한다면 언제 태어났고 고향이 어디이며 부모는 어떤 사람이었는가? 학벌은 어느 정도이며 무엇을 하며 어떻게 살아왔는지를 파악하면 된다. 이것들을 알아야 한 사람의 정체가 밝혀지게 되는 셈이다.

　　인간도 본능적으로 귀소성(歸巢性)이 있다. 그리고 자기만이 알 수 있는 장소나 공간에 또는 마음속 깊은 곳에 귀중한 보물을 감추어 놓는다. 그것은 금, 은 등 보화(寶貨)일 수도 있고, 무기와 같은 지식일 수도 있으며, 혼자만의 위안이 될 수 있는 아름다운 추억일 수도 있다. 여기서 말하고자 하는 것은 자기에게 위안을 줄 수 있는 공간이 세계 속에서 볼 때 고국이라는 점이다.

고국의 의미는 자신이 이곳에서 태어났고 또 세상을 하직하게 되면 그곳에 묻히게 될 것을 기저에 깔고 있다. 고국은 자기에 대한 생명의 땅이고 자신의 영혼이 의지해야 할 본향(本鄕)이다. 이와 같은 인연과 정(情)은 떼려야 뗄 수 없는 숙명적인 관계나 다름없다. 언제 어디서 무엇을 하며 살아가더라도 마음은 언제나 고향과 고국을 그리워하게 된다. 여기에 대한 깊은 애정은 언젠가 그곳으로 돌아갈 것이라는 기대감이다.

고국을 어떻게 마주하며 간직해야 하는가? 이를 저버려서도 잃어버려서도 안 된다. 고국은 나의 양심이고 진실이며 운명이기도 하다. 고국을 잃은 사람들이 이곳으로 돌아갈 수 없다고 하더라도 마음속으로는 이를 얼마나 애틋하게 그리워하겠는가? 꿈에도 그리던 고국을 끝내 잊을 수 없을 것이다. 인간은 태어나면 반드시 죽게 된다. 죽는다는 것은 본원지로 되돌아간다는 의미다. 인간도 자신이 태어난 곳으로 돌아가야만 원점에 귀환하게 되는 것이다.

온 세계가 하나의 권역인 글로벌 시대고 보면, 어디 고국이 있으며 타국이 있겠느냐 하고 반문(反問)할 수도 있다. 그럼에도 불구하고 그 시대의 훌륭한 선각자들은 자신이 죽게 되면 부모의 뼈가 묻힌 고국 땅에 묻어달라고 유언으로 남기기도 한다.

남아프리카 공화국 전 만델라 대통령도 죽기 전에 고향 땅 밭 한 모퉁이에 자신이 묻힐 묘지를 준비하였다가 그곳에 묻혔다.

요즘은 옛날과 달리 고국이라는 이미지가 점점 약화(弱化)되고 있음은 사실이다. 인간끼리의 삶에서 빚어지는 인심(人心)은 그렇게 고국이라는 정(情)을 느끼게 하지 않는다. 그러나 세상이 불안할 경우에는 타국(他國)에 사는 것이 위험하기도 하다. 인종차별이라든지 아니면 자국 이기주의 때문이기도 하다.

어떤 경우에는 고의적으로 고국을 저버리는 수도 있고, 또 고국에서 버림받아 본의(本意) 아니게 이 땅을 떠날 수도 있게 된다. 지금은 자녀가 자라서 직장을 찾아 외국으로 가는 경우도 많다. 어느 기간 근무를 한 후에도 고국으로 돌아오지 않고 영원히 이민을 하기도 한다. 하지만 인간이라면 슬프고 외로울 때면 언제나 자신의 마음 한구석에는 고국에 대한 애틋한 정이 남아 있게 되는 것이다.

선방의 스님들도 수행을 하다 보면 사찰(寺刹)을 옮겨 가며 참선을 하게 되는데 전통적인 음력명절은 물론, 정기적인 참선 도중이라도 잠시 짬을 내어 휴식을 취하게 된다. 이러할 때 그분들도 남쪽 출신은 남쪽 사람대로 북쪽 출신은 또 그들대로 하나둘 끼리끼리 모여서 피로를 풀며 잡담을 나눈다고 한다. 즉 '호마의북풍(胡馬依北風)이요 월조소남지(越鳥巢南枝)'[11]와 같은 맥락이다.

석가모니 부처님도 구시나가라 성(城) 밖 사라수(沙羅樹)가 우거진 숲에서 열반에 들어가실 때 자신의 고향 쪽으로 머리를 향(向)했다

11　호마의북풍(胡馬依北風) 월조소남지(越鳥巢南枝)의 뜻은 중국의 옛 시(詩)에 나오는 구절로, '호나라에서 태어난 말은 호나라 쪽을 향하여 보며 북풍이 불어올 때마다 고향을 그리워하고, 북쪽으로 옮겨간 월나라 새(鳥)도 고향 쪽으로 가까운 남쪽 가지에 둥지를 튼다'는 뜻이다.

고 전(傳)해지는 것을 보면, 가히 고국의 의미를 다시 한번 되새겨 보아야 할 대목이다.

　인간에게 있어서 최고의 가치 있는 삶의 실현이란 무엇인가? 그것은 지고(至高)의 선(善)을 행하는 것이다. 여기서의 선(善)이란 도덕적 기준에 맞는 것을 말한다. 도덕의 기준 그리고 그 실현이란 자연의 순리를 따르는 것이고 이에 일치하는 삶이다. 지구상의 모든 생물들은 자연으로부터 와서 자연으로 돌아간다. 인간의 삶이란 자연의 순리를 따르는 것이며, 죽음 역시 이와 다르지 않다.

　동물에게 있어서 귀소성(歸巢性), 귀소본능(歸巢本能)이 있다. 이는 동물이 살아가기 위해서 한때 다른 곳에서 생활하다가 본래의 자기 서식지나 둥지, 혹은 태어난 장소로 되돌아오는 성질을 말한다. 꿀벌, 개미, 비둘기, 제비, 회오라기, 개 등에서 볼 수 있다. 그런가 하면 회귀성(回歸性), 회귀본능(回歸本能)이 있다. 이러한 성질은 어류(魚類) 따위가 태어난 곳에서 다른 곳으로 이동하여 성장한 다음, 산란을 위해 태어난 곳으로 되돌아오는 습성이다. 연어, 송어, 뱀장어, 고래 등이다.

　본능(本能)이란 생물이 선천적으로 갖고 있는 동작이나 운동이다. 선천적이라는 말은 태어나면서부터 지니고 있는 성질이다. 인간 역시 귀소성을 선천적으로 가지고 태어난다. 이점 역시 본능이라고 말하지 않을 수 없다. 귀소성이 뚜렷이 나타나는 장면이 또한 죽음을 앞둔 시점이다. 좋은 죽음으로는 자신의 집에서 마지막 숨을 거두는 것을 누구나 원하고 있다. 나이 많은 노인이 요양원에서 생활을 하다가 죽음을 앞두게 되면 가장 원하는 것이 자신의 집으로 돌아와서 마지막 최후의 순간을 맞이하고 싶어 한다. 죽음이란 가장 순수한 것이고 또한 진리며, 정의로움의 실천이다. 왜냐하면 자연의 도를 따르는 것이기 때문이다.

노인으로서 자세는
어떠해야 하는가?

노인은 다음 세대를 위해 자신이 살아온 모든 지경(地境)을 남겨 두고 세상을 떠나야 한다. 이 순리를 엄숙하면서도 겸허하게 받아들이는 것이 곧 노인의 자세다.

'준마(駿馬)는 늙어도 그 뜻은 천하를 달린다'라는 말이 있다.

젊은 시절 열심히 살아온 사람이라면 늙음 역시 그 뜻이 쉽게 사라지지 않는다. 그 기량(技倆)이 영혼 깊숙이 뿌리내려 온몸에서 묻어 나오게 된다. 이러한 노인은 젊은이를 보면 지지(支持)와 격려를 아끼지 않는다. 비록 자신이 노인이 되었지만 젊은 시절 준마로서 역할을 다했기 때문이다.

더욱이 노인은 무엇보다도 후손에게 모범을 보여야 하며 남을 구제(救濟)해 주는 일에 전부를 바쳐야 한다. 이 땅에서 가장 귀한 것은 생명이다. 남의 생명을 구제해 주는 것보다 더 고귀한 일은 없다. 노인은 이러함을 실행에 옮기는 것이 가장 큰 임무다. 또한 '노인의 생명은 곧 성숙이다'.

노인으로서 인격을 갖추려고 한다면 성숙해야만 한다. 노인은 나이와 허울만으로 안 된다. 세상만사가 그러하듯이 인생에는 공짜가 없다. 이것은 진리다. 노인은 안타깝게도 지금은 자신에게 있어서 수확의 계절을 지나 침묵은 물론 휴식, 고요, 정리(整理)의 시간에 진입하고 있다는 점을 잊어서는 안 된다.

세월의 빠름을 노래한 시 한 구절을 소개한다.

현진스님의 책 『행복은 지금 여기에』를 보면 고려 말의 고승(高僧)으로 알려진 나옹화상(和尙)[12]의 문집에 이런 선시(禪詩)가 실려 있다.

---

12 고려 말의 뛰어난 고승 나옹선사(懶翁禪師, 1320~1376)의 이름은 혜근(慧勤)이다. 법호는 나옹, 호는 강월헌(江月軒). 선사의 나이 21세 때 문경 공덕산 묘적암(妙寂庵) 요연선사(了然禪師)께 찾아가 출가했다. 전국의 사찰을 편력하면서 정진하다가 양주 천보산 회암사(檜巖寺) 석옹화상(石翁和尙) 회상에서 크게 깨달음을 얻는다.

어제는 봄인가 했더니 오늘 벌써 가을이다.

해마다 이 세월은 시냇물처럼 흘러가네.

이름을 탐하고 이익을 좋아해 허덕이는 사람들은 (…)

이 시(詩)는 세월이 강물처럼 빠른 것도 모르고 일생을 명예와 권력만 탐하다가 부질없이 백발만 성성해지면 인생이 참 허망함을 느끼게 된다는 것이다. 따라서 나이 들어서도 권력 주변에 서성이는 인생은 노년의 추태며 망신이라는 점이다. 이 글을 쓴 고승은 우주와 인간 그리고 삶과 죽음에 대한 근본 이치를 깨닫기 위하여 자신의 모든 것을 걸고 도(道)의 길을 걷는 분이다. 이 글 이면(裏面)에는 명예와 권력은 당사자가 세상을 떠나고 나면 곧 바람처럼 사라져 허망하게 된다는 의미가 포함되어 있다.

노인으로서 어떠한 삶의 자세를 갖추어야 하는가?

첫째, 지혜로움이다. 어느 누군가가 말했듯이 인간이 세상을 살아가려면 무엇보다 중요한 점이 지혜를 갖추는 것과 타인과 화목(和睦)을 이루는 것이라고 말했다. 지혜는 현명하게 나이를 먹는 것이다. 어린아이가 지혜롭다고는 말하지 않는다. 나이 먹은 노인을 지혜롭다고 말한다. 지혜를 다른 말로 바꾸면 한편으로는 수단과 꾀와도 맥락을 같이하는 면도 있다. 오랫동안 세상을 살아오면서 산전수전을 겪어 노회(老獪)함을 갖추게 됨이다. 젊은이들이 갖춘 지식과 노인의 지혜로움은 다르다. 지혜로움은 대체적으로 경험 속에서 얻을 수 있기 때문이다. 노인에게는 이 지혜로움을 다음 세대에 전수해야 할 의무가 주어진다.

둘째, 성숙함의 대변자(代辯者)여야 한다. 빵이 숙성하여 균열하게 됨을 의미하는 것과 다르지 않다. 성숙한 노인이라면 어려운 일을 당했을 때 당황함은 물론 안절부절못하지 않고 오히려 침착함을 유지한다. 또한 즐거움을 만났을 때도 마음이 부풀어 오르지 않고 한결같이 차분하다. 화가 났을 때도 큰 목소리가 아니라 오히려 낮은 목소리를 견지한다. 슬픈 일을 당했을 때도 조용히 안으로 눈물을 감춘다. 남이 자신을 알아주지 않아도 즐거움을 잃지 않는다. 실패를 하였을 경우에는 더 노력해야 함을 알고 있기에 새로운 각오와 다짐을 한다. 성숙함은 자연히 밖으로 드러나게 된다. 이와 같은 자세와 태도를 젊은이에게 몸소 보여 주어야 한다.

셋째, 젊은이에게 삶의 모델이 되어야 한다. 노인이 후손들에게 보여 주어야 할 가치는 자연과 함께 순박하게 살아가는 모습이다. 노인은 우주와 인간의 교량적(橋梁的)인 역할을 하며 젊은 세대에게 삶의 자세를 몸소 보여 주는 것이다. 인간은 인공적인 것이 아니라 자연의 산물이다. 자연에서 와서 자연으로 돌아간다. 우주의 이치와 자연의 순리를 따르는 것이 노인의 자세다. 삶은 자연 현상의 일부다. 삶이 영원한 것처럼 보이지만 그러하지 않다. 이 점에 대해 노인은 자연의 순리를 따라야 한다. 후손들이 더욱더 세상을 아름답고 행복하게 살아갈 수 있도록 도덕을 실천하고 선(善)을 행해야 함이다. 극단적인 표현을 한다면 묵묵히 죽음을 맞이해야 한다는 것이다. 노인은 그 험난하고 고통스러우며 슬프기도 한 이 삶의 여정을 순순히 받아들이는 그 모습을 후손들에게 실천으로 보여 주는 것이 바람직하다.

노인이 풀어야 할 삶의 과제는 다음과 같다.

- 우주는 무엇이며 세상은 어떠함인가?
- 인간은 왜 신(神)을 찾아야만 하는가?
- 삶은 무엇이며 어떻게 살아야 하는가?
- 인간이 추구해야 할 소중한 가치는 무엇들이 있는가?
- 어떻게 좋은 죽음을 맞이할 수 있느냐?

이와 같은 문제를 풀어야 할 사람이 바로 노인이다. 이러함은 돈이나 젊음으로 해결할 수 있는 문제가 아니라 유일하게 노인이 현재까지의 쌓아 온 경험은 물론 지혜를 바탕으로 사색(思索)을 통하여 답을 구해야 하는 것이다.

노인이 존재하는
사회가 건강하다

노인은 가치 없는 존재인가? 전혀 그렇지 않다. 개인적인 능력의 문제다.

노인기가 없는 삶은 일생을 통하여 볼 때 생(生)의 1/3 정도는 잃은 것이다. 노인기란 생애(生涯) 있어서 수확물을 거두어들이는 동시에 마지막 생(生)을 정리하는 시기다. 노인이 존재하지 않는 사회는 건전하지도 완벽하지도 않다. 자연 현상으로 볼 때에도 마지막 부분이 없는 상태, 미완성 바로 그 자체다. 하루를 볼 때는 저녁노을이 없는 북녘 하늘과 같다. 엄마와 아빠 아들과 딸만 있는 가정보다는 훌륭한 할머니, 할아버지가 주위에 존재하고 있음이 완벽하고 건전한 가정이다. 이때 할머니 할아버지는 인격적으로 원숙하고 높은 지성(知性)을 갖추고 있어야 한다. 인생을 살아가면서 젊은 부부가 해결하기 어려운 문제들을 때로는 이분들이 해결해 줄 수 있기 때문이다. 인간의 삶은 언제나 처음이 있어야 하고 마지막 부분이 존재해야 한다. 그렇게 됨이 자연적인 현상으로 완벽함을 갖추는 것이다.

마르쿠스 툴리우스 키케로의 책 『노년에 관하여』를 보면 "젊은이들 중 소수만이 노년에 이른다네. 그런 일이 없다면 더 훌륭하게 더 현명하게 살 수 있으련만! 분별력과 이성과 현명한 조언은 노인들의 몫이기 때문이네. 노인들이 없다면 어떤 국가도 존재할 수 없었을 것이네"라고 말하고 있다. 노인의 지혜에서 삶의 어려운 부분을 해결할 수 있는 방안이 도출됨을 여기서 말하고 있는 것이다. 이외에도 왕국 건설 1장의 「한영 현대인의 성경」(2:27)을 참고하면 이러한 구절이 나온다.

어느 날 예언자가 엘리에게 와서 다음과 같은 여호와의 말씀을 전해 주었다.

"…… 이제 내가 너희 가정과 집안에 젊은 사람들을 쳐서 제명대로 살지 못하게 하고 네 집안에 노인이 하나도 없게 하겠다."

이러한 구절을 보면 가정과 집안에 젊은이는 물론 노인이 존재하는 것이 완벽함이다. 그러한 가정은 하느님에 대한 경외(敬畏)함이 있게 되고 자연의 순리는 물론 성경의 가르침을 받들고 삶을 원만하게 살아가기 때문이다.

그러함에도 불구하고 현대는 말할 것도 없고 봉건사회에서도 노인은 언제나 젊은이들로부터 소외되어 왔었다. 성숙한 노인이라면 젊은이가 자신을 예우하지 않고 외면한다고 하더라도 섭섭해하느냐 하면, 전혀 그러하지 아니함이다. 정신 차릴 시간이 없이 세상이 급변하고 있는데, 젊은이들이 자신들을 대접하지 않는다고 불평을 한다는 것은 소가 웃을 일이기 때문이다.

노인이란 스스로 나이가 많은 것을 자랑할 문제가 아니라 얼마나 성숙해졌느냐를 고민해야 한다. 노인으로서 산전수전(山戰水戰)을 모두 겪어 왔다면 자신이 세상으로부터 소외당하고 있다고 섭섭해할 일이 아니라, 오히려 사회에서 행동으로 삶의 모범을 보여 왔느냐고 스스로 반문해야 할 것이다.

성숙한 노인이라면 인생에 있어서 멘토(mentor) 역할을 마다하지 않는다. 이러한 노인은 활동하는 젊은이들에게 스승이 되기 때문이다. 한 가정에 있어서 성숙한 노인이 존재한다면 그 가정은 틀림없이 안정된 가정이다. 충동적으로 행동하며 살아가다가 낭패를 당하는 일은 결코 없을 것이기 때문이다. 성숙한 노인이란 어려움을 참는 것은 말할 것도 없고 순리대로 살아갈 줄 안다. 사회도 마찬가지다. 성숙한 노인이 존재하고 있다는 것은 그 지역의 정통성을 면면히 이어 오면서 바르고 평화스럽게 살아가게 된다. 성숙한 노인이라면 지혜를 얻어 삶에 있어서 문제 해결 능력을 갖추고 있는 것이다.

　노인이란 과거를 살아온 경험의 반영이기에 어느 측면에서나 본보기로서의 이름표가 붙게 된다. 노인이 존재하지 않는 사회는 불건전한 사회다. 어느 지역, 어느 마을을 가든 훌륭한 노인이 존재하고 있으면 그곳은 성숙함을 상징한다. 삶의 환경이 쾌적하고 인간을 서로 존중하는 사회이기 때문에 그러하다. 이는 곧 탄생과 성장, 성숙, 쇠퇴의 과정이 순조롭게 이루어지는 것이다. 사회 역시 정화(淨化)는 물론 순환의 과정이 필요한데, 노인은 마지막 보류로서 자신의 역할을 마다하지 않는다.

　노인들도 눈부신 물질문명에 비추어 소외감이 증대하고, 가치관의 혼돈으로 사회에 대한 자신의 가치가 낮아지는 것에 대하여 고민하지 않는 것은 아니다. 독자들도 예상하겠지만 물질이 풍부하고 결핍의 욕구 충족이 이루어지면 오히려 성장 욕구라는 희망 사항이 낮아지는 것이다. 매슬로의 욕구 단계[13]에 있어서도 물질이 풍부하면 성장 욕구에 해당하는 지적인 욕구와 심미적 욕구, 자아실현 욕구는 오히려 낮아지는 것으로 본다. 인생의 과정에서 노인기에 이루어야 할 과업이 성장 욕구의 충족인데도 물질이 풍부해짐에 따라 이 문제가 결핍되지 않을까 실로 우려는 부분이기도 하다. 비록 노인에 대한 사회적인 편견에 의하여 소외감이 증대한다고 하더라도,

---

13　매슬로의 욕구 단계: 결핍 욕구(생리적, 안전, 소속과 애정, 자존감), 성장 욕구(지적, 심미적, 자아실현)이다. 여기서 욕구의 5단계란? 생리적, 안전, 소속과 애정, 자존감, 자아실현 욕구. 욕구의 7단계란? 생리적, 안전, 소속과 애정, 자존감, 지적, 심미적, 자아실현 욕구다.

시대와 사회가 변하여 젊은이들이 노인을 바라보는 시선이 곱지 아니하더라도, 노인은 자신의 삶을 철저히 살아서 성장 욕구 충족이 이루어지도록 최선을 다해야 한다.

노인은 자연의 섭리라는 차원에서 볼 때도 유(有)에서 무(無)로 변화되는 변곡점에 놓여 있다는 것을 알 수 있다. 인간에게 있어서 노인기는 유에서 무로 변화되는 마지막 단계에 있게 된다. 이러한 점으로 인하여 인간에게 있어서도 힘들고 어려운 삶의 부분을 노인이 감당해야 한다. 만약 노인이라는 과정의 삶이 없다면 이 사회에는 원만하고 자연적인 흐름이 조성될 수 없을 것이며 젊은이들만이 존속하는 사회는 직선과 강인함뿐이다. 하지만 노인이 존속하는 사회는 완만하고 부드러우며 끝이 존재하는 사회가 된다. 성숙함은 노인기에 있어서 최고 가치의 실현임에 틀림이 없다. 자연의 현상처럼 노인의 쇠약해지는 몸꼴이 없으면 나무의 앙상한 부분이 없는 것과 같다.

우리가 살아가고 있는 사회도 건강한 사회가 있는가 하면 병든 사회가 있다. 어떤 사회가 병들어 있는 사회인가? 이 사회에 살아가고 있는 구성원이 병들어 있으면 사회가 병들게 된다. 여기에는 노인의 건전성과 비건전성이 중요한 역할을 하게 되는 것이다. 노인은 이 사회를 가장 오랫동안 지키고 살아온 주역이다. 이것은 곧 현재 이 사회를 힘차게 살아가고 있는 젊은 세대들에게 희망과 미래를 열어 가도록 하는 선도적 역할을 하게 된다. 그런데 요즘 노인의 숫자는 점점 늘어나는데, 존경할 만한 노인은 찾기가 힘들다고 말하기도 한다. 그것은 귀감(龜鑑)이 될 수 있는 성숙한 노인이 많지 않기 때문이다. 성숙한 노인은 보기만 하여도 젊은이를 감화시키고 대화를 나누기만 하여도 스승으로서의 역할을 다한다. 젊은이들은 이와 같은 성숙한 노인을 접하게 됨으로써 훌륭함을 배워 악(惡)을 멀리하고 선(善)을 선택하게 될 것이다. 가치적인 측면에서 노인이 존재하여야 함은 다른 일반적인 동물들에서는 찾아보기 드문 현상이 아닐 수 없다. 노인이 인의예지(仁義禮智)를 행하게 됨으로써 인간으로서 최고의 가치를 실현하기 때문이다.

노인은 정통성(正統性)을
후손에게 가르쳐야 한다

어느 사회든 그 지역의 전통과 문화는 역사 속에서 생겨나며, 어느 기간 지속하다가 세월이 지나면 점점 소멸된다. 한 나라의 민족은 그 시대의 전통과 문화와 함께한다. 그럼에도 불구하고 현대는 급변하고 있어 국가의 정통성(正統性)마저 무너져 가고 있는 실정이다. 노인과 젊은이들의 사고(思考)의 차이는 날이 갈수록 심화되고 있다. 전통과 문화는 시대와 조류(潮流)에 따라 변화가 이루어지겠지만 계승되어야 할 점도 많다. 인간의 존엄성은 물론 인류의 공동 번영과 평화에 관한 사안(事案) 등이 그러하다. 세월이 흐르고 사회가 변하여도 인류의 공존을 위한 근본 이치는 변함이 없어야 한다.

한국의 정통성이란 인간의 존엄성, 맑고 깨끗한 영혼의 숭배, 종교적인 삶, 순결한 성(性)의 보존, 선(善)을 추구하는 도덕성, 진리와 정의의 가치 실현, 인간의 정(情)이 담긴 자비심(慈悲心), 노동의 중요성, 선조의 얼이 담긴 문화유산, 부모와 자식의 정(情), 인간을 포함한 동식물의 공존성 등이라고 할 수 있을 것이다. 이러한 가치들은 어떠한 일이 있어도 우리 민족과 함께 살아 숨 쉬며 정신적인 유산으로 남아 있어야 한다. 노인이 후손들에게 남기고 가야 할 것은 물질뿐만 아니라 정신적인 사상(思想)이다. 이 정신적인 가치를 잘 보존하여 다음 세대들이 계승하도록 하는 것이 노인의 임무(任務)다.

인륜(人倫)의 기원(起源)을 살펴보면 인도(人道)에서 유래된다. 인도(人道)란 사람이 살면서 행해야 할 도리를 뜻한다. 인도(人道)의 차원에서 보면 남녀 역할에 있어서 구분(區分)과 화합(和合)을 이루는 것이 또한 대도(大道)다. 남녀의 교섭(交涉)이 인도(人道)의 중요한 행위라고 하며, 부부의 교합(交合)은 인도(人道)의 대륜(大倫)이라고도 한다. 남녀의 교섭은 사랑이며 개별적인 남녀의 사랑은 이윽고 인류 전체의 평등한 사랑으로 확대되어 박애(博愛)가 되고 인도주의(人道主義)가 되는 것이다.

인륜(人倫)의 결정적 요소(要素)로서의 주체성(主體性)은 무엇보다도 개인으로서 자유의지(自由意志)에 원천(源泉)을 두고 있다. 인륜(人倫)이란 인간이 지켜야 할 윤리다. 이것은 한 사회가 존속하기 위해서는 자기 나름대로 금기(禁忌) 사항이 있게 마련인데, 이 금기 사항은 모든 인간이 평화롭게 공존하기 위해서 반드시, 그 공동체가 지켜야 할 규범이다.

이상태, 김종록의 공저 『독서와 작문의 길잡이』에 의하면 "금기(禁

倫)란 원칙적으로 인간의 쾌락 본능을 억압하는 수단이며, 인간사회의 금기 체계는 성(性)과 양식(糧食)의 적절한 분배라는 원칙 위에 세워져 있다. 여자를 어떻게 분배하며 양식을 어떻게 분배하는가 하는 것은 풍속의 최저층(最低層)을 이루는 문제들이다.”라고 기술한다. 인간이 살아가는 데 가장 기본적인 욕구를 소수의 특정인만이 차지할 것이 아니라, 모든 인류가 공통적으로 누리기 위하여 공동 분배의 원칙을 고수하고자 하는 것이다. 이와 같은 풍속이나 관습은 인간이 살아가면서 자연히 생성된 규범으로 지키지 않으면 인류의 공존이 위협받을 수 있다. 이렇게 제도화된 윤리로서의 풍속은 그것을 지탱시킬 수 있는 이념(理念)을 요구한다. 이 이념은 성(性)과 양식(糧食)의 분배라는 습속적(習俗的) 문제를 해결하려는 노력 끝에 세워진 관념 체계다. 풍속과 이념이 균형과 조화를 이루며 결부되어 있는 사회는, 그 사회 속에 있는 구성원들에게 행복감을 주며 만족하게 살고 있다는 느낌을 주게 된다. 이 풍속과 이념은 인간이 존재하면서 공동체가 평화롭고 만족한 삶을 영위하기 위해서 인류가 만들어 낸 하나의 중요한 성과물이다.

G.W.F. 헤겔은 『정신현상학 1』에서 ‘인륜의 체계(System der Sittlicbkeit)’[14]에 대하여 언급하고 있다. 인간은 타인에게서 자기와

---

14 G.W.F. 헤겔의 책 『정신현상학 1』의 ‘인륜의 체계(System der Sittlicbkeit)’에서 셸링의 지적 직관이 현실적으로 작용하는 장(場)은 인류의 세계며, 여기서 정신의 눈과 신체의 눈은 완전히 일치하고 인간은 타인에게서 자기와 동일한 정신을 본다고 하였는

동일한 정신을 본다고 하였는데, "인류의 법칙이란 이와 같은 정신으로서 인간은 물론 온 생물들이 공존하려면 반드시 이 인류과 같은 자연의 순리를 따라야 할 것"이라고 말한다.

또한 헤겔은 다음과 같이 의지(意志)에 대해서도 언급하고 있다. '의지'를 관습과 제도와 관련하여 비추어 본다면 "의지(意志)는 관습(慣習)과 제도(制度)들을 통해 스스로 대상화(對象化)하는 정신의 한 발전 단계(發展段階), 즉 실천적(實踐的) 정신(精神), 다시 말해 스스로를 내용(內容)의 규정자(規程者)로 인식(認識)하는 지성(知性)이다."라고 기술하고 있다.

여기에서 중요한 점은 '의지'를 인류을 지키려고 하는 관습과 제도에 관한 것으로 유추 해석해 본다면, 근대 이후 인류사회에서의 불행의 한 요소는 사람이 인류을 지키려고 하는 의지의 결핍으로 인하여 생기게 되는 인류이 붕괴되는 현상이라는 것이다.

헤겔이 '인류의 붕괴'라는 이 용어에 특별한 의미를 부여할 수 있었던 것은 근대라는 시대적 상황 때문이다. 경제적으로는 자본주의적 생산의 힘에 의해 인간의 욕망과 그 충족이 유례없이 높아졌고, 사상적(思想的)으로는 자유주의적 안정성이 일정한 균형을 이루지

데, 이는 "하나의 자기의식이 또 하나의 자기의식에 대해서 있다"는 명제와 동일한 문맥에서 이해된다는 것이다. 이런 점에서 또한 일종의 중국적인 천부인권론이라고도 할 강유위(康有爲)의 『논어 주』에 다루어진 '평등과 자주'의 사상이 모든 인간을 천(天)의 일부로 보고 천을 매개로 하여 인간만이 아닌 생물의 일체성(一體性)까지도 포괄하는 상호연속성 또는 동질성 문제를 제시한 것은 헤겔 사회철학이론과의 비교 검토를 가능케 하는 하나의 대목으로 평가될 만하다.

못한, 이 시대를 헤겔은 '비인륜의 시대'라고 부른다. 좋은 삶은 선(善)이 존재하는 삶이라고 한다면, 우리 인류가 걱정해야 할 문제는 반인륜의 확산이다. 이 반인륜의 원인은 경제적인 삶의 문제를 삶의 가장 중심부에 놓고 욕망과 쾌락의 충족을 삶의 목적으로 삼기 때문이라는 것이다. 반인륜의 문제는 윤리가 머무를 곳을 잃은 데서 비롯된다.

헤겔의 법철학에서 가족의 발전을 '혼인, 가족의 재산, 자녀 교육과 가족의 해체' 등의 세 부분으로 나누어 설명하고 있다. 혼인을 하고 자녀를 낳게 되며 교육을 위해서 재산이 필요하게 되고 자녀가 성인이 되어 독립적으로 살게 됨으로써 가족이 해체되는 것으로 본다.

그중에서 부부 간의 혼인은 자녀를 통해서 그 열매를 맺는다. 혼인은 직접적인 인류의 관계로서 자연적 생명성의 계기를 내포하지만, 자기의식에서 볼 때는 그 안에서 한낱 외면적인 통일이 정신적 통일로, 즉 자기의식적인 사랑으로 전화(轉化)된다고 한다. 자녀야말로 부부 사이의 정신적 결합의 실체가 될 수 있으며, 자녀는 혼인이라는 인류적 계기를 객관화시키는 데 중요한 요소가 되는 것이다.

결론적으로 '인류을 지키는 사회냐 아니면 반인륜적인 사회냐'는 곧 '물질적인 면을 중요시하느냐, 정신적인 면을 중요시하느냐'에 따라 판가름 나는 것이다. 반드시 인류사회는 정신문화의 바탕 위에 물질문명이 꽃피워져야 인류의 영원한 공존과 번영이 이루어질 수 있다는 것이 증명되는 부분이다.

그렇게 하기 위하여 인류는 어떠한 자세를 견지(堅持)해야 하는가?

첫째, 종교인이 되어야 한다. 참다운 종교인은 신(神)을 믿으며, 사후세계를 인정하고 죄를 짓지 않으며 영생(永生)을 구한다. 종교적인 사람은 물질보다는 정신을 추구하며 맑고 깨끗한 영성을 기르게 된다.

둘째, 지성을 쌓아야 한다. 지성을 쌓는다는 것은 인간으로서의 최고의 가치를 추구하는 것이다. 인간으로서의 자존감을 지켜 높은 인격을 유지함으로써 정신적인 삶을 살아가게 한다. 교양인으로서 사회생활을 함에 있어 도덕 정신을 유지하게 되어 인간으로서의 덕목을 지니게 한다.

셋째, 감성적(感性的)인 사람으로 성장하여야 한다. 감성적인 사람은 따스한 가슴을 간직하기 때문에 사람을 사랑하게 된다. 남을 포용(包容)하고 관대하며 인자(仁慈)하다. 따라서 아울러 살아가는 사회를 만들며 남과 더불어 꿈을 키운다.

이와 같은 사회가 바르게 실현되면 인류가 결코 무너지지 않을 것이다. 노인은 도덕성이 붕괴되어 인류가 무너지는 현상을 피하고 막기 위하여 누구보다도 앞장서야 할 것이다. 그러니 각자 자유정신에 바탕을 두고 인류사회의 영구한 번영을 위해서 내부 규율을 먼저 지키며 실현 시키는 일이 무엇보다 중요하다.

부모와 자녀와의 관계를 어떻게 정립할 것인가?

부모에게는 자녀를 낳은 그 행위에 따른 무한한 책임과 의무가 주어지기 때문에 정성, 진실, 사랑으로 최선을 다해 자녀를 키워야 한다.

부모와 자녀의 관계는 인륜이라고 하기 보다는 천년의 습기가 스며들어 피로 맺어진 천륜(天倫)이라고 한다. 하늘이 맺게 해 준 것이어서 이보다 더 깊은 인연은 존재할 수 없다. 부모와 자녀는 천지신명의 뜻이 개입되어 맺어진 것으로써, 마음대로 분리할 수 없는 불가분의 관계가 주어진다. 가장 진한 정(情)을 느끼게 하는 것은 부모의 무한 희생정신이다. 인류의 역사는 부모와 자녀와의 관계에서 비롯된다.

정이천 주해 책 『주역』을 참고하면 정리(定理)라는 용어가 나온다.

정리(定理)의 사전적인 뜻은 이미 진리라고 증명된 일반적인 명제(命題)다. 정리(定理)는 "아버지와 아들, 군주와 신하의 관계는 천하의 정리(定理)이니, 천지(天地) 사이에서 도망갈 곳이 없다. 정리는 세상에서 바꿀 수 없는 이(理)이니 경(經)이다. 정리(定理)는 어떤 체계적인 관계망이나 구조와 같아서 바꿀 수 없다는 것이다."라고 기록하고 있다. 이 말은 앞의 천년의 습기가 스며들어 피로 맺어진 천륜(天倫)을 뜻하기도 한다.

부모는 자녀 양육에 대한 책무가 주어지고 자녀에게는 부모를 봉양해야 할 의무가 있다. 모든 사회는 서로 순응하고 조절할 것을 요구한다.

그럼에도 불구하고 사회는 경제력의 차이, 신분의 차이, 주변 사람들과의 구조적인 문제 등 불평등과 차별화로 인하여 자녀의 입장에서 부모를 봉양할 여력을 갖지 못하는 경우가 있다.

문제는 자녀가 결혼을 하여 성인이 되면 부모 곁을 떠나 독립적으로 살아가야 하는 것이 도리이다. 그러나 여러 가지 사정상 그러하지 못하는 경우에 문제가 발생한다. 부모와 자식 관계에서도 너와 내 몸의 거리가 물리적 거리[15]라면, 네 마음과 내 마음의 거리가 정

---

15 물리적 거리, 즉 사람들 사이에는 4가지 거리가 있다. 밀접한 거리, 개인적 거리, 사회적 거리, 공적인 거리가 그것이다. 사람과 사람 사이에 지켜야 할 거리를 숫자로 똑 부러지게 분류한 사람이 미국의 문화인류학자 에드워드 홀이다. 이는 밀접한 거리는 0~46cm로서 서로 만지고 체온을 느끼고 체취를 맡을 수 있는 거리로서 엄마와 아기, 사랑하는 연인, 부부의 간격이다. 개인적 거리는 46cm~1.2m이다. 이는 속마음을 터

서적 거리[16]다. 여기서 정서적 거리가 인간관계에서 매우 중요한 역할을 한다. 물리적이든 정서적이든, 어느 정도 알맞은 거리를 유지함으로써 개인적인 자유를 누리며, 서로가 상대방의 인권을 침해하지 않고, 자신의 인격과 자존감을 유지하며 살아갈 수 있게 된다. 가족이든 남이든 원만한 관계는 적정한 거리를 유지할 때 이러한 것이 가능해진다. 내 가족이고 자식이며 부모이니 거리감 없이 밀착하여도 괜찮다는 식(式)의 참견은 서로가 상처를 받을 수 있다. 부모와 자녀의 관계에서 이 적정한 거리를 유지하여 서로가 행복하고 자유를 누릴 수 있도록 하여야 할 것이다.

옛날 유목민들이 가족이 함께 계절 따라 이동을 하며 삶을 영위하는 과정에서 부모 중 한 분이라도 나이가 많아 그 이상 함께 갈 수가 없을 때는, 모닥불을 피워 놓고 여기에 며칠간 먹을 양식과 부모를 남겨 두고 가족은 머나먼 길로 사냥을 위해 살길을 찾아 떠난다. 부모와 자녀는 그것으로 영원한 이별을 고(告)하게 되는 것이다.

놓을 수 있는 친구와의 거리다. 사회적 거리는 1.2~3.6m으로, 회사 등에서 공식적이고 사무적인 관계에 속하는 사람들 사이의 거리이다. 공적인 거리는 3.6~7.5m으로, 교실에서 선생님과 학생, 공연장에서 공연자와 관객 사이의 거리이다. 이러한 거리가 무너지면 사람들은 심리적으로 불편하게 되고 그 상황을 해소하는 쪽으로 행동하게 된다. (참고: 공무원연금 생활종합정보지, 2018년 4월호)

16 정서적 거리는 너와 내 몸의 거리가 물리적 거리라고 한다면 네 마음과 내 마음의 거리가 정서적 거리다. 이 정서적 거리는 서로가 상대를 침해하지 않으면서 또한 도울 것은 돕는 관계다. 이 정서적 거리가 잘 유지될 때 좋은 관계가 유지된다. (참고: 공무원연금 생활종합정보지, 2018년 4월호)

유목민들의 삶은 그렇게 행해질 때가 있었다. 이것이 처절한 유목민들의 삶이었고, 그들의 전부였다. 삶과 이별은 이렇게 매정하게 진행되고 끝나게 되는 셈이다.

조선시대에 있어서는 우리나라에서도 한 집에서 자녀가 부모를 모시며 대부분 함께 살아왔다. 이렇게 함께 살게 되면 문제점으로 부모의 권위가 낮아지며, 자녀가 부모에 대하여 존경하는 마음이 줄어들게 된다. 날마다 함께 지내기 때문이다. 조선시대에도 선비와 양반 가문에 있어서는 부모와 자녀가 함께 살지 않고, 자녀는 부모가 살고 있는 집과 가까운 거리에 살면서 부모를 보살폈다.

매일 자녀는 부모에게 아침에 문안 인사를 올렸으며, 5일 만에 한 번씩 부모에게 목욕을 시켜 드리는 등 부모를 모셨다. 부모와 자녀가 한집에 살면 자연히 불협화음이 생기고, 갈등의 소지가 있게 마련이다. 조선시대 선비의 가문처럼 자녀는 부모와 가까운 거리에 있으면서 부모를 돌봄으로로써 자신의 도리를 다하게 되는 것이다. 이렇게 되려면 부모 역시 건강하여야 할 것이고, 지식과 인격을 갖추어야 하며, 경제적으로도 어려움이 없을 때 가능한 일이다. 이러한 환경이 주어지도록 부모가 여건을 만들었을 때 부모는 자녀에게 도리를 다한 것이 되고, 자녀 역시 부모에게 그들의 의무를 수행할 수 있게 되는 것이다.

젊은 세대는 관습으로부터
자유로워야 하는가?

　노인의 측면에서 현대 사회를 볼 때, 지금의 세상이 좋은 세상인지 그러하지 않은지 분간하기가 힘들 정도다. 젊은 세대들이 관습에서 자유로워지지 않는다면 그들은 물론, 사회는 발전할 수 없을 것인가 하고 반문하고 싶기도 하다. 현대사회가 인성(人性)의 측면에서 볼 때 마냥 좋은 세상처럼 보이지 않는다. 모든 면에서 과학의 발달은 말할 것도 없지만, 인터넷의 등장으로 정보를 쉽게 접할 수 있어 삶이 보다 편리하고 향상된 것만은 사실이다. 이것뿐인가 세계가 하나의 권역으로 묶어져 삶의 장(場)이 일원화되었다.

　젊은 세대들이 관습으로부터 자유로워졌다는 것은 무슨 의미를 지니는가? 자유로워진다는 것은 족쇄(足鎖)에서 풀려남을 말하기도 하고, 선택의 폭이 넓어졌다는 것을 의미하기도 한다. 이렇게 되면 기존 상태보다 의미 있고 가치 있는 일을 선택하여 자신의 삶을 더

유리하게 이끌어 갈 수 있을 것이다. 현실적으로 맞지 않는 관행을 없애고 좋은 관습은 계승하여야 하는 당위성이 존재하기도 하는 것이다.

문제점으로 대두되는 것은 현실적으로 꼭 보존하여야 할 전통적인 관습과 도덕적인 규범은 꼭 지켜 나가야 한다. 이것을 지키지 않게 된다면 사회는 심각한 문제에 직면할 것으로 본다. 고대의 으뜸가는 현자들은 "인간의 지혜와 덕성은 자기 민족의 관습대로 살아가는 데 있다"라고 말했다.

우리의 전통문화 중에는 현시대에 맞지 않는 허례의식에 치중한 것도 관행적으로 존재해 왔다. 이러한 것들은 이제는 떨쳐버려야 한다. 글로블 시대에 걸맞지 않고 걸림돌로 작용하여 개혁과 쇄신(刷新)을 저해하는 구시대의 유물(遺物)들은 과감히 청산하여야 하기 때문이다. 시대가 변하여 하루하루가 다르게 발전해 가는 세계 속에서 살아남기 위하여도, 어쩔 수 없이 새로운 것을 선택하지 않으면 안 되는 운명 앞에 놓이게 되었다. 좋은 외래의 문화를 받아들일 것은 망설이지 말고 받아들여야 한다. 이러한 과정에서 우리나라의 정통성과 외래에서 유입된 관념들의 사이에서 문화 충돌이 예상되기도 하고, 가치관의 혼돈을 초래 할 수도 있다. 이와 같은 위험과 부작용을 감수하고서라도 젊은이들은 발 빠르게 세계무대에서 자신들의 공간을 마련해야 하는 절박함에 놓이게 되는 것이다. 한편으로 우리는 전통문화를 계승하여야 할 것은 어떠한 어려움이 따

르더라도 지키고 유지해야 하는 것이 이 시대를 살아가는 젊은이들
의 몫이기도 하다.

어떠한 전통문화를 지키고 계승해야 하는가?

첫째, 순수하고 고유한 전통문화를 지키고 보존해야 한다. 우리
나라의 정통성이 결여되면 사회가 혼란에 직면하게 될 것이다. 문제
는 정신적 가치관의 혼돈으로 공직사회는 물론 올바르게 행동하는
사람을 고지식하다면서 왕따를 시키게 되고, 나쁜 사람들이 많으면
착한 사람이 따돌림을 시키게 된다. 부정의가 정의를 누르게 되는
사회가 정의롭다고 말할 수 있겠는가? 그렇게 되면 원칙보다는 변칙
이 우선되는 사회가 되는 것이다. 만약에 외국으로부터 좋지 못한
문화가 유입된다면, 국가는 그야말로 혼란 상태에 더 빠져들게 될
것이다.

둘째, 문화의 혼란에서 비롯한 악행을 막아야 한다. 정당한 노력
의 대가로서 소득을 얻어야 함에도, 이러함이 없이 부자(富者)가 되
려고 하니 범죄가 늘어나는 것은 뻔한 일이다. 특히 마약류 밀반입
은 물론 총기 난사 등도 성행할 것으로 본다. 아무리 민주주의와 자
유를 수호한다고 할지라도, 이와 같은 부패한 정신은 완전히 없애지
않으면 안 된다. 그래서 정의와 부정의를 확실히 구분하기 위한 강
력한 법 집행이 필수적으로 따라야 할 것이다.

셋째, 예의와 도덕 정신의 준수다. 요즘 같은 바쁜 세상에 앞만

보고 달려도 힘든 세상인데, 어디 옆을 볼 시간조차도 없는 게 현실이다. 노인들은 젊은 세대에게 자신을 우대해 주라고 고집하지는 않는다. 다만 예의와 도덕 정신만은 후손들이 꼭 갖추었으면 하는 간곡한 바람이다. 이것이 몸에 배어 있다면 굳이 준법정신을 논할 이유가 어디 있겠는가? 예의와 도덕 정신이 각 개인에게 있어서 내부적인 규범 사항이 되기 때문이다.

넷째, 성(性)의 순결함을 보존해야 한다. 성(性)을 하나의 상품처럼 사고팔게 되는 것이 문제다. 이것이 심히 우려되는 부분이 아닐 수 없다. 어찌 된 까닭인지 요즘 중·고등학생 남녀가 밤늦게 버젓이 택시를 타고 모텔로 들어가는 것은 흔히 볼 수 있는 광경이 되었다. 이 점도 기성세대의 생활 태도가 그대로 젊은 세대들에게 반영된 하나의 잘못된 관행이 아닌가 하고 생각해 본다. 이들은 정조(貞操)가 생명과 같이 취급되어야 한다는 중요성을 아직도 인식하지 못하고 있기 때문이다.

아무튼 젊은 세대들이 전통적인 관습으로부터 자유로워지고 있는 것은 분명하다. 아리스토텔레스는 "인간의 행위를 의도적인 행위와 비의도적인 행위로 구분했다. 비의도적인 행위에 해당하는 것은 강제에 의한 행위와 모르고 한 행위다. 그에 반해 의도적인 행위는 행위를 움직이는 원리가 행위자 자신 속에 있으며, 그 행위의 개별적 상황을 행위자가 완전히 알고 있는 경우라고 할 수 있다."라는 것이다. 그렇다면 나쁜 행위를 의도적으로 하는 것이 문제다. 어떠한 수단과 방법을 동원하여서라도 이것만은 예방하고 막아야 할 것이다. 아리스토텔레스는 자유로운 결단과 지식을 연관 짓고 있지만, 자유를 주로 자유의지의 문제로 한정하여 다루는 경향이 있었다. 중세 봉건사회를 지배한 자유 개념은 토마스 아퀴나스의 자유 개념이다. 아퀴나스는 "인간의 모든 사유와 행위는 예정(豫定)되어 있고 신(神)의 의지에 따른 것이지만, 신이 자유롭기 때문에 인간의 예정에도 자유가 부여된다"고 주장했다. 또한 루소는 "자유는 인간이 자연 상태에서 지니는 속성이며, 오직 개인에게만 속한다"고 보았다. 이런 생각은 프랑스 혁명 당시 '인권선언 제4항' 곧 '자유는 다른 사람을 침해하지 않는 범위에서는 무엇이든 할 수 있다는 점에서 성립한다'로 결실을 맺는다.

자유란 자연과 연관하여 생각해 볼 때 생명의 본질이라고 할 수 있다. 생명 그 자체는 자유에서부터 잉태하게 되었으며, 자유는 자연과 연관 지어야 한다는 것이다. 왜냐하면 자연과 자유는 겉으로 보이지는 않지만, 그들의 생명은 내부적인 질서이기 때문이다. 그렇게 볼 때 자유 없이 온당한 생명력을 보존할 수 없는 것이다.

그래서 '자유'라는 개념은 인간의 기본권 중의 가장 최고의 가치를 지니게 되는 것이다. 인간은 결코 정적(靜的)이지 않다. 항상 무엇인가 다른 존재가 되려고 하는 과정 중에 있다. 가능한 자기 잠재력을 많이 인식하는 것이 자유로운 인간으로서 개인이 갖는 의사(意思)다. 이러한 것을 실현함으로써만 인간은 참되고 진실한 삶을 살아갈 수 있게 되는 것이다. 따라서 실존적-인본주의적 관점에서 볼 때 실존에 대한 추구는 생물학적 욕구인 성적(性的)이고 공격적 본능의 충족 이상의 것을 요구한다. 아마도 여기에서 자유, 정의, 진리, 선(善), 덕(德)과 같은 정신적인 가치의 실현이 무엇보다 중요한 위치를 차지하게 되는 것이다.

우리의 전통적인 관습으로부터 자유스럽게 되는 것에 대하여 가장 영향을 미치게 한 것은 서구의 문화가 유입되고부터다. 인간이 자유스러우면 자신의 적극적인 의지가 개입되어 민첩해질 수 있고 개성화되며 독립적일 수 있다. 어떤 장애물로부터 해방되어 자유자재로 몸과 정신을 사용할 수 있어 목표가 정해지면 뜻을 이루기 용이해진다. 최대한 정신을 본인이 원하는 것에 집중할 수 있고 자신이 원해서 하기 때문에 훨씬 능률적일 수 있다.

자유가 없으면 개인도 사회도 국가도 올바르게 발전하기가 힘들다. 인간의 모든 성품은 자유에서부터 시작되고 완성된다. 인간은 자연 상태에서 자유스러울 때 최대한 평화와 행복을 누릴 수 있는 것이다. 자유는 생명이 주어진 모든 동물에게 있어서 기본적인 행위다. 오직 자유라는 전제(前提) 아래서 삶은 시작되어야 한다. 속박과 구속은 더 이상 전진은 없는 것이다. 그래서 우리의 젊은이들도 전통적인 관습에서 벗어남으로써 자신의 꿈을 실현시키는 데 더 쉽게 접근하리라 본다. 하지만 자유란 자기를 통제할 수 있는 인격적인 수준을 갖춘 사람에게만 허용되어야 한다. 성숙하지 않는 젊은이에게 있어서 자유는 무서운 무기로 돌변할 수 있는 위험성을 내포하고 있는 것이다. 자유란 외부로부터 통제되어야 하는 성질이 아니라, 자신의 내부로부터 지켜져야 하는 것이다.

규율과 규범은 이 세상의 보편적인 법칙의 일부라는 것을 잊어서는 안 된다. 이 점이 가장 우려(憂慮)스러운 대목이다. 자유의 부작용은 어떠함인가? 질서 없는 자유는 방만(放漫)과 방탕(放蕩)으로 흐르기 쉽고 이는 곧 몰락으로 이어진다. 자유에 앞서서 의무적으로 준수하여야 할 것이 규율이다. 규율이라는 질서가 지켜질 때 사회는 바로 서게 된다. 인간에게 있어서 규율과 질서는 귀중한 가치임에 틀림없다.

시나리오의 대가(大家) 로버트 맥키[17]는 작가 겸 강사로 활약하고 있다. 맥키의 주장에 따르면 좋은 대본(연극의 상연이나 영화 제작 등에 기본이 되는 각본)에는 힘들게 선택해야 하는 상황이 꼭 들어 있다고 한다. 맥키의 말을 직접 인용하자

로버트 맥키

면 "몹시 어려운 상황에서 택한 선택을 통해 인간의 본성이 드러나기 때문이다"라고 말한다. 선택의 결과 압박감이 커지면 인간의 특성이 한층 뚜렷하게 드러난다는 것이다. 이러한 상황에서도 인격적

17 　로버트 매키(Robert McKee)는 시나리오 작가이자 대학 교수로, 1941년 미국에서 출생하였으며, 미시간대학교 연극예술학 박사 학위를 취득하였다.

이고 성숙한 사람은 내면의 규율과 외면의 질서를 완벽하게 지킨다고 한다. 진정한 자유는 내부적으로 선(善), 양심, 도덕성을 지키는 일이다. 이의 부재(不在)는 방탕과 방만(放漫)이 함께 아우러져 인류가 무너지게 된다. 관습에는 좋은 것이 있고 나쁜 것도 있다.

좋은 관습을 지키기 위해서는 우리는 ① 인간의 존엄성을 지켜야 한다. ② 정신적인 가치가 물질에 밀려 퇴보되어서는 안 된다. ③ 종교를 갖고 신앙심으로 살아가야 한다. ④ 영원한 인류 번영을 위한 그 목표 실현을 이룰 수 있도록 모두가 참여해야 한다. ⑤ 성(性)의 순결을 지키고 지나친 육체적 즐거움의 탐닉에서 벗어나야 한다. ⑥ 법과 원칙이 바로 서는 사회가 조성되어야 한다.

좋지 못한 관습을 없애기 위해서는 어떻게 해야 하는가? ① 허례허식에서 탈피해야 한다. 결혼은 물론 장례 문화 등을 능력에 맞게 자유롭고 다양하게 치러져야 한다. ② 남을 지나치게 의식하여 사회적인 평판에 얽매이지 말고 자유로워져야 한다. ③ 사회적 계급이라는 차등의식에서 벗어나야 한다.

이렇게 하여 젊은 세대들이 제도화된 법질서 속에서 남의 자유를 침범하지 않고 마음껏 본인의 자유를 누리면서 자신의 꿈을 펼칠 수 있는 사회가 되었으면 하는 바람이다.

여성들의 사회적 참여는
어떠해야 하는가?

2,500년 전(前) 공자는 여성을 어떻게 보았는가?

唯女子與小人爲難養也

近之則不遜遠之則怨

여자와 소인은 상대하기가 어렵다.

가까이하면 공손치 않고 멀리하면 원망한다.

- 論語陽貨(논어양화)

논어(論語) 양화(陽貨)에서 보면 2,500년 전(前) 공자는 여자를 소인에 비교하여 상대하기 어렵다고 표현했다. 가까이하면 공손치 않고 멀리하면 원망한다는 것이 그 이유다. 그때는 여자들이 교육의 기회를 얻지 못하고 사회생활이 제한되어 있어 그러했을 것으로 짐작이 된다.

중국은 철두철미한 남성 중심, 장남 위주의 사회이기 때문에 여성 비하로 여겨지기도 한다. 우리나라 조선시대 역시 중국의 유교 사상에 힘입어 남존여비(男尊女卑)라 하여, 남성의 권리나 지위 등을 여성보다 우위에 두고, 여성을 업신여기는 관행이었다. 순수한 남자 중심으로 삼종지의(三從之義)[18]를 강조하였다.

우리나라 속담에 '그릇 한 죽[19]도 셀 줄 몰라야 복이 많다'는 말이 있다. 이 속담은 중국 명나라와 청나라 시대의 '여자는 재능이 없는 것으로 덕을 삼는다'는 말과 일맥상통한다. 그 밖에도 '여자와 사기그릇은 밖으로 내돌리면 못 쓴다' 등의 비슷한 속담들이 있다.

부부 사이도 평등, 우애(友愛)보다는 지배, 복종이라는 종적(縱的) 관계로 유지되어 왔다. 조선시대 여성의 성(性)의 윤리(倫理)는 순종(順從)과 정절(貞節)이었다. 우리나라 여자 이름에 '순(順)'과 '정(貞)' 자(字)를 많이 쓰는 것도 그 좋은 보기다. 종속의 관념은 합리화되어 친화의 덕(德)으로 해석되었다. 그 정도로 여성의 삶은 제한적이었다고 볼 수 있다. 다른 측면에서 보면 현재까지 우리나라가 이룩한 경제 성장의 원동력은 어머니의 근검절약 정신으로 졸라맨 허리띠에서 나온 성과로 보고 있다. 우리나라의 국민 1인당 소득은 2020년 7월 기준 30,000달러를 넘었지만, 2011년 기준으로 하여 보면 한국은 20,759달러, 미국은 47,394달러, 일본은 40,554달러, 중국은

---

18 삼종지의(三從之義)란 고대사회에서 여자가 지켜야 할 세 가지 법도를 이르는 말이다. 여자가 지켜야 할 세 가지의 도리로서 '어려서는 아버지를 따르고, 시집가서는 남편을 따르고, 남편이 죽은 뒤에는 아들을 따라야 함을 이르는 말.

19 죽: 옷, 그릇 따위의 열 벌을 묶어 이르는 말.

4,382달러였다. 우리나라가 현재의 미국이나 일본 수준의 경제 성장을 이룩한 것에는 반드시 여성의 사회 참여가 뒷받침되지 않으면 불가능한 일이었다. 유휴노동력인 여성이 경제 인력으로 전환하여 보다 더 적극적인 경제 행위가 이루어졌기 때문에 선진국에 진입하게 된 것이다. 그 정도로 여성의 경제 행위는 중요하며 시대적인 요청에 의한 것이었다.

이와 관련하여 생각해 볼 때, 여성이 아무리 직장인으로서 임무를 완벽하게 수행한다고 하더라도 가정에 대한 기본적인 책임과 의무는 한 치의 소홀함이 없어야 한다. 물론 가사의 일정 부분은 남편이 돕고 그 역할을 분담해야 하겠지만, 가족 건강과 정서를 위해서는 아무도 어머니의 역할을 대신해 줄 수 없는 것이다. 또한 여성이 사회의 일원으로 당당히 그 역할을 수행하기 위해서는 자신을 변화시켜 남을 배려하고, 이해하며 좋은 관계를 형성함으로써 자신의 입지를 넓혀 나가야 한다. 자녀들의 원만한 성장을 위해서도 어머니는 그에 상당한 대가를 치르지 않으면 안 된다. 이 세상에 공(空)짜는 없듯이, 자녀의 양육 문제는 반드시 공(功)을 드려야 정상적으로 성장이 이루어질 수 있는 어렵고 힘든 과정임에 틀림이 없다.

아울러 여성은 순결해야 하고 부드러워야 한다. 여성은 가냘프고 연약한 동시에 선천적으로 모진 모성애를 갖고 있음이다. 여성의 사회 참여는 두 마리의 토끼를 잡아야 하는 힘든 여정이다. 하나는 원만한 가정을 지탱하기 위하여 앞에서 말한 아내와 어머니의 역할을 수행해야 하며, 다른 하나는 직장 여성으로서의 사회적인 역할과 기대에 부응해야 한다.

그래서 여성의 보다 나은 사회적인 참여를 위해서는 더 많은 지식과 정보는 물론 저마다 전문성을 갖추어야 한다.여성의 사회 참여는 남성들 사이에서 어떻게 하면 여성으로서 품위를 지키고 자신의 도덕성을 유지하는가가 중요하지 않을 수 없다. 이러할수록 여성은 자신의 인격을 높이고 지성을 함양하는가 하면 굳은 의지가 있어야 한다.

혹간 여성과 직장에서 함께 일을 수행하다 보면 모두가 그러한 것은 아니지만, 여성이라는 신체적인 특성과 주부(主婦)라는 이유로 주어진 업무의 처리나 문제 해결 면에서 남자와 다르게 저조한 실적을 보이기도 한다.

인간관계의 측면에서도 남자와 비교해 보면 차이가 있게 된다. 물론 여성이라는 특성상 어쩔 수 없는 일이지만, 그것보다도 마음에서 먼저 위축되는 모습을 보이기도 한다. 그러함에도 불구하고 중요한 것은 자신의 업무 처리에 대한 예리한 판단과 정확한 잣대로 완벽한 능력을 발휘해야 할 것이다. 이와 같은 이중적인 역할은 남자들보다 직장인 여성으로서 한층 더 어려운 현실에 직면하게 된다. 여성이 지위가 향상되었다고 하여 권리만 요구하고 의무를 게을리 한다면 주객이 전도되고, 사회는 비정상적으로 흘러가게 될 것이다. 그 정도로 여성의 사회 참여는 쉽게 생각해야 할 문제가 아니다. 여성들은 무엇보다 어려운 일이겠지만, 내면의 성숙을 기하여야 한다. 아울러 함께 살아가는 남성들의 여성에 대한 배려 역시 중요하지 않을 수 없다.

노인기 이전에 이루어야 할 과업

삶의 목표를 명확히 하라

믿음과 비전 중심의 사람들은 앞이 보이지 않는 어려움
속에서도 분명한 방향을 찾아낸다.
- 심수명, 『비전과 리더십』, 다세움, 2008, p.10

왜 살아야 하는가? 누구나 자신의 의지(意志)와는 상관없이 세상에 태어나게 된다. 이는 신(神)의 명령으로 받아들여야 한다. 생명을 가진 주체인 나에게 태어남에 대하여 선택권이 주어졌다면 태어나지 않았을지도 모른다. (삶에 대하여 그 의미를 알고 있는 경우에 하는 말이다.) 이미 태어나 버렸으니 살지 않을 수 없다. 그렇다고 생명을 포기할 수는 없지 않은가?

나를 태어나게 한 행위는 부모에게 있다. 부모 역시 앞의 경우와 마찬가지로 이렇게 하여 세상에 태어나게 된 것이다. 이것 또한 신

(神)의 행위로 보아야 옳다. 부모에게도 자신의 탄생에 대한 선택의 여지가 없었기 때문이다.

누구나 삶은 여기에서부터 시작된다. 태어남을 왜 신(神)의 행위라고 단정해야 하는가? 현재에 있어서 삶이라는 바퀴는 이미 본인도 모르게 굴러가고 있는 것이다. 이 바퀴를 멈추는 것은 생(生)을 가진 자(者)로서 불가능하며, 억지로 멈추어도 안 되게 되어 있다. 생명이 없음은 무형의 세계로 고요함이라고 예상하더라도 세상이라는 천지는 열려 있고, 나에게 이것의 바퀴는 이미 굴러가고 있었기 때문이다.

태양이 비추어지고 봄이 오며 식물은 무성하게 자라게 되고 꽃이 피는가 하면 열매를 맺게 되며 겨울이 오듯이, 그러함 속에서 인간도 태어나 자라고 성숙하여 세상을 떠나게 되는 자연의 법칙을 따르지 않을 수 없다. 이러한 것은 자신의 의지로 어떻게 할 수 있는 범위를 벗어난 일이기에 신(神)의 영역으로 보아야 한다.

나 역시 이미 세상에 태어나 생명의 바퀴는 굴러가고 있었으므로, 자녀를 낳지 않을 수 없는 숙명적인 명령이 주어지게 된다. 이 점 역시 신(神)의 명령으로 보아야 한다. 이제부터는 탄생하기 전(前) 무형의 세계에 대해서는 거론할 여지가 없는 것이다. 현재의 세상 원리와 이치에 따르지 않을 수 없다. 즉 자연의 섭리에 순응하여야만 하는 것이다.

생명의 본질에 대하여 논하고자 한다. 생명은 생명을 낳지 않을 수 없다. 세대를 이어 가도록 되어 있는 것이다. 이 점 역시 신(神)의 작용이 아닐 수 없다. 이 문제는 인간의 이성(理性)과 의지(意志)의 범위를 벗어나는 행위다. 생명 그리고 탄생이란 이미 가야 할 방향이 정해져 있다. 인간이란 이 길을 따라야 한다. 이것이 곧 생명의 본질인 동시에 자연의 법칙이다.

인류는 영원한 번영과 발전을 추구하지 않으면 안 되게 되어 있고, 인간에게는 삶에 대한 의무와 책임이 주어지는 것이다. 인간으로서 마땅히 행해야 할 사명감이 이미 부여되어 있다. 삶은 더욱더 유종(有終)의 미(美)를 거두기 위하여 적극적으로 살아가야만 한다. 이것이 인간이 살아가야만 하는 이유다.

인생이라는 개념을 정리하기에 앞서, 생명력이라는 것에 대하여 생각을 개진하고자 한다. 인생과 생명력과는 동등한 의미를 가진다. 인생 역시 인간이 삶을 살아가는 것이고, 생명력 또한 이와 크게 다르지 않다. 인생이란 어떻게 보면 가냘프기도 하고 연약하기도 하여 곧 파멸에 이를 것 같은 느낌마저 든다. 그러나 생명력 하면 꼭 그렇게 연약한 것이 아닌 모질기도 한 특성을 지닌다. 인생 역시 쉽게 생명력을 잃어버릴 수 있을 것 같기도 하다. 그러나 사실은 그렇지 않다. 이 점이 인생에 있어서 생명력이 갖는 특수성이다.

인생이란 '사람이 태어나 세상을 살아가는 일'이다. 80 평생을 살아온 노인에게 '인생이란 무엇이며 왜 사느냐'고 묻는다면, 대답할 수 있는 노인이 과연 몇 명이나 되겠는가? 누구나 정확한 답을 도출해 내기란 쉽지 않을 것이다. 하지만 자신만의 생각을 개진할 수 있어야 하지 않겠는가? 이 문제에 대해 한평생을 연구한 사람이라고 할지라도 정확하게 그 답을 말하기에는 어려움이 따를 것이다.

인생이라는 용어에 함축되어 있는 의미를 음미해 보면 문제는 어떻게 살아가는 것이 가장 잘 사는 것인가다. 여기에는 성경적인 차원에서 두 가지로 생각해 볼 수 있다. 하나는 인생이라 함은 현재 살아 있는 것이 이 세상에서 최고로 가치 있는 일로 보는 것이다. 마가복음 8:36~37을 보면 "사람이 만일 온 세상을 얻고도 자기 혼(魂)을 잃으면 그에게 무슨 유익이 있겠느냐? 사람이 무엇을 주어 자기 혼을 대신하게 하겠느냐"라고 한다. 살아 있는 것보다 더 좋은 것은 세상에 아무것도 없음을 깨우쳐 주는 말이다. 사람이 살아 있는 것이 이 세상에서 최고의 위대함이기 때문이다. 다른 하나는 살아 있기에 선(善)하고 아름다움 속에서 행복하게 살아가야 한다. 창세기 1:27-28에서 보면 "하나님은 자기 모습을 닮은 사람, 곧 남자와 여자를 창조하셨다. 하나님은 그들을 축복하여 이렇게 말씀하셨다. 너희는 많은 자녀를 낳고 번성하여 땅을 가득 채워라"고 말하고 있다. 즉 하나님은 사람을 지으시면서 복을 주시고 행복하게 살라고 하셨다는 의미다.

두 가지를 요약해 보면 오래 살되 행복하게 살라고 하신 것이다. 그런데 성경대로 살아갈 수 있다면 얼마나 좋으랴만, 행복하며 오래 산다는 것이 그림의 떡처럼 보이기도 한다. 하나님을 믿지 않는 사람에게는 먼 나라의 일처럼 느껴진다. 나에게 왜 사느냐고 묻는

다면 "세상에 태어났으니(태어나지 않음이 옳은 것인지 모르지만) 어떻게
해서든지 후회 없이 살아야 하지 않겠는가"라고 대답할 것이다. 이
것이 나의 답변이다.

　이근후의 책『백 살까지 유쾌하게 나이 드는 법』을 참고하면 "인생
의 슬픔이 작은 기쁨으로 회복되지 않아요. 잠시 잊을 뿐이죠. 인생
은 고통이고 슬픔이에요." 라고 기술하고 있다. 성직자나 인생의 성
공자를 제외하고 나면 앞의 인용구는 진실이라고 생각된다.

　인생은 고통이고 슬픔인데, 왜 살아야 하는가? 문제는 자신이 원
해서 세상에 태어난 것이 아니지 않는가? 태어난 것을 되돌릴 수가
없어서 살지 않으면 안 되게 되어 있다. 어쩌다 보니 피상적으로 세
상에 존재하고 있는 것이다. 이것이 삶의 현주소다. 여기에 삶의 함
의(含意)가 있는 것이다. 이미 생명이 주어져 있으니 나 자신을 억지
로 스스로 포기할 수 없는 문제이기 때문에, 결국은 책임과 의무감
속에서 살아가야 한다.

　성경의 말씀대로 오랫동안 선(善)하고 아름다우며 행복한 삶이란
어떤 것인가? 솔로몬 역시 '삶의 의미와 가치가 특별한 것에 있는 줄
알았는데 깨닫고 보니 가장 평범한 생활 속에 있었다'고 하였다. 매
일 반복되는 일상(日常)에서 먹고 일하고 세상을 보며 살아가는 것이
다. 그러나 인간의 이기심에서 보면 또 차원이 다르다. 명예, 출세,
성공 등을 빼놓을 수 없기 때문이다. 여기에서 경쟁과 고통이 따르
게 된다.

자연의 큰 틀에서 보면 그냥 살아가는 것이나, 선(善)하고 아름다우며 즐겁게 살아가는 것이나 큰 차이가 있을 수 없다. 그러나 이러함 역시 전혀 그러하지 않다. 외부적으로는 나에게 무서운 해충이 침입하여 자신의 생명을 위협하는가 하면, 내부적으로는 오장 육부가 병(病)들어 가고 있기 때문이다. 그 정도로 인생을 잘 살아서 천수를 누린다 함은 정말 영광이요 보배로운 일이 아닐 수 없다.

이창재의 책 『후회 없이 살고 있나요?』에서 호스피스(hospice)를 통해 인간을 보면 죽음을 앞둔 노인들의 대부분은 "내 삶이 달랐더라면 하는 아쉬움을 갖는다. 이러한 기대는 오히려 마음에 상처만 남길 뿐 달라지는 것이 없다. 그저 살고 있는 지금 이 순간의 자기 자신을 받아들이는 것이 현명한 자세다. … 삶은 피하도록 되어 있는 것이 아니다. 마지막 순간까지 살아내도록 되어 있는 것이다."라고 설파(說破)한다.

여기에서 우리가 간과(看過)해서 안 될 부분은 앞의 "살아내도록 함"이다. 이 말의 뜻은 누구나 각자 자기의 삶에 있어서 끝까지 인간의 의지로서 살아남으려고 노력하였으나, 그 이상 생명을 보전하지 못하고 결국 노쇠하여 자연스러운 죽음을 맞이한다고 하여도, 그 마지막 시간의 한계점까지 의무적으로 살아남도록 최선을 다하는 삶이 생명의 본질이고 의무라는 점이다. 이 점이 가장 중요한 대목이다. 죽음을 앞둔 노인들은 그 한계의 순간까지 살려고 노력하며 생명을 이어 가야만 함을 경고하는 말이기도 하다. 생명, 즉 삶이란 의무적으로 그 생명의 한계점까지 살아남도록 최선을 다하여야 하는 것이다.

유사(有史) 이후로 얼마나 많은 사람들이 이 세상을 살다가 어떻게 생(生)을 마감하게 되었겠는가? 한편으로 생각해 보면 인생이 무엇인지 알려고 노력할 필요도 없이 그냥 순순히 삶을 사는 것이 더 현명한 처사(處事)일 수도 있다. 그것 자체가 바로 인생이니까.

그러나 이러한 일반적인 차원을 넘어 좀 더 높은 수준에서 인생을 바라본다면 상황은 다르게 전개된다. 여기에서 말하는 인생이라는 것에는 삶의 철학과 사상(思想)이 담겨 있어야 하기 때문이다. 어떤 철학과 사상을 말하는가? 단 한 번뿐인 인생에서 어떻게 하면 가장 보람 있게 사는 것이냐 하는 문제다. 장수(長壽)만 하면 되는 것인가? 행복함을 추구해야 하는가? 물질 추구에 그 목적을 둘 것인가? 진리를 추구하며 살아갈 것인가? 하는 인생관을 말하는 것이다. 각자 인생관이 다르다는 데 문제가 주어진다. 우리는 이러한 문제를 심도(深到) 있게 사색(思索)하지 않으면 안 된다. 인생의 종말을 맞이하였을 때 후회 없는 삶을 살았다고 말할 수 있도록 하기 위해서다.

어떻게 해야 하는가? 인생의 의미를 되새겨 보고, 어떠한 일에 목적을 두고 이것을 이루기 위해 굳게 나아가야 하며, 여기서 고생과 실패도 두려워해서는 안 될 것이다. 어디 인생이 그렇게 호락호락하게 쉽게 지나갈 수 있다고 말할 수 있겠는가? 이와 더불어 굳은 의

지로서 생(生)의 목적을 실현하려는 결연한 마음가짐이 있어야 한
다. 수도승들이 한평생을 죽음과 삶의 문제를 연구하며 삶을 헛되
지 않게 보내고 떳떳한 죽음을 맞이하였듯이 말이다.

인생이라는 단어가 안고 있는 의미는 '한정된 시간 안에서만 생명
이 존재함'이다. 인생이란 언제나 이별을 예상하고 준비하며 살아가
야 하고, 한정된 시간 속에서 무엇을 이루며 보람을 찾고 삶을 살 것
인가에 대하여, 이것은 우리에게 많은 점(點)을 시사(示唆)하게 된다.

그래서 노인기에 자아통합을 이룰 수 있도록 끝까지 노력하는 일
이다. 죽음의 순간 마지막 삶의 꼬리표는 뭐니 뭐니 해도 삶의 결실
이다. 좋은 죽음을 맞기 위해서는 인생의 실패자로 끝나서는 안 되
기 때문이다. 노인에게 있어서 에릭슨(Erikson)의 자아통합이라는
말이 너무나 실감 나게 다가와서 여기에 인용해 본다.

> "어떤 형식으로로든 사물과 인간을 돌봐온, 그리고 인간에
> 게 달라붙는 승리와 절망에 자신을 적응시켜 온 그러한
> 사람, 일곱 단계(자아통합 대(對) 절망-지혜)의 열매가 점
> 차 여물어 가는……."

인생의 결실을 두고 볼 때 가치적인 측면에서 중요하고 핵심적인 일
은 창시자, 창작자, 창조자가 되는 사람이 아닌가 하고 생각이 든다.
후손에게 소중한 가치를 남겨 두고 떠나야 하기 때문이다. 이에 반하
여 에릭슨은 시적(詩的)으로 노인의 절망을 다음과 같이 묘사한다.

"운명이 삶의 틀(frame of life)로서, 죽음이 삶의 마지막 경
계(boundary)로 받아들여지지 않는다. 절망은 다른 길을
택해 통합을 이루기에는 세월이 너무 짧다는 것을……."

인생은 다음과 같은 문제에 직면한다.

- 지성과 인격을 쌓아 인간답게 살아가야 하는 문제
- 직업을 갖고 사회에 참여하며 보람을 갖는 문제
- 부부가 결혼을 하여 자녀를 낳고 키우며 행복하게 살아가야 하는 문제
- 남으로부터 존경을 받으며 명예를 얻어야 하는 문제
- 수명을 다할 때까지 건강하게 살아가야 하는 문제
- 돈을 벌고 절약하면서 남부럽지 않게 생을 영위해야 하는 문제
- 인생을 성공적으로 종결지어야 하는 문제
- 고요하고 평화롭게 죽음을 맞이하여야 하는 문제

이와 같은 수많은 과제들이 우리의 삶 앞에 산적(山積)해 있다.

로마시대의 위대한 시인(詩人) 오비디우스의 대표작인 『변신 이야
기』에서는 인간이 꿈꾸고 상상할 수 있는 모든 것들이 이야기로서
등장한다. 여기에서 보면 "인간은 죽을 때까지 아무도 행복하지 않
다"고 말한다. 옛 속담에 "우리는 탄생이 가진 모든 비참함을 잘 생
각해 보면, 우리는 악취와 불결함에 의해서 생겨났고 슬픔과 고통

속에서 태어나서 불안과 수고 속에서 키워진다."라고 기술하고 있다.

　대부분의 사람들은 아예 세상에 존재하지 말았어야 했었는데, 본의 아니게 세상에 던져지듯이 태어나서 한평생을 눈물과 함께 살아간다고 볼 수 있다. 책에서는 착실하고 열심히 살아가면 다 잘 살수 있을 것이라고 가르치고 있다. 하지만 어느 정도 복(福)을 지니고 태어나면 몰라도, 그러하지 않은 사람이라면 아무리 노력하고 성실하게 살아간다고 하더라도 행복할 것이라고는 확신할 수 있는 문제가 아니다.

　비록 소설이지만 에릭 시걸의 책 『닥터스』에서도 보면 "괜히 좋아 보이고 괜히 위대해 보이지만 인생은 그저 그렇게 지나가는 것. 그리고 지금 시작하면 모든 게 장미처럼 화려할 것 같지만……"으로 표현하고 있다. 그 정도로 삶은 고달픔을 의미한다. 만약에 자신의 삶이 미래에도 오늘처럼 계속 고통스러울 것이라는 사실을 알게 된다면, 일부의 사람들은 아예 젊어서 삶을 포기할 수도 있을 것이다. 그러나 오늘보다는 내일의 삶이 나아지리라고 믿기 때문에 이렇게 살아가게 된다. 사실을 알고 보면 그렇지 않은 경우가 많다. 아니, 내일은 오늘보다도 더 험난한 삶이 전개되기도 한다.

　종교의 경전을 포함하여 위인들은 이 세상을 다음과 같이 말한다. "교회는 항상 이 땅이 본향과 목적이 아님을 알아야 한다"고 가르친다. 법정스님의 잠언집 『살아 있는 것은 다 행복하라』를 보면

"삶은 소유물이 아니라 순간순간의 있음이다."라고 기술한다. 깊이 사색하면 삶이란? 인생이란? 앞에서 말한 바대로 본래 자신은 존재하지 않는 것이다. 산다는 것은 상처받는 것이며, 인생은 강물처럼 본인의 의지대로 저지(沮止)하는 것이 불가능한 것이기도 하다.

세상을 정확히 읽어라

자연은 그렇게도 아름다운데,

인간의 이기심 때문일까?

세상은 음흉하고 살벌하며, 전운(戰雲)이 감돈다.

세상(世上)의 사전적인 뜻은 '모든 사람이 살고 있는 사회'의 통칭이다. 또한 '한 사람이 태어나서 죽을 때까지의 동안'으로 표현하고 있다. 사람들은 이에 대하여 말하기를 '세상은 아름답다', '세상이 슬프다', '세상이 이 모양이니', '한(恨) 많은 세상살이' 등으로 표현하기도 한다. 우리가 '세상'을 말할 때 '인간의 마음이 반영된 사회'를 말한다.

최효선 역해 책 『장자』에 보면 초나라 광인 접여의 노래가 나온다. 공자가 초나라로 가는데, 이 나라의 기인(奇人)인 접여가 공자가 머문 집 문 앞을 오가며 다음과 같이 노래를 했다.

> "봉새여! 봉새여! 어찌 덕이 그처럼 쇠하였나. 오는 세상
> 도 기대할 수 없고 가는 세상도 돌이킬 수 없느니라. 세
> 상에 도(道)가 행해지면 성인은 그것을 완수하고, 세상에
> 도가 행해지지 않으면 성인은 온전히 살아갈 뿐이니, 지
> 금 세상에는 형벌이나 면하는 게 고작이니라. 행복은 깃
> 털보다 가볍거늘 아무도 누릴 줄 모르고 재앙은 땅보다
> 무겁거늘 아무도 피할 줄 모르도다. 아서라 아서라! 덕으
> 로 사람을 대하는 일일랑! 위태로워라 위태로워라! 금을
> 긋고 내닫는 짓이여! 가시 많은 풀이여! 나의 정강이를 찌
> 르지 말아라! 나의 발을 상하지 말아라!"

이 노래는 그때의 세상을 잘 표현하고 있다. '세상에 도(道)가 행해
지지 않으면 덕(德)으로 세상을 대하는 일일랑 위태롭다.' 세상에서
는 덕(德)만으로는 살아갈 수 없으며, 이것만으로는 사람들에게 통
하지 않는다는 말로 풀이된다.

이근후의 책 『백 살까지 유쾌하게 나이 드는 법』을 참고하면 "살
아 보니 인생은 필연보다 우연에 좌우되었고, 세상은 생각보다 불
합리하고 우스꽝스러운 곳이었다."라고 기술하고 있다. 왜 인생은
필연보다 우연에 좌우되었다고 하였을까? 인간이 수양인으로서 지

식과 인격을 갖추었으며, 세상의 이치를 알고 있는 달인(達人)이라고 하더라도, 인생이란 앞을 정확히 예측하기란 힘듦을 말하는 것이다. 인간의 삶이란 아무리 노력한다고 해도 때로는 운(運)에 좌우되기도 한다는 것이다. "세상은 생각보다 불합리하고 우스꽝스러운 곳이었다"라고 말한 까닭은? 인간을 심리적으로 정확히 이해했다면 이 말은 맞는 말이다. 인간의 마음을 크게 움직이게 하는 것은 욕구 충족을 위한 행위일 것이기 때문이다. 진실로 말하면 인간이 정의와 공평을 운운한다고 하더라도, 이러한 마음의 껍질을 벗기고 나면 가장 중심 부분에 있는 것은 욕구다. 이 욕구에 의해 인간의 행동이 결정된다면 세상은 인류가 사는 동안 불합리하고 우스꽝스럽게 되어 있는 것이다.

발타자르 그라시안(Baltazar Gracian)[20]은 스페인에서 태어나 신학(神學)을 공부하고 신부가 되었으나, 아라곤에서 강의를 하다가 글

---

20 발타자르 그라시안(Baltazar Gracian, 1601~1658)은 바로크 시대의 유명한 스페인의 철학자이자 작가다. 바로크 시대란 서양 예술사의 한 시대지만 하나의 예술 양식이기도 하다. 16세기 말경 이탈리아에서 탄생하여 17세기 유럽, 18세기 독일과 남아메리카 식민지에서 유행했다. 바로크 시대의 특징은 양식적인 면에서 혼합적이며 반항적인 모습까지 보인다. 그러나 감각에 호소하여 감정적 상태를 표출하려는 욕구는 극적 표현으로 나타난다. 바로크 회화는 로마에서 시작되어 수많은 미술가들의 천장화와 교회 장식에서 절정에 이르렀다. 건축은 회화·조각과 장식적인 통일을 이루며 하나의 종합 예술로 통합시켜 극적이고 환상적인 내용을 추구했다. 음악은 종교 음악·세속 음악, 성악 음악·기악 음악의 구별이 뚜렷해졌으며, 문학은 양극성과 긴장이 주조를 이룬다. 바로크 시대는 좀 더 가볍고 덜 극적이며, 과도하게 장식적인 로코코 시대로 넘어가는 과도기라 할 수 있다.

쓰기를 시작한 사람이다. 이 사람이 쓴 책의 내용에서는 "세상은 위선(僞善)과 기만(欺瞞)으로 가득하다"고 설파한다. 이것이 발단이 되어 교단(敎團)과 충돌했고, 결국은 징계를 받게 된다. 이 때문에 건강 악화로 세상을 떠났다고 전해진다.

이렇게 신학을 공부한 신부(神父)조차 세상을 왜 부정적으로 보았을까? 세상을 보는 온도 차는 각 개인마다 다르게 느껴질 것이다. 일반 사람들이 대체적으로 보았을 때도 자신이 강(强)하여 젊고 활기차게 살아갈 때는 세상이 바르지 않음을 못 느낀다. 몸이 병들어 힘이 없어지는 등 불운한 처지에 놓이게 되면, 세상은 위선과 기만으로 가득하여 바르지 않고 공평하지 않을 정도로 두렵게 느껴진다.

인간의 마음이란 아주 사사(邪私)하여 조그마한 이권(利權)을 마주하게 되면 미묘하게 움직이게 된다. 이권 다툼을 하다 보면 살벌하리만큼 보복 심리가 작용하게 되는 것이 세상의 인심이다. 인격적인 노인이라면 여생을 가능한 고요하고 평화로운 가운데 유유자적(悠悠自適)하게 살아가기를 바란다.

동서고금을 막론하고 선조들은 대체적으로 세상을 부정적으로 보아 왔다. '세상은 정의롭지 않고 진실하지 못하다'는 것이다. 역사적으로 볼 때 사람 살기가 쉽지 않아서, 양심과 도덕심만으로 안 되기 때문에, 이렇게 말하였을 것으로 생각이 든다. 이는 곧 사람이 살아가기 힘들다는 것이며, 인간끼리의 관계가 탐탁하지 않음을 의미하는 것이기도 하다.

미래는 현재보다 더 참담한 세상이 전개될 것이라고 지식인들은 말한다. 인간의 심리는 즐기고 보자는 마음이 팽배하게 되어 깨끗하고 순수해야 할 성(性)이 현재보다 더욱더 더럽혀질 것이다. 사회악이 만연하여 건전한 가정이 점점 줄어들 것이고, 인간의 심리는 좋지 못한 쪽으로 기울어지게 될 것으로 본다. 자유시장 체제하에서 물질을 소유하기 위하여 벌이는 경쟁은 치열하여 도(度)를 넘게 되고 인간의 존엄성마저 위협받게 될 처지이기 때문이다.

지금의 세상에서 심각한 문제로 대두되고 있는 것은 생명을 담보로 하는 허위 의료 행위, 난잡해지는 성(性)의 문제, 상품화된 먹거리의 저품질화, SNS상의 가짜 뉴스, 신성한 종교 교단의 타락과 신뢰의 상실, 도(道)를 넘는 정치적인 이기심, 기후 변화의 재앙, 과도한 물질 경쟁에 따른 빈부격차, 무서운 질병의 만연, 인간 존엄성과 관련하여 생명 천시 현상 등을 꼽을 수 있을 것이다.

여기에 따른 대책으로는 자유스럽고 민주적인 사회 제도를 뛰어넘는, 더 도약적이고 치밀한 사회악을 방지할 수 있는 새로운 이념적인 정치 실현이 절실히 요구되는 바다. 그러하지 않으면 사회악의 만연으로 인간의 수(數)를 감소시킬 수 있는 재앙이 닥쳐올 것이 예상되기도 한다. 이러한 것으로는 세계 전쟁을 포함한 온갖 재앙을 연상해 볼 수 있을 것이다. 인간이 이 문제를 사전에 방지할 수 있는 해결책을 세우지 않으면 현재까지 인류가 이루어 놓은 금자탑은 하루아침에 허망하게 무너질 수도 있다.

세상은 밝은 면도 없지는 않지만, 혼탁하기도 하고, 음흉하기도 하며, 두렵게 느껴지기도 한다. 높고 훌륭한 냉철함과 지혜로움을 겸비한 자(者)가 아니라면, 이러한 세상에서 살아남기 위해서 저속한 감정에 쉽게 휩싸일 수밖에 없을 것이다. 적어도 초연하게 세상을 살아가려면 굳은 의지와 인내심은 물론, 지성과 인격으로 재무장하지 않으면 안 될 것으로 본다.

한 사람에게 있어서 세상과 관련하여 성공하기 위한 조건을 다섯 가지로 요약할 수 있다.

- 세상을 정확히 읽을 수 있는 혜안(慧眼)이 있어야 한다.
- 시대의 흐름을 잘 포착하는 것이다.
- 자신의 운명을 개척하는 일이다.
- 심지(心志)가 흔들림이 없어야 한다.
- 본인이 계획한 목표를 실현함이다.

자신을 아는 일이다

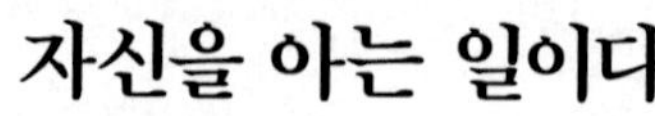

  나는 누구인가? 이 문제만큼 인생에서 중요한 의미를 갖는 것은 없다. 내가 존재하지 않음은 우주가 없는 것이다. 나는 우주와 동등한 존재다. 내가 직시해야 하는 점은 '나'라는 생명은 한시적으로 일정한 기간에만 존재하다가 지구상에서 사라진다. 유(有)에서 무(無)로 진행되는 과정에 놓여 있게 된다. 우주(神)와 나와의 관계, 세상과 나와의 관계, 나와 죽음의 관계 등 폭넓고 깊은 사색(思索)이 요구되는 바다. 나의 존재는 무엇이며 어떻게 살아가야 하는지, 그에 대한 해답을 도출해 내어야 한다.

  나의 가족 상황에 대해서도 정확하게 알아야 한다. 나의 가정은 얼마나 단란하고 안정적이며 진취적인가? 내부적으로 무슨 문제를 안고 있지 않는가? 가족 구성원이 개별적으로 추구하는 목표는 무엇인가? 부부 간의 정분(情分)은 물론, 자녀들이 보는 부모에 대한 신뢰도는 얼마나 높은가? 내 가정에 대하여 친척이나 이웃이 보는 신망도는 어느 정도인가? 나는 가족에 대하여 가장(家長)과 어머니로서의 역할을 다하고 있는가? 나의 가족을 타인 가족과 비교했을 때 인격이나 도덕 지수가 어느 정도의 수준에 놓여 있는가? 이러한 문제가 부족하고 미흡하다면 어떻게 개선해야 하는가? 객관적인 판단과 깊이 있는 성찰이 요구되는 바다.

조부모님, 외조부모님 그리고 부모님은 어떠한 사람들이었는가? 이 분들은 세상 사람들로부터 어느 정도 존경과 찬사, 신뢰를 받으며 세상을 살아온 사람들인가? 인류 사회를 위해 무엇을 하며 어느 정도 기여했는가? 유전적인 우수성은 무엇인가? 남다른 재능을 갖추고 있었는가? 어떤 철학과 인생관으로 자신들의 삶을 살았는가? 무엇을 이루려고 노력하였으며 지식 수준은 어느 정도였고 신분은 어떠하였는가? 어떤 종교를 가졌으며 믿음은 얼마나 강했는가? 후손을 위해서 어떤 점에서 특별히 노력하였는가? 이와 같은 점을 한 번쯤 깊이 있게 파악해 보고 좀 더 자기 자신에게 가까이 접근해야 할 것이다.

나는 어떤 사람인가?

'자신을 잘 알고 있다는 것은 축복임에 틀림없다.'

자기를 무대 위에 올려놓고 객관적이고 공정한 시각에서 바라볼 수 있어야 한다. 대부분의 사람들은 자신에게 후(厚)한 점수를 주기

때문이다. 그러나 남의 처지와 관점에서 본인을 바라볼 때, 이것과
는 사뭇 다르게 평가될 것이다.

무엇을 평가해야 하는가?

'도덕성. 사회성, 목적성' 등이다.

이와 같은 가치들을 주로 평가 항목으로 보아야 할 것이다.

이외에도 나의 탄생에 있어서 어떤 목적과 의미를 부여할 수 있는
가? 나의 적성과 재능은 무엇인가? 삶의 목표와 방향은 어디에 두고
있는가? 이를 얼마나 달성하고 있는가? 이것을 이루는 데 어떠한 장
벽이 놓여 있는가? 실현 가능성은 어느 정도인가? 내가 태어날 때
주변 환경은 어떠하였으며 앞으로의 삶은 어떻게 전개될 것인가? 나
의 성격적인 결함은 무엇이며, 이를 어떻게 보완하고 극복하고 있는
가? 그리고 살아오면서 나의 가장 큰 실수는 무엇이었는가? 나의 건
강 상태는 어떠한가? 나를 알고 있는 사람들이 나의 외모에 대한 평
가는 어떠하며, 인격적인 관점은 어떻게 보고 있는가? 나의 사회적
인 지위나 영향력은 어떠한가? 나의 가정생활은 건전하고 안전한
가? 나만이 겪어야 했던 피하지 못할 운명이라는 것이 있었는가? 지
금 당장 내가 죽음을 맞게 된다면 내 스스로 얼마나 원통하며 애틋
하겠는가? 현재 무엇을 하며 어떻게 살아가야 하는가?

내가 이 세상을 떠나게 된다면 언제 다시 태어날 수 있을 것인가? 불교 책을 읽다 보면 이러한 문제가 자주 등장하게 된다. 나의 종교는 어떠한가? 이에 따르지 않는다면 나는 어떤 처지에 놓이게 되는가? 나 자신이 알 수 없는 나의 사후의 세계는 어떠하겠는가? 이러한 문제를 심도 있게 나름대로 정리해 보아야 할 것이다.

바로 여기에 대한 해답은 자신의 정체성이 삶에 지대한 영향을 미치게 됨을 알 것이다. 이와 같이 모든 사항을 열어 놓고 자신을 평가하고 점검하면서 나는 누구며 어디로 가고 있는지를 파악하는 일에 삶의 초점을 맞추어야 한다. 타인과 다른 나만의 환경과 여건은 어떠하며, 특이한 점, 억울한 점, 명예로운 점을 파악해 본다. 나만의 인생을 살아가야 하기 때문이다.

70세의 노인이 되었는데도 자기 자신에 대하여 그 정체를 모른다면 현재까지의 인생을 참되게 살았다고 말할 수 없다. 자신을 알아야 무엇을 이룰 수 있고, 어느 선에서 욕망을 멈출 수 있으며 인생을 무난히 마칠 수 있을 것이다.

노인으로서 올바르게 자신의 가치를 존립시키지 못한다면 이것만큼 불행한 일은 없을 것이다. 자신만의 길을 걷기 위해서 헛되게 위세를 부리며 교만하게 살아가라는 것은 결코 아니다. 노인으로서 바르고 참답게 살아가야 함을 말하는 것이다. 이것이 곧 자신만의 삶이기 때문이다.

단란한 가정을 이루어라

부부 화합을 위한 여섯 가지 요건은
순결, 청결, 말조심, 절약, 성실, 신뢰다.

우리나라 전통 결혼식을 할 때 혼례복 앞가슴에 기러기가 새겨져 있다. 기러기는 짝을 사별하고 나면 홀로 살아간다. 기러기처럼 부부애를 갖도록 한다는 의미다. 다른 뜻은 기러기를 통하여 별님, 달님에게 영원히 사랑함을 맹세하는 것이다. 부부가 사랑의 맹세를 이 이상 더 완벽하게 할 수 있겠는가? 노인기의 부부는 두 유형으로 나뉜다. 하나는 배우자를 도우며 내 몸처럼 돌본다. 다른 하나는 서로가 속이고 귀찮게 생각하며 함께하기를 꺼려한다.

인간이란 사랑의 문제를 잘 풀어 갈 수만 있다면 삶의 중요한 부분을 해결하는 셈이다. 부부의 정(情)은 사랑을 바탕으로 이루어진다. 각자가 아름다움을 잘 가꾸고 상대방을 배려함으로써 사랑을 꽃피울 수 있다. 인간이면 행복이 사랑 속에서 싹트게 되며, 열매를 맺는다는 사실을 간과해서는 안 된다. 행복보다 더 소중한 가치는 없다. 인간이 행복하면 그것으로 모든 욕망은 해결되는 셈이다.

아리스토텔레스는 "행복은 자기 자신에게 만족하는 사람에게만 있다"이다. 우리가 세상에서 확신을 갖고 의지할 수 있는 사람은 본인뿐이기 때문이다.

요즘 사회에서 젊은이들의 문제는 도덕성 결여다. 죄(罪)의 심각성을 인식하지 못하고, 선과 악에 대한 분별력을 잘 갖추지 못하는 것이다. 이는 민주주의에 있어서 자유와 인권의 문제와 관련성이 있고, 물질을 중요시하는 사회의 흐름은 물론 사법제도의 문제성과도 연관성이 있다. 건전하고 행복한 가정은 부부가 서로 신뢰하는 가운데 싹트게 되는데, 이것의 기준은 도덕성이다. 부부 당사자가 개인이 갖는 도덕적인 자세야말로 가정을 지키는 열쇠이기 때문이다.

미국 사회는 결혼 후 1/4 정도가 이혼을 한다고 하는데, 규칙적으로 교회에 출석한 부부는 이것이 1/54로 감소하고, 함께 기도한 부부는 1/520로 줄어든다고 한다. 여기에서 교회가 주는 교훈은 신뢰고 이는 도덕성이다.

만일 믿고 있던 부인이 남편에게 순종하지 않고 배신할 때 남편의 심정은 어떠하겠는가? 하늘이 무너지는 큰 충격과 좌절감은 물론, 남편은 자신마저도 잃어버렸다는 상실감에 휩싸이게 되고 현재까지 삶이 실패했다는 결론에 이르게 될 것이다. 이 문제를 다시 회복시키기 위해서는 남편은 부인을 보는 시각이 달라져야 하며, 자신을 다시 한번 객관적인 차원에서 재점검하지 않으면 안 된다. 그리고 현재까지 남편이 부인에게 대해 왔던 것을 완전히 새롭게 정립하여 훨씬 더 높은 관심과 배려, 책임과 의무, 헌신으로 보답해야 할 것이다.

부부 사랑으로 튼튼한 가정을 세우기 위해서는 두 가지 조건을 지켜야 한다.

- 각자가 양심적인 사람이 되어야 한다.
- 자신에게 주어진 책임과 의무를 다해야 한다.

나무 중 보리수(Autumn Elaeagnus)[21]가 있다. 이 보리수꽃의 꽃말은 부부 사랑이다. 석가모니 부처가 이 나무 아래서 깨달았다. 지역이나 기후에 따라 나무의 형태가 다소 다르다. 이 나무를 우리는 어릴 때 시골에서는 볼똥나무라고 부르기도 했다. 요즘 이 보리수나무는 산야에 있는 것과는 조금 다르며, 가정에서 개량종이 식재되

21　보리수나무는 보리수나무과의 낙엽활엽관목이다. 학명은 'Elaeagnus umbellata Thunb'이며, 이명(異名)으로는 볼네나무, 보리장나무, 산보리수나무, 보리화주나무, 보리똥나무로 불린다. 원산지는 한국이며, 개화기는 5~6월로, 열매는 10~11월경에 적색으로 익는데, 식용으로 사용된다. 우연의 일이지만 이 보리수나무는 석가모니의 득도(得道)를 도운 나무이기도 하다. 이 나무는 천기(天氣)를 머금고 있으며, 강한 천기를 불러들이고 발산하는 나무다. 석가모니 부처님은 6년간 고행을 하였지만 깨달음을 얻지 못하고 보리수나무 밑에서 명상에 들어가 7주일 만에 깨달음을 얻었다고 한다. 여기서 앞서 고행(苦行)한 6년이 헛된 고행은 아니다.

고 있으며, 열매도 재래종보다는 크다.

이 꽃은 실록이 한창인 5~6월에 푸르른 잎 새 사이에 콩알만 한 크기로 다발(cluster)을 이루며 몸통이 초롱 모양으로 하얗게 핀다. 꾸밈도 없이 아름답지도, 매혹적이지도 않으며, 그렇다고 향기가 그윽하지도 않다. 자연스럽게 피어나는 일반적인 꽃처럼 평범하면서 순박하다. 거부감이 없으며, 오래 보아도 싫증이 나지 않는다. 국내보다 외국에서 더 많은 관심과 사랑을 받는 나무인 것 같다.

이 꽃의 꽃말이 '부부 사랑'이라는 점에 주목해야 할 것이다. 그 많은 꽃 중 왜 하필이면 인간에게 최고의 가치를 부여하는 '부부 사랑'이란 말인가? 아마도 순박한 꽃이 싫증이 나지 않고 오랫동안 변함이 없으니 그러할 것이다. 인간에게 있어서 부부 사랑에도 이처럼 뜨거운 열정이나 찐한 사랑을 요구하지 않는다. 순수한 마음을 바탕으로 변함없이 정(情)을 나누는 것이 부부가 갖추어야 할 기본 요건이다. 정(情)이란 '사람이 다른 사람과 함께 오랫동안 지내 오면서 생기는 좋아하고 가깝게 느끼는 마음'이다.

건강한 가정은 다음과 같은 특징을 가지고 있다.

- 가족원 개개인이 가진 다른 점을 존중해 주고 개성을 인정해 준다.
- 상대방의 능력이나 한계를 알고 이해한다.
- 자신의 책임과 의무를 다한다.
- 윤리와 도덕을 중시한다.

병든 가정은 다음과 같은 특징을 갖는다.

- 자신의 주장을 내세우고 상대방 의견을 묵살한다.
- 부부가 서로 속이고 의심한다.
- 외모와 사치에 치중하고 진실과 성실함에는 거리가 멀다.
- 사회악에 노출되어 나쁜 행실에 전염되어 있다.
- 무분별한 자세로 살아가며 올바른 삶의 규율이나 원칙이 없다.
- 근검절약 정신이 부족하다.

요즘 세상은 물질이 주요한 부분을 차지하는 가운데, 윤리의 부재는 물론 종교에 따른 신뢰의 실추로 인하여 인성이 파괴되고 있다. 가정을 지킨다는 것이 쉬운 일만은 아니다. 가족의 건전성을 위한 요건을 살펴본다면 가족의 결합성, 가족 구성원의 개개인의 역할 완수, 갈등 해결을 위한 건전한 대화, 의사 표시와 감정 조절 능력, 자주적이고 창조적인 독립성, 삶의 능동적이고 적극적인 자세, 규율의 준수와 책임감 완수, 경제적 안정성 등일 것이다. 이러한 어려운 문제를 부부가 화합하며 해결해 나가지 않으면 안 된다.

세계적인 가족학(家族學)의 권위자로 꼽히는 미국 버지니아대학교 사티어 교수는 가족학의 입문서 격(格)인 『사람 만들기』라는 책에서 모든 가정 문제를 축약하여 4가지로 정리하였다. "가정 문제는 가족 개개인의 가치관, 가족 간(間)의 격의 없는 대화, 즉 의사소통, 가족 내에서 각자가 지켜야 할 규범, 가정에 대한 소속감과 외부와의 관계"이다. 이러함이 모든 가정에서 행복과 불행을 만드는 시발(始發)로 보았다. 여기에는 가족 구성원들에 있어서 개개인의 가치관을 서로가 인정해 주고, 모두가 건전하게 발전해 나아가도록 서로 돕고 키워 나가야 하는 과제를 안고 있다.

가정을 무너지게 하는 외부 요인들은 무엇이 있는가? 이는 법(法)의 구속력 부재로 사회악(社會惡)의 만연(蔓延), 정부의 정책이나 사법제도의 실추, 매스컴에서 방영하는 불륜적인 드라마, 패션(fashion)을 부추기는 지나친 선전(宣傳), 사회에 회자(膾炙)되는 나쁜 사상을 간직한 언어들, 힘 있는 사람들의 행동과 그 영향력 등으로 인하여 건전해야 할 가정이 희망은 물론, 자신감을 잃어 가고 있는 실정이다.

특히 가정이 무너지는 이유 중 하나는 지식이나 인격이 부족한 여인들은 다른 남자들의 겉 발린 말, 돈의 힘에 의한 유혹에서 쉽게 무너지게 된다. 돈을 벌기 위하여 산업전선에 나아가고자 한다면 각별히 자신을 지성과 도덕으로 재무장(再武裝)하지 않으면 안 된다.

마가복음 8:38을 보면 "그러므로 누구든지 이 음란(淫亂)하고 죄 많은 세대에서 나와(out) 내(하나님) 말들을 듣고, 사람의 아들도 자기 아버지의 영광 중에 거룩한 천사들과 함께 올 때에 그(음란하고 죄 많은 세대)를 부끄러워하시니라."라고 하셨다. 인간은 종교의 가르침은 물론, 자신의 부모를 똑 빼어 닮게 되어 있다. 부부가 진실한 사랑으로 건전한 가정을 이루어 살아갈 때 그 자녀가 나쁜 길로 빠질 확률은 아주 낮다.

　일본의 한 예(例)지만 도몬 후유지의 책『도쿠가와 이에야스 인간경영』에서 보면 "도쿠가와 이에야스에게는 2처 15첩이 있었다"고 한다. 남자 쪽에서 여성의 정조를 문제 삼기 시작한 것은 에도 시대(1603~1868) 이후였기에 그 시절의 성(性)은 매우 자유로웠다. 그때에도 여성을 이런 식으로 취급한다는 것은 쉽게 이해할 수 없다는 관념이 팽배했다. 왜냐하면 인간에게 있어서 성비(性比)는 조물주께서 1:1로 탄생시켰기 때문에, 한 사람이 도쿠가와 이에야스처럼 여성을 17명 거느리게 된다면 반드시 16명의 남자는 여성을 차지할 수 없다는 결론에 이르게 된다. 이렇게 되기 때문에 한 남자가 여러 여자를 거느린다는 것은 형평성의 원리에도 어긋나게 되는 것이다. 인간에게 있어서 성(性) 기능과 그 중요성을 알게 된다면 이러한 상황은 도저히 용납할 수 없는 일이다.

　심수명의 책『한국적 이마고 부부치료』를 참고하면 "부부 관계의 성(性)은 하나님이 주신 은총이요 축복이다. 문제가 있는 가정의 90퍼센트 이상이 성의 갈등이다. 성에 대한 세속적 세계관은 '즐기는 것'이지만, 기독교 세계관은 '자신을 드리는 헌신의 사건'으로 본다."라고 말하고 있다. 또 사도(使徒)들의 전도 기록(행 10:15)을 보면 "하나님께서 깨끗하게 하신 것을 속되다고 하지 말아라"라는 기록이 나온다. 이것 또한 '성에서만 예외로 할 수 없다'는 것이다. 부부 관계에 있어서 성(性)을 추하다거나 속되게 생각해서는 안 된다는 뜻이 여기에 담겨 있기도 하다.

서대원의 책 『주역강의』에서도 보면 소축(小畜)이라는 말이 나오는데, '소축은 작은 행복을 말한다'라고 되어 있다. 이 소축은 부부가 서로 믿음이 있을 때 가능하며, 이것으로 어려움을 이겨 내고 난관을 극복할 수 있다는 뜻이다. 이렇게 되면 다음으로는 이웃과 화친할 수 있게 된다. 부부가 서로 믿지 못하면 결국은 이웃과 화친하는 것이 불가능하다. 이웃과 화친하기 위한 조건으로 선결 문제에는 부부가 서로 믿음이 있어야 한다는 것이다. 행복을 위해서 가장 중요한 조건 역시 부부 간의 신뢰다. 신뢰를 이루면 즐거움이 있게 되고 즐거움이 곧 행복과 연결된다.

결국은 즐거움이란 본래 음양의 조화와 이에 따른 옳고 바른 변화의 기운에서 싹트게 된다.

그렇게 볼 때 부부 사랑만큼 행복에 기여하는 것은 없다. 쇠렌 키에르케고르의 책 『불안의 개념』을 참고하면 이는 1844년 한 일지에서 "오직 동물만이 성(sex)관계에서 천진난만한 상태를 유지할 수 있다. 인간은 그럴 수 없다. 왜냐하면 인간은 정신이기 때문이며, 성(性)은 종합의 극한점으로서 정신에 즉석에서 반항하기 때문이다."라고 말한다. 하지만 쇠렌 키에르케고르는 이 '일지'에서 "왜냐하면 도덕적 결혼은 결코 천진난만하지 않으며, 그럼에도 불구하고 그것은 결코 부도덕하지 않기 때문이다." 라고 기록한다.

여기서 우리가 알아야 할 것은 부부 생활은 오직 아름다움만으로 해결되는 것이 아니고, 정신이 관여하게 되는 것이다. 이때 정신은 지성을 동원하여 아름다움을 뛰어넘어 마냥 즐거워하는 것을 무시한다. 인간에게 있어서 부부 생활은 오직 관능적인 쾌락만을 추구할 수 없는 일이다. 부부(夫婦)가 인간으로서 세상을 살아가려고 하면 성적 쾌락 그 이상의 가치를 추구하지 않으면 안 되게 되어 있고, 정신으로 살아가야 하기 때문이다.

이러한 가운데에서도 사랑은 정신적으로나 육체적으로 순결함을 유지하는 것이 부부로서의 갖추어야 성적 대상의 조건이다. 단 아름다움 그 이상으로 순수한 마음이 더 먼저다. 착한 마음을 바탕으로 부부가 서로 사랑을 함으로써 자신의 몸과 마음을 상대방에게 줄 때 뜨거운 부부의 정(情)을 느끼게 된다. 세상을 살아가는 삶이 어렵고 힘들며 고달프다고 하지만, 부부가 서로 믿고 의지하며 사랑할 수만 있다면 삶은 무난하게 전개될 것이다.

결혼 이후의 부부 사랑의 강도를 높일 수 있는 방안은 무엇인가?

- **남편의 헌신적인 사랑이다.**
- **아내의 순종은 물론 성실함이다.**
- **건강한 자녀의 탄생이다.**
- **가정의 안정을 위한 경제력이다.**

이러한 요건이 갖추어질 때 가정은 원만하게 이루어질 수 있을 것으로 본다.

자녀를 잘 키워라

부모의 인생에서 중요한 과업이라고 한다면 자녀의 양육이 아닐 수 없다. 어머니는 분만의 고통으로 모성애를 갖게 되며, 이 과정에서 자녀의 귀중함을 획득하게 된다. 이 점이 산모의 쓰라린 아픔으로 얻게 되는 무한의 가치다.

현명한 부모라면 꼭 알고 있어야 할 것이 자연의 원리는 조용하고 평화로운 가운데 소멸(消滅)과 생성(生成)이 있게 되고, 모든 생명들은 이 순간에도 계속 교체되고 있으며, 개인 사이의 생존 경쟁에서 힘의 순위(順位)도 변화하고 있다는 사실을 염두에 두지 않으면 안 된다.

부모의 바람은 자녀들이 자신의 삶을 도덕과 지성으로 무장함과 동시에 평생토록 공부하는 습관을 갖추어 그들이 스스로 올바르게 이 세상을 살아갔으면 하는 것이다. 어쩌면 인생이란 공부하러 왔다가 공부하고 가는 것이다. 노력에 의한 교육의 결과는 무서운 자기 변신의 계기(契機)가 된다는 사실을 부모로서 잊지 말아야 한다.

노인에게는 자녀의 독립이 그 이상 바랄 것이 없을 정도로 중요한 사안이 아닐 수 없다. 노인은 그 자체가 몸의 부자연스러운 상태로서 삶이 어렵고 힘든데, 자녀마저 성인(成人)이 되었는데도 스스로 올바르게 세상을 살아갈 수 없다면 어떻게 되겠는가?

노인의 삶에 무거운 짐으로 작용하는 것이 두 가지가 있다면, 하나는 자녀로 인하여 자신이 고통을 받는 것이고, 다음은 가난하여 경제적으로 어려움을 겪는 것이다. 이 두 가지를 해결해 줄 수 있는 것이 자녀의 올바른 성장이다.

『한영 현대인의 성경(New International Version)』의 구약인 왕국 건설을 참고하면 개괄적(槪括的)인 내용이지만 사무엘(Samuel)의 기록이 시작된다. 이 시기에서부터 두 가정에 있어서 흥망성쇠(興亡盛衰)의 이야기가 번갈아 나온다. 여기서 보면 "하나는 엘리 대사장의 가정이고, 또 하나는 사무엘의 아버지 엘가나의 가정이다. 사무엘(Samuel) 기록이 시작되는 시기에는 엘리 대사장의 가정은 당대 최고의 가정이었고, 사무엘의 아버지 엘가나의 가정은 벽촌(僻村)에서 빈곤하게 농사지으며 살아가는 가정이었다. 그러나 사무엘서(Samuel) 기록이 진행되어 가면서부터 두 가문의 처지가 역전(逆轉)되어 간다. 그 이유인 즉 내용을 분석해 보면 자녀 교육의 결과라는 점이 도출된다"라고 기록하고 있다. 그 정도로 자녀의 교육은 본인의 미래는 물론이고 가정에 있어서도 사회적인 서열이 뒤바뀌는 계기가 된다. 이러함은 자녀 교육의 결과라는 점이 증명되는 순간이다. 이처럼 역전 현상은 성경에서는 물론 유사(有史) 이래 인간 사회에서 흔히 볼 수 있는 일이다.

요즘 젊은 신혼부부들은 어려움을 모르고 자라 온 세대들이라, 이들을 부모로 하여 태어난 자녀들이 부모들의 생활해 오는 모습만 보고 성장하면 어떤 문제들이 그들 앞에 전개될지 걱정스럽기도 하다. 자녀 교육의 성공 여부는 이들이 어릴 때일수록 얼마나 도덕적인 규율을 준수하며 자라느냐에 따라 판이(判異)하다. 그러니 어떠한 일이 있어도 부모는 자녀를 도덕적인 인간으로 성장시키려는 마음의 자세가 중요하다.

교육의 목적은 신(神)이 바라는 위대한 인간을 만들어 내는 데 있다. 종국에 가서 이는 곧 자연의 본성에 합일(合一)을 이룰 수 있는 고귀한 인간을 만들어 내는 것이다. 교육은 곧 무기라고 말하였듯이 생존의 차원에서 부모는 자녀를 교육시켜야 한다.

석가모니 부처님도 아들을 잘 키우기 위해서 고심(苦心)했다고 전해진다. 법정스님의 책 『인연 이야기』를 참고하면 석가모니 부처님은 출가(出家)하기 전 태자로 있을 때 아내 야쇼다라와의 사이에서 낳은 아들이 있었다. 이 아이가 라훌라다. 이는 성미가 거칠고 사나운 데다 말에는 진실성이 적었다고 한다. 불타전기에는 라훌라가 어렸을 때 부처님이 강제로 출가(出家)시킨 것으로 되어 있다. 그 당시 부처님의 교단에서는 하루 한 끼밖에 먹지 않았기 때문에 라훌라는 배가 고파 자주 울었다는 기록이 『율장』에 남아 있다.

그는 열두 살도 채 안 됐을 때 집을 나와 최초의 사마승(스무 살이 못 된 견습승)이 되었다. 철없는 아이인 데다 할아버지는 카필라의 왕이고, 아버지는 부처님이라서 그랬는지 말썽꾸러기였다고 전해진다. 부처님도 그런 아들 때문에 속이 썩었던 모양이다. 자식 교육을 시키기 위해서 인간적인 동작으로 발로 대야를 걷어차면서까지 자식의 버릇을 고쳐 주려고 자못 애쓴 자취가 보이기도 한다. 라훌라는 그 후 크게 분발해 부처님의 10대 제자 가운데 한 사람이 되었고, 남이 모르게 착한 일을 한다고 해서 밀행제일(密行第一)이라는 칭찬을 들었다고 전해지고 있다. 그 정도로 자식을 키우는 일은 쉽지 않은 일이다.

부모 교육으로 무엇을 가르쳐야 하는가? 삶을 살아야 하는 이유, 자신을 사랑하고 존중하는 법, 자신감을 심어 주는 것, 인생을 스스로 책임지도록 하는 것, 인간관계 맺는 법, 감정 처리 문제, 갈등을 해결하는 방법, 직업을 갖는 일, 안전하게 세상을 살아가는 법 등이라고 생각된다.

이와 관련하여 자녀 교육을 위한 부모의 자세는 다섯 가지 항목으로 요약할 수 있다.

첫째, 순수성이다. 교육에서 가장 중요한 요소가 가르치는 자(者)

나 가르침을 받는 자(者)나 순수한 마음의 상태를 유지함으로써 교육 내용의 전수(傳受)가 원활하게 이루어질 수 있다.

둘째, 진실성이다. 부모가 자녀에게 자신의 거짓을 숨기고 진실한 것처럼 행동해도, 자녀는 어떠한 경우에도 그 진실과 거짓을 구분하여 감지(感知)한다는 것이다. 이것이 자녀가 태어날 때부터 선천적으로 획득하는 심리적인 특성이라는 점이다. 부모는 거짓으로 가면을 쓴 채 살아갈 것이 아니라, 무엇보다도 진실하게 살아가야 한다. 여기에서 자녀는 부모를 신뢰하게 되고, 부모를 따르게 되는 것이다.

셋째, 도덕성이다. 임마뉴엘 칸트는 "사람으로서 지녀야 할 최고의 가치는 선의지(善意志)"라고 하였다. 선(善)을 행하려고 하는 마음의 자세다. 도덕을 지킨다는 것은 인류의 공영(共榮)은 물론이거니와 자연과 합일(合一)함이요, 만상만물의 공존을 의미하기도 한다. 또한 도덕을 행한다는 것은 신(神)을 공경하며 자신이 바르게 살아가는 것이다.

넷째, 인내심이다. 인간이라면 누구나 자기 내면을 지성(知性)으로 채워 스스로를 통제하고 자제할 수 있는 힘이 있게 하는 것이 삶에 있어서 먼저 이루어져야 할 과제다. 예로 북극지방에 내린 눈은 기온이 낮아 일 년 내내 녹기는 쉽지 않고 차곡차곡 쌓이게 된다. 빙하가 되는 과정을 보면 10년 동안 내린 눈이 쌓여서 1cm의 빙하가 된다고 한다. 빙하는 추위에 얼고 다져져서 자신의 무게에 안으로만 눌리고 압축하여 쇳덩이보다도 더 단단한 푸른 색깔의 빛을 내는 만년설인 빙하가 되는 것이다. 진실로 현명하고 훌륭한 사람은 자신의 내면을 지성으로 차곡차곡 다지며 인격적인 수양을 지속적으로 수행해 나간다. 이렇게 다져진 인격은 빙하가 멀리서 보면 푸른빛을 띠며 보석처럼 단단함을 유지하는 것처럼, 주변의 어떠한 물리적인 압력이 주어져도 이에 굴하지 않고 꿋꿋함을 지키며 자신의 길을 가게 되는 것이다.

다섯째, 인간애(人間愛)다. 부모는 인간애로써 따스한 사랑을 자녀에게 주어서 이들 역시 그 사랑을 자원으로 자신을 사랑함은 물론, 남을 사랑하며 이 세상을 아름답게 살아가도록 하는 것이다. 특히 자녀는 운명을 수용하고 만족하며 자신을 사랑할 수 있어야 한다.

파울로 코엘료의 책『연금술사』를 보면 "자네의 삶이 자네가 자아의 신화를 이루며 살아가기를 원하기 때문일세."라고 팝콘 장사를 하는 집시노파는 양치기 산티아고에게 말한다. 여기에서 등장하게 되는 집시 노파는 겉옷 속에 보석이 박힌 묵직한 흉패를 입고 있었다. 이 흉패 한 가운데 박혀 있는 것은 우림과 툼밈이라는 흰색과 검은색의 보석이다. 이것을 노파는 겉옷 속에서 빼내어 양치기 산티아고에 건네주면서 피라미드에 가까이 갈 때까지 어려울 때 사용하라고 전한다. 이와 같이 자녀는 이 우림과 투밈이라는 구슬의 작용처럼 자신의 어머니와 아버지로부터 받은 사랑을 무기로 삼고 어렵고 힘든 세상을 무난히 살아가야 할 것이다.

몽테뉴의 책『몽테뉴 수상록』에서 자녀에 대한 애정을 표현한 글을 보면 "진실로 자연의 법이 세상에 있다면, 다시 말해 짐승에게나 우리에게나 보편적이며 항구적으로 나타나는 본능이라는 것이 있다면(여기에 모순이 없는바 아니지만), 내 생각에는 모든 동물들의 자기 생명보존의 본능과 자기에게 해로운 것을 피하는 본능 다음에는 낳은 자가 태어난 자에 대해서 가지고 있는 애정이라고 말할 수 있을 것이다."라고 기록하고 있다.

여기서 강조하는 것은 인간이란 치사랑보다는 내리사랑을 더 중요시하게 행해지고 있다는 점이다. 인간은 다른 종(種)에 비하여 교육적인 차원에서 지식 함양의 정도에 따라 그 수준에서 심각할 정도로 차이를 보인다. 배운 사람과 배우지 못한 사람의 격차는 정신적인 능력 면에서 볼 때 인간으로서 만회할 수 없는 강을 건너 버리는 것과도 같다. 이러한 점이 똑같은 부모로서 여간 부담스럽고 감당하기 어려운 일이 아닐 수 없다.

부모는 자녀 양육에서 어떠한 점에 관심을 두어야 하는가?

첫째, 자녀에게 변화를 위한 자극을 주어서 지적 세계로 입문할 수 있도록 환경을 만들어 주어야 한다. 자녀들이 부모 슬하에서 자라다 보면 똑같은 일상생활과 보호 속에서 자신도 모르게 습관화되어 변화를 싫어하고, 그 생활에 안주하게 되며 공부에 대한 욕심이 생기지 않게 된다. 부모는 자식의 지적개발을 위해, 지적 세계로 입문하도록 변화의 바람을 불어넣어 주어야 한다. 체계적이고 꾸준한 학습으로 기초 실력이 쌓여야 학습에 흥미를 갖게 되며, 그다음 단계로 진입이 가능해진다. 그러니 쉬운 기초 실력부터 차츰 어려운 과정으로 진행되도록 지원을 아끼지 말아야 할 것이다.

둘째, 기대와 희망을 갖고 가능성의 길을 열어 주어야 한다. 작은 성공감을 갖게 하여서 하면 된다는 확신을 갖도록 최선의 노력을 다해야 한다.

셋째, 자주성과 독립심을 길러 주어야 한다. 자녀가 성장해 감에 따라 서서히 부모의 지원을 줄여 가면서 자녀 스스로가 독립적인 생활을 할 수 있도록 책임감을 부여해 준다.

넷째, 창조력을 함양시킨다. 교육의 최종 목표는 자녀들이 일상생활 중 그때그때 창조력을 발휘하여 상황에 맞게 변신하며 살아갈 수 있도록 하는 것이다.

이와 같은 어려운 난관을 극복하고 자녀를 성공적으로 양육하였을 때 부모는 자신의 삶에 있어서 의무를 완수하게 되는 셈이다.

경제적으로
안정을 기(基)하라

인간은 돈에 대한 철학을 갖고 있어야 한다. 돈이 인간의 존엄성 위에 존재할 수 없다. 그러함에도 돈이 없으면 살아갈 수 없다. 이 것이 돈을 벌고 아껴야 하는 이유다. 우주의 원리가 변화에 있듯이 인간을 비롯한 물질도 그침 없이 올 때 오고 갈 때 가게 되어 있다. 모든 원리가 그러할진대 돈 역시 순환하게 된다. 나이가 많아지면 차원이 달라진다. 노인기에 돈이 없으면 이는 영원함이 된다. 이때 는 서축해 둔 논을 사용하며 살아가야 한다.

어린 시절 내가 들어 온 돈의 관점에 대한 소리는 "더러운 것이 돈이다. 돈이 인생의 전부는 아니다. 돌고 도는 것이 돈이다." 고작 이 정도였다. 성인이 되어 느끼게 된 돈에 대한 개념(槪念)은 다음과 같다.

‘돈은 생명처럼 귀중하다. 열심히 벌어서 저축하고 아껴 써야
한다.’
‘돈은 정당하게 벌고 정당하게 사용해야 한다.’

올바른 삶이란 각자의 생각에 따라 다르다. 여기에 돈에 대한 가
치성이 차이가 있게 된다. 주변 사람들을 보면 돈에 대하여 잘못된
관념을 가진 경우가 많다. 70세가 훌쩍 넘은 나이인데도 혐오스러
울 정도로 돈에 인색한 사람이 있는가 하면, 돈을 죄인에게 무기 다
루듯이 사용하는 사람도 있다. 어떤 사람은 낚시질할 때 고기의 미
끼처럼 유혹하는 곳에 돈을 사용하기도 하고, 남을 제압하기 위하
여 협박용으로 사용하는가 하면, 자기가 잘났다고 과시용으로 사용
하기도 한다. 진작 돈이 귀중한 이유는 자신의 꿈을 이루는 데 사
용하고, 인생을 고귀하게 살아가기 위한 것인데도 말이다.

인간의 존엄성과 돈의 관계는 어떠한가? 인간적 측면에서 존엄성
문제와도 관계되는 시점에 자신의 돈만 생각하는 사람도 있다. 이
러한 점은 상황에 따라서 다를 수 있을 것이다. 현실적으로 보면 돈
과 인간의 존엄성의 관계는 복잡하고 미묘하다. 여기에는 긴장을 요
구하기도 하고, 미세한 부분까지 신경을 써야 하는 경우도 있다. 이
는 중요성에 따라 다르겠지만 상대적이고 주관적이며, 인격적 차원
의 문제이기도 하다. 소비는 자신의 인격이 높은 문제와 다르지 않
다. 인격적인 사람은 돈을 올바르게 쓰게 되고, 이것이 부족한 사람
은 돈을 잘못 사용하기도 한다.

이 지구상에는 박테리아까지 포함하면 정확히 셀 수 없을 만큼 방대하다. 이 문제에 대해서는 생명체 역시 미세하고 미분(未分)되어 있어 명확하게 숫자를 파악할 수 없는 실정이다. 그리고 2020년 5월 기준으로 지구상에는 인간이 대략 77억 8천 6백만여 명이 살고 있는 것으로 조사되고 있다. 이러한 세계 인구 중에서 빈곤층이 10억 명 정도고, 매년 6천만 명이 기아로 죽어 가고 있으며, 매일 4만 명이 굶고 있다고 한다. 현실이 이러하다면 생존의 의미는 물질로 연결되지 않을 수 없는 일이다. 우리나라 국민이 1인당 평생 지출하는 의료비는 남성 약 7,415만 원, 여성은 약 8,787만 원 정도다. 이 가운데 이 금액의 절반을 남성은 64세 이후, 여성은 66세 이후에 지출한다고 한다. 삶을 품위 있게 영위하려면 언제나 자신과 함께 돈이 필요하다. 물질도 정신만큼이나 중요하기 때문이다.

누가복음 6장 38절을 보면 "주라. 그러하면 너희에게 줄 것이니. 곧 후(厚)히 되어 누르고 흔들어 넘치도록 하여 너희에게 안겨 주리라."라고 말하고 있다. 물론 정신이나 물질을 꼭 받기 위해서 주는 것을 목적으로 하지 않는다. 그러나 세상 인심은 주면 되돌아오는 것이 기본이다. 아무리 비물질적으로 마음을 남에게 신경 써서 준다고 해도 물질이 필요할 때는 이것을 주는 것이 도리다.

이웃은 물론 형제 간에도 정신만을 주는 것으로는 부족하다. 물심(物心)양면으로 베풀지 않으면 안 된다. 노후에 자신의 인격과 자존심을 유지하기 위해서도 반드시 돈이 있어야 한다. 이것이 좋은 인간관계의 지름길이다. 즉 페트로니우스의 "풍족해라. 그럼 남들이 받들게 될 것이다."라는 말은 사실이다. 다른 사람이 자신에게 갖는 호감은 어느 정도 자신의 물질과 소득에 비례하게 된다.

돈은 인격이며 경쟁력이다. 왜 돈이 인격이냐 하면 돈을 소비하는 것도 마찬가지지만, 벌어 모으기 위해서도 그러하다. 이것은 인격에 영향을 받기 때문이다. 인격은 인내력이요, 절제력이기도 하다. 마음 내부적으로 돈을 소비하지 않고 저축해야 한다는 굳은 결심과 의지가 없으면 돈을 모을 수 없는 일이다. 지출해야 할 곳에는 정당하고 바르게 사용해야 한다.

우리의 주변에서 유행하는 온갖 패션들의 광고는 모두가 인간의 기본 욕구를 자극하며 유혹하는 것들이다. 어느 텔레비전 채널을 보면 "이것도 사고 저것도 사야지." 하고 선전(宣傳)하기도 한다. 우리의 현실이 이것도 사고 저것도 살 수 있는가? 아무리 광고며 선전이라고 하더라도 지나침을 넘어서는 수준이다. 이러함은 자신들이 돈을 벌기 위해서다. 여기에 동요되지 않고 자신을 지킨다는 것은 곧 지성과 인격의 문제라고 하지 않을 수 없다.

전문가들에 의하면 일하지 않고 먹고 놀면서 노후에 돈 걱정을 하지 않고 어느 정도 고급스럽게 살아가려면 은퇴 후 대체로 10억은 필요하다고 주장하기도 한다. 그러나 노부부가 텃밭을 가꾸며 소박하게 산다고 가정하면, 월 200만이면 될 것으로 추정한다. 이러나저러나 젊은 시절 부지런히 일하여 돈을 저축하지 않으면 안 된다.

교황 요한 바오로 2세는 "일은 인간의 존엄성을 표현하므로 인간에게는 선(善)한 것이다"라고 강조한다. 돈은 아끼고 저축하는 것도 중요하지만, 벌어들이는 방법 역시 중요하다. 우리가 돈을 벌 때는 법과 양심 그리고 인륜을 저버려서는 안 되고 도의적(道義的)이고 순리적이며 정당한 방법으로 돈을 벌어야 한다. 남에게 피해를 입히면서 자신의 이익을 챙기는 일은 조금이라도 해서는 안 된다. 진실한 노동의 대가로서 돈을 벌어야 한다. 인류의 영원한 번영에 자신의 노동을 투자하는 것이 더욱더 바람직하다. 만약에 타인의 생명을 담보로 하든지, 비양심적이고 비도덕적인 형태로든지, 깨끗한 환경을 훼손하며 반인륜적인 행위로 돈을 벌어서는 좋지 않다.

세익스피어에 대해서 확실하게 알려진 바는, 극장 경영 사업으로 큰 재산을 모았고, 그 이후 40세에 사회로부터 은퇴하여 여생을 조그만 도시 자기 고향인 스트랫퍼드 어폰 에이번에서 묻혀 살며 집필을 했다. 여기에는 경제적인 자립이 없었다면 자신의 꿈 실현은 불가능했을 것으로 본다. 꿈의 실현과 경제적인 자립은 서로 분리할 수 없는 불가분의 관계다.

사회생활을 하다 보면 때로는 '더러운 것이 돈이다'라고 돈을 천시하는 경향마저 있다. 그러나 사실을 알고 보면 더러운 것이 아니라 귀한 것이 돈이다. 돈을 모은 사람을 보면 남보다 아끼고 절약하며 열심히 일한 것은 사실이다. 이러한 사람도 보통 사람과 같이 가난에서 출발하였다. 처음에는 그냥 평범하게 절약하고 열심히 일을 하다 보니 조금 돈이 모이기 시작하였고, 여기서 어떤 계기를 만나 돈을 좀 더 벌고부터 본격적으로 돈에 관심을 갖고 재산 축적에 자신의 인생을 바치게 되는 것이다.

성경의 말씀에는 "재물은 하나님의 것으로 우리에게 맡겨서 관리하도록 하였다"라는 말이 있다. 아무튼 하나님의 것이든 자신의 소유든 재물의 넉넉함은 축복받은 것에는 틀림없다. 나는 몇 년 전 스페인, 포르투갈, 모로코로 여행을 간 적이 있다.

스페인의 어느 한적한 관광지의 레스토랑에서 커피를 마시는 시간을 가졌다. 내 옆에는 어떤 외국인으로 80대 노부부와 자식의 내외처럼 보이는 가족이 와인을 앞에 놓고 여유와 낭만을 즐기고 있었다. 자식 내외는 60대 초반 정도로 평범해 보이는 사람이었고, 노부부는 귀(貴)티는 물론 인격과 지식을 겸비한 듯 품위를 갖추고 있었다.

여기서 눈여겨보아야 할 점은 이들의 품위는 지식과 인격은 물론이지만, 경제력을 갖추고 있음이 분명했다. 왜냐하면 돈은 여유, 안정, 품격 그리고 외모를 꾸밀 수 있게 해 주기 때문이다. 그러고 보면 더러운 것이 돈이 아니라 귀한 것이 돈이었다. 돈의 가치가 여기서 증명되는 셈이다.

모든 삶은 경제적인 행위가 바탕을 이루게 된다. 자신의 인생길은 돈과 함께한다. 언제나 돈을 소비하면서 하루가 지나고 또 하루가 열리게 된다. 모든 삶이 돈과 단절된 상태에서 살아가기란 불가능한 일이다. 돈을 벌어들일 때는 개개인에게 대부분 자유가 주어지지 않고 그 일에 구속을 받게 된다. 그러니 젊어서 돈을 벌고 저축을 하였다가, 노인기에 이르러서는 자유롭게 돈을 사용하며 세상을 즐겁게 살다가 하직하는 것이 바람직한 삶이다.

우리나라의 노인들이 노후 생활을 준비하지 못하여 OECD 국가 중 하위로 죽기 전 마지막 8년 동안의 삶이 가장 고통스럽다고 한다. 2023년 12월 29일 기준 전국적으로 폐지를 줍는 노인이 42,000명 정도 된다는 보고가 있다. 이들의 한 달 평균 수입은 16만 원에 불과하다. 노인기에는 돈이 충분히 있어도 삶이 고통스러운데, 돈마저 부족하다 보니 그 아픔은 이루 말할 수 없을 정도로 처절(凄切)한 것이다. 어떠한 일이 있어도 이러한 불우한 처지에서는 벗어나야 할 것인데, 우리의 현실은 그렇게 녹록하지만은 않다.

지성을 함양하라

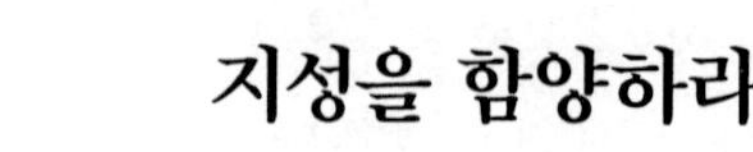

　지성(知性)이란 '교양과 지식을 풍부하게 갖추고 있는 상태, 지각(知覺)된 것을 정리 통일하여 새로운 인식을 낳게 하는 정신의 기능'이다. 지성이 지식과 다른 점은 지식에 교양을 더하여 이것을 갖추고 있는 상태다. 지성의 중요한 점은 새로운 인식을 낳게 하는 정신적 기능이다. 이는 곧 창조력이기도 하다. 평범한 인간의 삶에 있어서 기본적으로 갖추어야 할 3대 요건이라고 한다면 건강, 지성, 재산(財産)이라고 생각한다. 이를 갖추고 상황에 따라 대처하며 살아가면 될 것이다.

　지성(知性)은 무엇과도 바꿀 수 없는 힘을 가지고 있다. 인간은 이성적인 동물로써 자기비판과 창조력을 발휘하며 더 높은 세계로 나아간다. 이는 곧 진리, 정의, 선(善)을 바탕으로 인생을 살아가게 하는 것이다. 지성은 단순히 지식과는 달리 여간하여 불의, 위선, 기만 등 악(惡)과 타협하지 않는다. 지성은 자존심을 생명으로 한다. 돈이 있고, 미모가 아름다우며 권력이 있다고 해도 선(善)이 아니면 본인의 자존심을 쉽게 굽히지 않는다. 그런데 단순한 지식은 쉽게 나쁜 방향으로 행동을 할 수 있게 된다. 그러함은 드문 경우도 아니다. 내가 만나 보았던 사람 중에는 꽤 지식을 갖추고 있는 인물인데, 평범한 사람이 이해할 수 없을 정도로 악(惡)을 행하는 것을 보았다. 그런데 지성은 인간의 삶에 있어서 모순이라든지 비도덕적인 일에 가볍게 휘말려 들지 않는다.

물론 본의 아니게 잘못하여 위선에 빠질 수 있고, 이기심에서 헤어 나오지 못하는 경우도 있을지라도 쉽게 불의(不義) 앞에 고개를 숙이지 않는다. 우리의 정신은 언제 어디에서든 지성을 쉽게 사용할 수 있게 된다. 지성을 갖추었다는 것은 자신을 보호할 수 있는 무기를 구비한 셈이기도 하다.

지성은 자신의 행동이나 생각을 지배하며 꾸준히 영향력을 행사한다. 그렇게 하면 안 되고 이렇게 해야 한다고 간섭을 하면서 인격과 교양의 중심에서 자신을 한 단계 높은 수준으로 끌어올린다. 지성은 자신이 사기꾼이나 악한(惡漢)을 만날 때도 묵묵히 변호하고 지켜 준다. 자신이 잘났다고 교만해질 때도, 그러한 행동을 자제하도록 몸을 낮추게 한다.

지성을 쌓게 됨으로써 이는 인간으로서의 구실을 다하도록 한다. 이것은 인간에게 가장 필요한 무기이기도 하다. 아무리 돈으로 자신을 무장한다고 해도 지성만큼은 완벽하지는 못할 것이다. 지성은 정신에 영양을 공급하여 제구실을 다할 수 있게 한다. 지성은 한때 빛깔을 좋게 하고 없어지는 일회용이 아니다. 황홀함에 젖어 육체적 쾌락을 추구하는 성질은 더더욱 아니다. 마르쿠스 아우렐리우스의 책 『명상록』을 참고하면 "자신도 모른 채 저급 문화에 물들어 천박한 존재로 전락되어 있는 것은 아닐까. 어떻게 사는 것이 올바른 삶일까."라는 질문이 나온다. 여기서 필요한 것이 지성이다. 마르쿠스 아우렐리우스는 "인간의 유한성을 항상 직시하고 성찰했던 심오한 사유가요, 광대무변(廣大無邊)한 우주의 신비 속에서 실낱같은 자신의 존재성을 섬세하게 인식했던 겸허한 철인(哲人)이었다."라는 기록도 있다.

인생이라 함은 곧 지성을 쌓는 것이며 지성은 인생의 중요한 생명력이다. 젊은 나이에 지성을 쌓지 못하게 된다면 늙어서 불쌍하고 가엾은 노인으로 전락하게 될 것이다. 겉으로는 성숙해 보이는 노인이지만, 내면적으로는 속이 빈 쭉정이처럼 허울만 갖게 될 것이다. 이렇게 되면 인간으로서 갖추어야 할 주요한 요건을 갖추지 못하게 되는 셈이다.

지성을 갖추어야 하는 이유는 다음과 같다.

- 현명하고 영민(穎敏)하며 인간답게 살아갈 수 있게 한다.
- 이치에 맞게 살아가기 때문에 높은 인격자가 될 수 있다.
- 인간이 추구할 수 있는 최고의 가치를 실현할 수 있다.

- 은인자중(隱忍自重)하며 위험을 피하여 안전하게 살아갈 수 있게 한다.

반대로 무지몽매(無知蒙昧)란 '지식이 없고 사리에 어두움'을 나타낸다. 이러함은 우주 자연 현상은 물론 우리가 살고 있는 세상마저도 정확하게 이해할 수 없으며, 자신의 문제도 올바르게 해결하기 힘들다. 더 나아가서는 후손들을 위하여 올바르게 교육을 시키지 못하고, 그들로부터 존경도 받지 못하게 되며 인간으로서 가치성이 높은 원대한 일을 할 수 없다.

지성은 돈과 다르게 이것을 갖추게 되면 자기 몸의 일부가 된다. 이것은 돈과 차이가 있음을 증명하는 셈이다. 인간은 두 번 탄생한다. 첫 번째 탄생은 자신이 세상에 태어나는 것이다. 두 번째 탄생은 지성을 쌓아 자신을 도야(陶冶)함으로써 새로운 인간이 되는 것이다.

인간이 지성을 쌓게 된다면 삶에 대한 총체적인 질과 양을 높일 수 있다. 우주와 세상을 보는 시야가 넓어지게 되고, 모든 사물을 바르게 볼 수 있는 객관성이 증대되며, 정신적인 삶을 살아갈 수 있게 된다. 우리는 인간으로 살아가기 위하여 우주의 진리를 알고, 삶이 무엇인지 정확히 이해하여야 하며, 이성적으로 윤리와 도덕을 완성시켜야 한다. 최대한 신(神)의 경지에 접근하기 위해서 정신적인 삶을 살아가야 하기 때문이다. 이와 같이 성숙에 이르기 위해서는 지성의 힘으로 더 높은 차원으로 자기를 끌어 올릴 수 있을 것이다.

지성을 쌓는 데 필수적인 사항은 독서와 사색(思索)이다. 위대한 사람이 되기 위해서는 독서는 필수 조건이며, 이를 뒷받침하기 위하여 사색을 함으로써 한 걸음 더 높은 지성으로 발돋움할 수 있게 된다. 랄프 비너의 책『유쾌하고 독한 쇼펜하우어』를 참고하면 "지적인 삶은 지루함뿐만 아니라 그것이 야기하는 해로운 결과들에서도 지켜준다. 그것은 나쁜 친구들과의 교제, 자신의 행복을 전적으로 실제의 삶에서 구할 경우 겪게 되는 많은 위험, 사고, 손실, 낭비 등을 막아준다."라고 말한다.

　지성과는 다르게 어리석음에 대한 경고는 성경에서도 여러 번 등장한다. 지혜의 글(잠 6:1-5)을 참고하면 "내 아들아, 네가 만일 이웃을 위해 담보물을 잡히고 다른 사람의 빚보증을 섰다가 네가 한 말로 함정에 빠졌으면, 이것은 네가 네 이웃에게 걸려든 것이니 너는 이렇게 하여라. 그에게 속히 가서 겸손한 태도로 네가 보증 선 것을 취소시켜 달라고 부탁하여 가능한 한 거기서 빠져나오도록 하라. 너는 그 일을 미루지 말며 그 문제를 해결할 때까지 잠을 자거나 긴장을 풀지 말고 노루가 사냥꾼의 손에서, 새가 그물을 치는 자의 손에서 벗어나는 것처럼 그 함정에서 나오도록 하라."라고 경고한다. 노인이 되었는데도 무지몽매에서 벗어나지 못하고 있다면 어떻게 되겠는가? 풍부한 경험과 지성을 갖추고 있는 노인은 세상만사를 훤히 꿰뚫어 볼 수 있고, 삶이란 것이 어떤 것인지 확실히 알고 있는 것이다.

경륜(經綸)을 쌓아야 한다

인간이 삶을 살아가는 방법은 다양(多樣)하다. 그 다양성만큼이나 무의미하게 살아갈 수도 있다. 인생이란 속도가 아니라 방향이다. 성공적인 삶을 살아가려면 정확한 방향과 목표를 세우고 앞으로 나아가지 않으면 안 된다. 이것이 인생을 성공으로 이끄는 열쇠다.

삶에 있어서 방향을 정확하게 잡는 것이 그렇게 쉬운 일이 아니다. 주변에서 일어나고 있는 일들을 보면 경쟁에서 승리하기 위하여 권보술수가 난무한다. 이러한 가운데 자녀들의 삶에 있어서 올바른 방향을 잡도록 할 수 있는 것은 오직 부모와 스승의 도움 없이는 불가능하다. 부모는 나이가 많아질수록 경륜을 쌓아 자신은 물론이고, 자녀에게도 유익한 삶이 보장되도록 지도와 교육을 아끼지 말아야 한다. 이것이 부모며 노인으로서의 의무감이며 도리인 것이다.

여기서 대두(擡頭)되는 용어가 '경륜(經綸)'이다. 경륜(經綸)이 갖는 사전적인 의미는 '세상을 다스림, 또는 그러한 능력'이다. 경륜이란 어떤 과업을 이룩하기에 알맞은 총체적인 실력이다. 경륜이라는 실질적인 뜻은 잘하고 잘못함, 쉽고 어려움, 좋고 나쁨, 육체적이고 정신적인 것, 내부와 외부를 떠나 모두를 아울러 하는 말이기도 하다. 또한 어떤 부분과 관련성이 적은 것까지 총망라하여 경험을 쌓는 것이다.

경험은 이론적인 지식을 포함하겠지만, 실제적인 삶에 있어서 현장에서 부딪히는 어려운 문제점을 해결하기 위하여 좌충우돌하며 쌓은 노하우(knowhow)다. 이것은 책상 위에서 독서를 통하여 쉽게 얻는 지식과는 차이가 있다.

경륜이란 현장에서 보고 느끼며 생각하고 행동하면서 획득하게 되는 기술과 실력을 오랜 기간 쌓아 와서 얻어 온 결과물이기 때문에, 한 번 습득하고 나면 죽을 때까지 영원히 사라지지 않는다. 몸에 배어 있어서 언제 어디에서나 쉽게 활용할 수 있게 된다. 경륜이란 결코 1~2년 만에 쌓이게 되는 것이 아니다. 어느 한 분야에서 30~40년 이상의 고통과 눈물 없이는 획득할 수 없는 값진 보배며 결실인 셈이다.

인생도 마찬가지다. 젊은 사람이 인생에 대한 경륜을 쌓았다고 말할 수 없다. 노회(老獪)할 정도로 능수능란하게 삶의 기술을 터득하여야만 이를 획득할 수 있는 것이다. 사람마다 특성이 있고 제각기 살아온 과정과 여건이 다르기 때문에 경륜 역시 개별적이고 주관적이다. 그러나 그 방법과 기술로 자신을 무장하여서 그 가치는 이루

말할 수 없이 크다.

　원양어선의 선장(船長)을 상기해 보자. 이는 많은 경륜이 쌓여야만 한다. 선장은 먼 바다에서 조업(操業)을 하기 위하여 항해술은 물론 무술(武術), 의술, 통신, 인간 심리, 천문학 등을 두루 갖추고 있어야 한다. 원양어업이란 강풍을 동반한 바다에서 험한 파도와 사투(死鬪)를 벌이는 작업이다. 서쪽 하늘에서 먹구름이 끝없이 몰려오고, 비바람과 함께 회색 물안개가 짙게 깔려 있어서 하늘과 바다가 온통 하나가 되어 도저히 동서남북의 방향이 구분이 되지 않는 상황이 펼쳐진다. 이러한 가운데에 어부들은 배의 갑판 위에서 뒹굴며 고기잡이 거물을 끌어올려야 한다. 이들은 똥물까지 토해 내며 파도는 물론 밀려오는 눈보라와 싸우게 된다. 그러나 인간의 힘은 한계에 부딪히게 되고 모든 것은 신(神)에게 맡겨야 하는 운명에 놓인다. 여기에서 선장은 생명을 보전하기 위하여 파도를 피하려고 한다면, 오히려 더 위험에 처하여 죽음을 맞이하게 된다. 이러한 순간을 겪으며 선장은 하나둘 바다에서의 경륜이 쌓이게 된다. 인간의 삶 역시 이와 소금도 다르지 않다. 인생도 하나의 높은 파고(波高)를 넘고 나면 또 다른 파고가 몰려오는 연속의 과정이다. 이러한 어려움과 고통은 생명이 있는 한 계속된다.

　노인기에 접어들어 조부모의 입장에서 생각해 보면 아들, 딸, 손자, 손녀가 많을 경우, 편안하고 안정된 삶을 영위하기가 쉽지 않다.

어쩌면 난투극이 벌어지는 전쟁터에서 장군의 임무처럼 지휘와 통솔이 거의 불가능하게 된다. 사실을 알고 보면 더 해결할 수 없는 삶의 아픔들을 맞게 되는 셈이다. 그러한데도 노인은 후손에게 도움을 주지 못하고 이들의 삶에 짐이 된다면 어떻게 되겠는가? 노인은 후손들에게 조금이나마 삶에 보탬이 되어 주고 조언을 할 수 있는 지혜를 갖추어야 한다.

법정스님의 책 『인연이야기』를 참고하면 이러한 글이 나온다. 어느 날 천신(天神)이 바라나-시의 왕궁에 내려와 다음 네 가지 물음에 답하면 왕을 보호하겠지만, 만일 바른 답을 하지 못하면 앞으로 이레 뒤에 왕의 머리를 부수어 일곱 조각을 내리라 하였다. 네 가지 물음이란 "첫째, 어떤 것이 으뜸가는 재산인가? 둘째, 어떤 것이 가장 즐거운 일인가? 셋째, 어떤 맛이 가장 훌륭한가? 넷째, 어떤 것이 가장 오래 사는가?" 하는 것이었다. 그래서 왕은 이 물음에 답하기 위하여 나라 안에 영(令)을 내려 조언(助言)을 구했다.

아무도 알지 못하는데 나이 많은 부친을 고려장 하지 않고 몰래 모시던 어떤 사람이 왕에게 와서 답을 하였다. 이의 내용은 "으뜸가는 재산은 믿음이요, 가장 즐거운 것은 바른 법이요, 가장 맛이 훌륭한 것은 진실한 말이요, 가장 오래 사는 것은 지혜의 수명이다."라고 하였다. 천신에게 답을 하여야 할 왕은 이 말을 듣고 매우 기뻐하였다고 한다. 노인은 인생을 어떻게 살아야 하느냐 하면 앞에서 언급하였듯이, 고려장을 피한 늙은 사람처럼 경륜을 쌓아 지혜를 갖추고 있어야 할 것이다.

경륜을 쌓기 위해서는 다음과 같은 과정이 필요하다.

- 포부를 갖도록 한다. 이를 갖게 됨으로써 의욕이 싹트게 된다.
- 목표를 세워야 한다. 옆길로 나가지 않기 위해서다.
- 전문적인 이론을 익혀야 한다. 과학적이고 체계적인 실력을 갖추기 위해서다.
- 현장에 부딪혀 실무적으로 풍부한 경험을 쌓아야 한다.

이와 같은 과정을 거쳐서 경륜은 나이와 함께 조금씩 쌓이게 되는 것이다.

하나의 예를 더 들어 보기로 하겠다. 남극점 탐험에서 먼저 자기 나라의 국기를 그곳에 꽂기 위해 경쟁을 하였던 노르웨이의 로알드 엥겔브렉트 그라브닝 아문센(Roald Engelbregt Gravning Amundsen)과 영국의 로버트 팰컨 스콧(Robert Falcon Scoot)을 비교해 보자. 최초로 남극점에 도달한 사람은 영국의 스콧이 아닌 노르웨이의 아문센이었다.

아문센

영국의 스콧은 4명의 동행자와 함께 귀로(歸路)에서 악천후로 조난(遭難)을 당해 식량부족과 동상(凍傷)으로 인하여 전원이 죽게 된다. 이에 비하여 아문센이 이끈 원정대는 식량이 부족해도 살 수 있도록 준비하였고, 또 몸이 가벼운 개를 이용해서 썰매를 운행했다. 자신들의 복장은 오랫동안 친분을 쌓고 지내던 북극 원주민들의 조언을 받아 순록 가죽으로 만든 방한복을 준비하여 추위에 철저하게 대비하였다.

여기서 영국의 스콧이 동사(凍死)하여 실패한 원인으로는 남극의 극심하게 돌변하는 기후의 영향과도 무관하지 않을 것이라고도 추측하기도 한다. 문제는 아문센에 비하여 경륜(經綸)을 비롯한 준비 부족이라고 아니할 수 없다.

경륜을 쌓게 되면 지혜가 열리게 되어 일을 처리할 수 있는 능력이 높아지게 된다. 어떤 문제에 대한 정확한 해답을 구할 수 있기 때문이다. 본인이 경륜을 쌓는다는 것은 남이 쌓아 놓은 것을 간접적으로 얻는 것만이 아니고, 본인이 직접 체험으로 그 기술을 연마하여 획득하여야 하기 때문이다. 경륜을 쌓는 과정은 한 사람에게 있어서 그의 인생길이 순조롭고 평탄한 것에서 이루어지는 것이 아니라, 역경(逆境)과 고통 속에서 얻게 된다. 그리고 경륜이란 중간에 뛰어들어 얻어지는 것이 아니고, 처음부터 하나하나 단계적이고 종합적으로 쌓아 가지 않으면 획득할 수 없는 결과물이다.

건전한 자존감을 형성하라

삶이란 상처받는 것이다. 여기서는 육체는 물론 마음의 상처를 말한다. 사춘기는 사랑을 이루지 못한 것과 친구로부터 인정을 받지 못하여 생긴 상처가 대부분이라고 한다. 청·중년기에는 치열한 경쟁의식으로 직장 동료 등과의 갈등에 의한 상처가 많으며, 그 시기 이후에는 물질과 관련하여 이웃과 친척과의 갈등이 문제가 되어 상처를 입게 된다고 한다. 이 외에도 동창생과의 갈등도 무시할 수만은 없는 문제이기도 하다. 여기에는 자존심과 관련하여 모욕감에 따른 상처가 대부분이다.

상처는 쉽게 치유되지 않는다. 서로가 화해하였다고 하여도 앙금은 마음 깊숙이 원형 그대로 남아 있게 된다. 세월이 흘러서 본인이 성장하고 깨우쳐서 마음을 어느 정도 정리하기도 한다. 그러나 상처가 치유된다는 것은 거의 불가능하다.

상처의 속성은 마음속에 묻혀 있던 것이 없어지지 않고 어느 시점 우울하든가 삶이 힘들게 되면, 다시 수면 위로 올라와 본인에게 아픔을 주게 된다. 이러한 상처가 반복적으로 나타나게 된다면 현재의 삶이 이것으로 인하여 더욱더 암울해진다.

상처를 최소화하여 노인기를 맞이하는 것이 바람직한 일이 아닐 수 없다. 상처를 치유한다는 것은 이를 약화시키기 위하여 경쟁력을 키우는 것이라고 보아야 옳을 것이다.

노인기에 이르면 가슴에 억울한 사연들이 점점 더 많이 쌓이게 된다. 아무리 잘 살았다고 해도, 인격자라고 하더라도 수양심이 높지 않다면 삶은 상처받는 것이기 때문이다. 남으로부터 모욕과 멸시를 당한 경우에는 더욱더 그러하다. 아무리 회개하고 반성해도 이것은 쉽게 없어지지 않는다. 인간이란 자기가 저지른 잘못은 잊고 사는 경우가 많은데, 남으로부터 수모(受侮)는 쉽게 잊을 수 없어 회한의 눈물을 흘리게 되는 것이다. 노인기에 이르면 대부분의 사람들이 삶이란 본래 그런 것이라고 치부(置簿)하게 되며, 참고 견디며 그렇게 살아가게 된다.

종교의 경전에 따르면 자신에게 상처를 준 상대를 용서하라고 가르친다. 사실은 가르침이 용서지 이것을 이행(履行)한다는 것은 쉬운 일이 아니며, 거의 불가능하다. 여기서 용서한다는 것은 사(赦)하는 것이 아니고, 그 사실을 잊어버리라는 것이다. 노인기에는 마음에 평화를 얻어야 하기 때문이다. 그러나 아무리 잊으려고 노력해도 가슴에 돌고 도는 것이 마음의 상처다. 이러한 경우는 어쩔 수 없이 아픔과 함께하며 살아가지 않을 수 없다. 이 여파로 인하여 자기가 또 손해를 보게 되겠지만, 하는 수 없이 이 사실을 받아들이지 않으면 안 된다. 한 가지 조언한다면, 자신이 경쟁력을 갖추고 강해져야 하며 자존감을 키워야 한다.

그러고 보면 삶이란 시작부터 끝나는 순간까지 자기 사랑이라는 기반 위에서 성립되어야 한다. 어떠한 일이 있어도 모든 것을 잃는다고 하더라도 자존감을 통한 자기 사랑을 가지는 것이 최우선이다. 자신을 사랑하며 살아야 함은, 이는 곧 자연의 법칙이기도 하다. 올바른 삶은 여기서부터 시작된다.

자신을 사랑하기 위해서는 어떻게 자존감을 갖느냐 하는 것이다. 해답은 자신이 할 수 있는, 능력이 있다고 생각하는 한 분야를 열심히 노력하여 남보다 앞서는 것이다. 이를 발판으로 삼아 자신이 남보다 유능감을 갖게 되면 이것이 자존감이 된다.

그렇게 되기까지 남이 알게 모르게 자신의 능력을 계발할 수 있는 시간과 노력 없이는 불가능하다. 여기에 대한 대가를 치르고 난 후에야 자존감을 획득하게 되는 것이다. 이러나저러나 중요한 결과를 만들어 내기 위해서는 노력이 있어야 함을 명심하여야 한다.

그리고 현재까지 자신을 사랑하지 않고 살아왔다면 이때까지의 삶은 제대로 된 삶이라고 보기 어렵다. 자기의 주체는 자신이다. 자신이라는 것은 어떠한 경우에도 자기 사랑 없이 성립할 수 없다. 자기를 스스로 사랑하여야 정신이 살아나게 된다. 결국 사랑이라는 자양분을 먹고 인간은 생을 유지한다.

인간은 인간인 것이다. 인간 중에는 태어날 때부터 생리 구조 면에서 특별한 인간이 있는 것이 아니다. 똑같은 호모 사피엔스 (Homo sapiens), 즉 인류 그리고 인간이다. 이는 동등한 구조를 가지고 있다.

그러나 자신의 능력을 개발했느냐 아니했느냐 하는 차이는 있게 된다. 문제는 어떻게 자신을 개발하느냐가 중요하다.

인간의 수명이 100세라고 볼 때, 신(神)은 인간 누구에게나 똑같은 시간을 부여하였다. 그동안 자신을 열심히 가꾸고 관리하였다면 주어진 기간 안에 본인을 훌륭한 사람으로 재탄생시킬 수 있었을 것이다. 이러한 점은 어떻게 보면 신(神)의 뜻이라고 생각된다. 그리고 경제적으로나 인격적인 면에서 쌓아야 할 자신의 업적, 즉 사회적인 신분을 한 단계 격상하는 데 있어서도 긴 시간이 주어져야 할 것이다. 이는 대체적으로 오랜 세월이 지나야 사회적인 입지(立志)를 굳힐 수 있게 된다.

노인이 되면 자신의 얼굴에 대한 책임은 본인에게 있다. 왜냐하면 80평생을 살아오는 동안 자신이 행위에 대하여 남들은 그 실적을 평가하고 있기 때문이다. 부모님의 유산(遺産)이 부족하였다고 하더라도 오랜 세월을 살아오면서 스스로 열심히 노력했다면 반드시 그 결과물이 있게 되어 있다. 대부분의 사람들은 젊은 시절 어렵고 구차하게 살아가는 젊은이를 보고 특별히 그들의 능력을 탓하지 않는다. 왜냐하면 아직은 인생을 전부 살지 않았으며, 이에 대한 결과물이 나올 시기가 아니라는 점을 알고 있기 때문이다. 사회는 그렇게 편성되어져서 이들은 한창 세상을 열심히 살아가야만 하는 현재 진행형으로 보기 때문이다. 그러니 마음을 급하게 먹지 말고 바르게 인생을 열심히 살아가지 않으면 안 된다.

중국만을 보더라도 고대(古代)로 올라가면서 유명한 사람들은 평범한 사람이었다. 그러나 그들은 그렇게도 빛나는 업적을 남기고 세상을 떠났다. 그분들의 살아온 발자취를 살펴보면 한결같이 눈물과 함께한 삶이었다는 것을 발견할 수 있다. 그들은 자신들의 능력을 신장시키기 위해서 목표를 세우고 모든 열정을 바쳐 그것에 일생을 투자하였다. 그분들이 자기가 못나고 능력이 없다고 신세타령만 하고 있었다면 인생은 어떻게 되었겠는가? 말할 수 없을 정도로 평범한 생애를 살았을 것이다. 그들은 자신의 뜻을 완수하기 위하여 외길로 살아왔다. 그러한 값진 노력을 자신에게 하지 아니하고 가만히 앉아만 있었다고 한다면 무슨 훌륭한 결과물이 있을 수 있었으며, 또 남으로부터 손성을 받을 수 있었겠는가? 소중한 가치를 획득하기 위해서는 그에 상응한 대가를 치르지 않으면 안 된다.

4장

노인이 추구해야 할 소중한 가치

분수(分數)를 아는 일이다

노인이 함부로 세상만사에 참여한다는 것은 자제해야 한다. 분수를 안다는 것은 자신의 신분(身分), 능력, 때(時機), 운(運)까지도 헤아려서 본인에게 돌아올 불이익을 사전에 차단함에 있다.

성경 열하기왕 6:9에 보면 "하나님의 사람이 이스라엘 왕에게 사람을 보내어 이르되, 이러한 곳으로 지나가지 마소서, 시리아 사람들이 그곳으로 내려왔나이다."라고 이르게 된다. 여기서 시리아 사람들이 이스라엘 왕을 죽이기 위해서 포진하고 있었기 때문이다. 사람이 살아가면서 가야 할 곳과 가지 말아야 할 곳을 잘 선택하는 일은, 결국 사느냐 죽느냐를 가늠하는 일이다.

이 세상이 열리고부터 동서고금을 막론하고 인간이 안전한 삶을 추구하는 방법은 길흉화복(吉凶禍福)에 대한 관심에서부터 출발하여 복(福)을 얻고 화(禍)를 피하는 데 있다.

김홍경의 책 『노자』에서도 "길흉화복(吉凶禍福)을 행위의 결과로 보았으며 운명처럼 작용하는 어떤 보편법칙(命)을 파악하여, 그에 합당하게 행동함으로써 최대한 재앙을 피하려고 하였다."라는 내용이 있다. 여기에서 보면 복(福)을 적극적으로 원하기보다 화(禍)를 피하려고 하였다.

'보편 법칙'은 무엇인가? 인간의 능력으로 이것을 완벽하게 포착할 수 없다는 데에 문제가 있다. 선각자들은 최대한 근신(謹愼)하고 조심하는 태도가 가장 바람직한 삶의 방법임을 제시한다. 이것이 '운명처럼 작용하는 어떤 보편 법칙'에 합당하게 행동하는 것이다.

노인으로서 자신의 삶에 대한 규모를 설정하여 어느 범위 안에서 삶을 살아가야 한다. 사회 활동을 자제한다든지, 과다한 욕심으로 자신의 능력 이상의 일에 참견하지 않는다든지, 성격이 한쪽으로 치우치지 않도록 조심한다든지, 위험한 장소를 피한다든지, 인기에 연연하지 않는다든지, 행동을 조심하여 남에게 피해와 원한(怨恨)을 사지 않도록 한다든지, 이성(異性)과 관련하여 욕정(欲情)을 자제할 수 있어야 하며, 지나치게 욕심에 이끌려 몸과 마음을 함부로 사용하지 말아야 하는 것이다.

이 세상은 현명하고 똑똑하며 지도력이 있고 뛰어난 지략(智略)을 갖춘 사람이 한 분 없어졌다고 하여 특별히 변하지 않으며 후퇴하지도 않는다. 자신의 의견이 반영되지 않는다고 하여 안달할 것이 아니라, 조용히 무대 뒤로 물러나 있는 것이 도리를 지키는 법이다. 노인은 무엇보다도 억지로 무엇을 하겠다는 자기주장보다는 상황에 따라 적절히 처신하는 것이 바람직하다. 공자가 말하고 있듯이 "군자(君子)는 지나치거나(泰) 심(深)하고 사치스럽지 말라"는 말과 상통한다.

사마천의 책 『사기열전』에서도 보면 "무릇 성인(聖人)이란 예의를 만들어 욕심을 누르고, 백성으로부터 세금을 거두는 데도 한도를 두었고, 백성을 부리는 데도 농사철이 아닌 때를 골라 일을 시키는 등 제한을 두었다. 생각은 지나치지 않고 행동은 교만하지 않으며 언제나 도(道)를 지켜 어긋남이 없었다."라는 기록이 있다.

자연의 이치와 인간의 삶 역시 극성기(極盛期)에 이르면 본연의 자리로 돌아오는 것이 우주 자연의 법칙이다. 노인기에 이르면 이제 남은 것은 세상을 떠나야 하기 때문에 젊은 시절에 있었던 욕망은 뒤로하고, 자연의 순리에 따르는 것이 최고의 삶이 되는 것이다.

분수를 안다는 것은 자신이 처한 환경과 운명을 알고, 받아들일 것은 받아들이고, 포기할 것은 포기할 줄 아는 일이다. 여기서 운명(運命)이란 숙명(宿命)처럼 자신이 피할 수 없는 것을 말한다. 분수(分數)를 안다는 것은 어느 일정 부분 포기함과 같은 뜻이기도 하다. 그러면서도 가능성을 타진하여 목표를 정하고 앞으로 정진하여야 한다.

실제적으로 삶의 현장에서 보면 분수를 지키지 않고 과욕(過慾)을 부리다가 불행에 처한 사람을 흔하게 볼 수 있다. 삶에 있어서 분수를 알고 적당한 선에서 멈추는 것은 대단히 중요한 일이다.

화근(禍根)은 분수를 모르고 지나치게 욕심을 부리는 가운데 일어나게 된다. 인간이란 살다 보면 만날 때가 있고 헤어질 때가 있으며, 좋은 일이 있을 때도 있고, 슬픈 일을 당할 때도 있다. 나아갈 때와 물러설 때를 알아야 한다. 모든 것에는 때가 있다. 이것은 삶에 있어서 선택의 문제다. 현명한 사람이란 다른 사람의 실수나 불행을 반면교사(反面教師)로 삼아 자신이 성숙해진다.

분수를 모르고 인생을 살아간다면 이는 성숙해질 수 없다. 호남 지역의 대표적인 한학자로 유명했던 변시연 선생은 일찍이 삼지(三知)의 철학을 강조했다. "삼지(三知)란 지족(知足), 지분(知分), 지지(知止)로서, 이 글자를 풀이하자면 만족할 줄 알고, 분수를 알고, 그만둘 때를 알아야 한다"는 것이다.

보람을 가질 수 있어야 한다

노인기에 접어들어 삶에 대한 보람을 느낄 수 있다면 얼마나 좋으랴만, 실제적으로는 그렇지 않다. 보람을 갖는 것은 젊음을 충실하게 살아서 성공이라도 이루었을 때와 그 후광에 힘입을 때 가능하다. 현재 자신이 하고 있는 일이 본래의 목적대로 잘 진행되고 있어 인생에서 알찬 열매를 맺을 수 있다는 기대와 확신이 있을 때다.

진실한 보람은 젊은 날에 쓰라린 고통을 참아 내고 굳은 신념으로 자신의 삶을 개척한 사람만이 누릴 수 있는 영광이요 보배로움이다. 육체적인 쾌락으로 얻은 즐거움은 곧 소멸하지만, 노력으로 얻은 정신적인 성과물은 영원하다.

노동은 진실이고 정의며, 양심인 동시에 선(善)이다. 노동 뒤에는 아름다운 결실이 있게 된다. 노동의 가치를 아는 사람은 사기(詐欺) 등 범죄를 저지를 확률이 낮다. 정당한 노동에 의한 수확물로 인생을 살아가기 때문이다.

신(神)은 땀의 가치를 헛되게 하지 않으셨다. 이것이 거짓이라면 인류를 비롯한 사회는 현재처럼 번영의 길을 걷지 못하였을 것이다. 보람은 뜻밖에도 엉뚱한 곳에 있는 것이 아니며 행운도 마찬가지다.

인생이란 것에 의미를 부여해 본다면 한 포기의 화초를 연상케 한다. 그들 나름대로 때가 되면 아름다운 꽃을 피우고, 열매를 맺어야 하기 때문이다. 삶이란 각자 자기에게 부과된 책임과 의무가 있게 된다. 이러함 때문에 사람들은 오늘도 삶의 무거운 짐을 지고 오르막길을 힘겹게 오르고 있는 것이다.

먼 길을 완주하여 골인한 것처럼 알찬 열매를 맺었다면 인생이라는 경주에서 안도의 한숨은 쉬어도 된다. 문제는 삶의 여정에서 무엇에 자신을 바쳤느냐다. 인생의 결과물은 두 가지로 요약된다. 하나는 자녀의 양육이며 다른 하나는 자아실현이다. 그중에서 돈은 생(生)의 목표를 이루기 위한 수단으로 벌고 사용되어야 한다.

각자 본인의 삶이 그럴듯하게 외면을 아름답게 포장하고, 진실과 성실이 결여된 삶을 살아간다면 이는 바람직스럽다고 볼 수 없으며, 힘들고 고통이 따르더라도 진실되고 성실하게 살아서 충실한 열매를 거둘 수 있다면, 이것으로 인생은 성공으로 보아야 할 것이다.

한 인간의 생애는 짧고 한정되어 있어서 많은 것을 이루기는 힘들다. 오직 하나를 삶의 과업으로 선정하여 본인의 열정을 여기에 바치지 않으면 안 된다. 노인기에 이르러 자신이 희망하는 것을 이루었다면, 이제는 모든 것을 후손에게 물려주고 가벼운 몸으로 영원히 돌아올 수 없는 머나먼 나라로 떠날 수 있게 될 것이다.

조지 E. 베일런트의 책『행복의 조건』을 보면 "인생을 성공으로 장식한 사람들은 노인기에 이르게 되면 그들은 늙어지면서 느긋해지고 인생의 꽃향기를 맡을 시간과 평화를 얻는다. 일상은 단조로워지고 바꿀 수 없는 상황들은 담담히 수용하게 된다. 불타오르는 본능을 잠재우고 내면의 평화를 향유할 줄 안다. 죽음에 대해 숙고하고 이제는 딱히 특별한 것이 없어진 자신에게 익숙해져야 한다."라고 기술하고 있다.

인간의 삶은 이렇게 진행되는데, 자신이 노인기까지 건강하게 살아왔고 계획이 무난히 이루어져 후회하지 않는다면, 이것만으로도 삶은 찬양받을 일이다. 삶의 과정에서 맡은 바 소임을 어느 정도 이루었으며, 자연의 순리에 따라 살아왔다고 할 수 있기 때문이다. 이제는 세상을 원망하거나 후회해서는 안 되고, 웃으며 하직할 수 있어야 한다. 노인기에 이르러 자신이 할 수 있는 일은 다음 세대들이 행복하게 살 수 있는 여건을 마련해 주는 것이다.

노인으로서 보람을 느끼게 하는 것은 다음과 같은 성과가 있었을 때 가능한 일이다. ① 삶의 어려움을 극복하고 여기까지 살아왔다는 점, ② 자녀들도 그런대로 키웠고 자신의 삶도 크게 후회하지 않는다는 점, ③ 경제적인 자립도 어느 정도 이루었으며 사회에 보람 있는 일도 하였다는 점, ④ 자아실현으로 조그마한 성과를 이루었다는 점 등이다. 자신이 부모로서 사회인으로서 의무와 책임을 완수하였기에 이제 죽어도 여한(餘恨)이 없을 때 가능한 일이다.

마르쿠스 아우렐리우스의 책 『명상록』을 참고하면 "세월이 흘러가면서 생명이 하루하루 닳아 점차 줄어든다고 걱정하기에 앞서 생각해 보아야 할 것이 있다. 가령 어떤 사람의 수명이 연장된다고 하더라도, 그가 과연 사물을 이해하는 데 필요한 시고력과 판단력을 한결같이 유지할 수 있을지, 또 신과 인간의 문제를 이해하는 데 사색 능력을 변함없이 보존할 수 있을지가 문제이다."라는 기록이 있다.

이 말대로라면 중요한 문제는 나이만 먹는다고 좋아할 것이 아니며 노인기 이전에 이미 삶의 문제를 정확하게 이해하고 인식할 수 있는 능력을 완성한 이후라면 늙어도 큰 후회가 없다는 것을 암시하는 대목이다. 왜냐하면 이미 삶을 살아왔고 완성한 이후이기 때문에 자기의 의식이 이러한 현실을 보존하지 못하고 있을지라도 무의식에는 이 문제에 대한 해답이 쌓여 있을 것으로 보기 때문이다.

그러니 젊었을 때 어떤 문제에 대한 정확한 해답을 구할 수 있는 자질을 갖춘 후에 나이가 많아지는 것하고, 아에 젊음의 시기조차 이와 관련된 문제에 대하여 정확한 해답을 구하지도 못한 것하고는 큰 차이가 있게 된다. 결론은, 젊은 시절 삶의 문제를 심(深)도 있게 다루며 살았느냐가 인생에서 중요한 점으로 남게 된다.

순결(純潔)함을 추구하라

인간은 누구나 도덕적인 진위(眞僞), 선악을 판단할 수 있
는 능력은 물론 인류의 영원한 발전을 위하여 자율적 의
지를 가진 존재다. 그럼으로 넓게는 우주원리와 좁게는 자
신의 성품을 알고 인륜이라는 대의(大義)를 따라야 한다.
이것이 바로 한 인간으로서의 자격이 갖추어지는 것이다.

인간의 성품은 어떠한가? 자성(自性)이란 '본래 가지고 있는 진성
(眞性) 혹은 본래의 성질, 준말로서 자성(自性)'이다. 자성(自性)은 우
주에서 유래된 천리(天理), 스스로 영원히 발전적으로 생존하기 위하
여 생명력을 보유한 우주의 천성(天性)이, 인간에게 깃들게 되어 성
품으로 화(化)하게 된 것으로 풀이된다.

동양철학에서는 인간의 본성은 "하늘이 품부(稟賦)하여 준 것이므

로 본성 속에는 이미 천리(天理)가 내재되어 있다"라고 말한다. 불교의 측면에서 자성(自性)은 불(佛)이라는 의미며, 자성존불(自性本佛)로서 본래부터 갖추어 있는 고유한 불성(佛性)을 뜻한다. 자성(自性)이라는 용어에서 성(性)은 성품 성(性), 즉 성질을 나타낸다.

이 세상을 살아가는 주체는 '나(I)'다. 필립 짐바르도의 책『루시퍼 이펙트』[22]에서 보면 "인간의 본성은 선(善)한 쪽으로도 악(惡)한 쪽으로도 변화할 수 있다"는 관점을 견지하고 있다. 여기서 인간의 본성(本性), 자성(自性)은 본래 선(善)하지도 악(惡)하지도 않은 것으로 본다.

살아오면서 생리적으로 기본적인 욕구가 발현됨에 따라 악한 마음, 선한 마음, 미워하는 마음, 좋아하는 마음 등 인간심이 생기게 된다. 인간심에 의하여 본래의 자성(自性)이 채색(彩色)된다는 것에 문제가 있다. 자성(天性)은 그대로 존재하고 있으면서 인성(人性)이 자라

22　루시퍼 이펙트(Lucifer Effect): 여기에서 저자 필립 짐바르도는 악(惡)을 바라보는 두 가지 관점을 선과 악을 이분법으로 보는 관점과 점진적인 것으로 보는 관점으로 나누어 보는 견해를 견지하고 있다. 이를 보면 선과 악의 이분법을 고수하는 것은 또한 '선한 사람'을 책임의 고리에 말려들지 않도록 해 준다. 고문, 테러, 폭력 등을 낳은 조건을 창조하거나, 유지하거나, 조장하거나, 방관했다는 책임에서 벗어날 수 있다. "세상은 원래 그렇게 생겨 먹었고 그걸 바꾸기 위해 할 수 있는 일은 별로 없는 걸, 특히 내가 할 수 있는 일이 뭐가 있겠어?"라는 식으로 말이다. 그와 다른 점은 악을 '점진적인 것'으로 보는 것이다. 이 관점에 의하면 우리 모두 상황에 따라 악을 저지를 수 있다. 사람들은 특정 시점에 특정 속성(예컨대 지능, 자부심, 정직성, 사악함)을 더 많이 가질 수도 있고, 더 적게 가질 수도 있다. 인간의 본성은 선한 쪽으로도, 악한 쪽으로도 변화할 수 있다. 점진주의적 관점은 경험이나 집중적인 연습, 특별한 기회 부여와 같은 외부의 개입을 통해서 개인이 새로운 자질을 획득할 수 있다고 본다. 다시 말해서 유전적 구성, 가족의 유산과 관계없이 선해지거나 악해지도록 학습될 수 있다는 것이다.

게 됨에 따라, 자성은 인간심의 밑바닥으로 침잠(沈潛)하게 되는 것으로 생각된다. 인간심이 발현되는 과정을 보면 육체에서 유래된 동물적 본능과 우주에서 유래되었다고 보는 이성(Logos)을 함께 공유하게 된다. 물론 자성과 인간심의 구별이 쉽지 않으며 동일한 측면으로도 볼 수도 있을 것이다.

의식(意識)은 이성(理性)을 싹트게 하며 이성은 분별과 사리 판단을 중심으로 발달하게 된다. 이성은 동물적 본능이 발현되는 시기에 더욱더 자신의 의무를 다하려고 노력한다. 이는 욕망심을 저지(沮止)하고 인간으로서의 동물적 본능의 발현을 통제하며 도덕적인 의무를 수행하도록 우주의 천리(天理), 즉 천성을 발동하게 한다. 이러한 성질을 가진 절대자로서의 의지 발현이 만물의 영장인 구실을 하도록 인간에게만 주어진 이성(理性)의 역할이다.

이성은 인간의 본능인 욕망심을 억제하여 우주 자연의 뜻에 따라 만물이 번성하며 질서 있게 존재하도록 한다. 이와 같은 원리에 입각하여 볼 때 문제는 성장하는 자녀가 언제 어디에서나 자성(自性)과 인간심(욕망심)을 구분할 줄 알고, 때로는 인간심에 좌우될 수도 있지만, 곧 자성으로 돌아와 이를 바탕으로 삶을 영위하며 살아갈 때 올바른 인간으로서의 구실을 다하게 된다. 어릴 때부터 자녀에게 부모가 그 의미를 일깨워 주는 것이 바람직하다. 아마도 이 본래의 성품, 즉 자성(自性)을 보통(普通) 사람들은 흔히들 양심(良心)이라고 부르기도 한다.

나는 여기서 자성(自性)과 양심(良心)을 구분하고자 한다(다만 본인 입장과 다른 견해도 있을 수 있음). 자성은 태어날 때 가지고 온 본성으로서 자연심을 말하며, 이 자연심은 선하지도 악하지도 않은 마음이다. 그러나 양심은 인간심 속에 선함도 있고 악함도 있는데, 그중 선량한 마음이다. 양심은 자성이 아니라 인간심 중 선함이다. 이 양심(良心)은 곧바로 악심(惡心)으로 변할 수 있는 가변성을 보유하고 있다. 그런데 왜 일반적인 사람들이 부르는 양심이 그렇게 중요하냐 하면, 이것으로 인간은 최고의 가치를 반영하며 삶을 실현하여야 하기 때문이다.

필립 짐바르도의 책 『루시퍼 이펙트』 중 스탠퍼드대학교의 모의 교도소에서 연구한 '실험의 가치'라는 장(章)에는 "어떻게 사람들이 그토록 신속하고 철저하게 변화할 수 있는지? 특히 상황적 힘과 시스템의 힘이 제각기 나란히 작용하여 인간 본성이라는 과일을 상(傷)하게 만드는 과정에 주목했다."라는 내용이 나온다. 여기에서 보면 인간이란 익명성이 보장되고 공적(公的)이라는 명목으로 탈개인화되든지, 아니면 어떤 주변의 상황적 논리와 시스템의 힘이 작용하게 되면 양심은 신속하고 철저하게 악심(惡心)으로 변하게 된다는 것에 주목하지 않으면 안 된다.

또한 새뮤얼 스마일스의 책 『자조론 인격론』에서도 보면 "사람이 자기 자신을 높이고 더 나은 삶을 살아가기 위해 힘쓰는 것은 틀림없이 존경할 만한 일이지만, 그것이 인간성을 희생시켜 가면서 이루어져서는 안 된다."라고 기술하고 있다(여기서 인간성은 자성(自性)을 말하는 것으로 풀이된다). 그러니 하늘이 품부한 본래의 성품, 즉 자성을 인간 욕망심으로 오염시키는 것은 바람직하지 않다는 말씀이다.

인간이 세상을 살아가면서 자성(自性)의 뜻, 즉 본래의 의미를 아는 일은 중요한 일이다. 자성(自性)이란 삶과 죽음의 문제를 초월한 자연에서 유래한 순수성(純粹性), 그 자체가 우리의 본성이라는 점이다. 결국은 이 자성을 그대로 보존하며 살다가 이 세상을 떠날 때도 이 상태로 종결되는 것이 바람직하다.

이 자성을 보존하기 위하여 인간 세상에서 삶을 영위하는 동안 동물적 본능에 지나치게 매몰되는 것보다는 영적(靈的)인 삶을 살아가며, 본래 타고난 진성(眞性)인 자연심을 찾고 지속적으로 보존하여야 한다. 이러한 마음이 자기의 정체성(正體性)과 연결되고 인생관에 영향을 주어 생존을 영위할 때, 이것이 대자연, 곧 천지신명(天地神明)의 뜻과 합일(合一)을 이루며 살아가는 것이 되어 곧 후에 있게 되는 좋은 죽음과 연관된다. 이러함이 최고의 경지, 즉 도덕의 높은 수준에 이르게 되는 것이며, 이게 곧 자기완성이다.

삶의 형태가 여기에서 두 가지로 나뉘는데, 첫째는 인간의 본성(本性), 자성에 삶의 바탕을 두고 이를 중심축으로 삶을 살아가는 형태다. 이것은 도덕심에 바탕을 두고 이 영역에서 멀리 떨어지지 않는 삶의 형태라고 말할 수 있다. 둘째는 본성, 즉 자성은 성장과 동시에 인간심 아래로 침잠(沈潛)하게 되고, 오로지 인간심을 중심축으로 살아가는 삶의 형태다. 인간이면 인간성에 바탕을 두고 살아가는 것이 당연한 이치라고 생각할 수 있다. 인간성에 바탕을 두고 살아가는 것을 무조건 나쁘다고 할 수 없다. 그러나 만약에 우리의 자녀가 인간 본래의 타고난 성품, 즉 자성을 잃어버리고 인간심을 본래 타고난 성품으로 오인(誤認)했을 경우, 사회악(社會惡)에 쉽게 물들게 된다는 논리가 적용된다. 이 점은 교육적인 측면에서 대단히 중요하다. 왜냐하면 선(善)의 문제와 악(惡)의 문제로 분리되는 삶이 이것에서부터 시작하기 때문이다. 여기에서 둘째의 삶은 죽음에 이르게 되었을 때 신(神)의 의도에 거역하게 되는 셈이다. 그래서 현재 만연하고 있는 사회악, 즉 인류가 무너져 가는 형태의 사회 구조는 후자의 삶을 살아가는 사람들 중에서 흔히 나타나는 현상이다. 그렇다면 전자의 삶의 형태는 어떠한 것인가? 본성, 즉 자성이라고 할 수 있는 도덕심에 바탕을 두고 살아가는 것이다.

노인은 어떠한 마음의 상태를 유지하는 것이 올바른 삶의 형태인가? 깨끗하고 순수하며, 소박함을 견지하여야 한다.

첫째, 깨끗함이다. 노인이 되어서 자존감 등이 더럽혀져서는 안 된다는 것에 주목하여야 한다. 왕국건설 1(12:3) 사무엘의 고별사에서 "지금 내가 여호와 앞과 그의 택한 왕 앞에 섰으니 내가 잘못한 것이 있으면 말해 보십시오. 내가 누구의 소나 나귀를 뺏은 일이 있습니까? 여러분을 속이거나 못살게 군 일이 있습니까? 뇌물을 받은 적이 있습니까? 내가 잘못한 것이 있으면 무엇이든지 말하십시오. 그러면 모든 것을 갚아드리겠습니다."라는 구절이 나온다. 이 말은 내가 깨끗하지 못한 것이 있느냐고 백성에게 묻는 것이다. 이 점이 깨끗함을 상징한다. 현대 사회에서는 성적(性的)으로 불결한 행위를 한다든지 돈과 관련하여 신망을 잃어서는 안 된다. 깨끗함은 행복과 연결된다. 신약 마태가 기록한 기쁜 소식 5:8을 참고하면 "마음이 깨끗한 사람들은 행복하다. 그들은 하나님을 볼 것이다."라고 기록하고 있다. 영(靈)이 잡념으로 흐리게 되면 우주의 신비로움은 물론, 마음의 신명함도 보지 못한다. 영이 깨끗하다면 온통 마음이 우주로 통하게 되어 그 신비로움을 체득할 수 있을 것이다. 그것은 하나님을 볼 수 있게 되고 자신도 행복해질 수 있을 것이기에 노인은 마음이 깨끗함을 유지하여야 한다.

둘째, 순수(純粹)함이다. 순(純)은 잡물이 섞이지 않음을 말한다. 수(粹)는 순수할 수다. 순수함은 성질 면에서 물리적인 것보다는 화학적인 것에 더 가깝다고 할 수 있다. 예를 든다면 순수한 물, 순수한 금과 같은 것을 두고 말하는 것이다. 순수함은 사람 같으면 마음이나 생각이 어린이처럼 야심(野心)이나 욕심 그리고 미움이나 좋음 등이 없는 상태, 즉 천진난만(天眞爛漫)함을 일컫는다. 이것은 마음이나 생각이 태어나면서부터 갖게 되는 자연 그대로의 상태라고 할 수 있다. 세상의 인심에 물들지 않은 순수한 마음의 상태를 말하는 것이다. 이 순수함은 곧 무엇으로도 변해야만 하는 운명, 즉 가변성을 지니고 있다. 순수한 상태를 유지하기 힘들고 곧 변하기가 쉬운 일이기 때문이다. 그래서 변하지 않은 상태로 순수함을 유지한다는 것은 무엇과도 바꿀 수 없는 가치 있는 일이다.

셋째, 소박(素朴)함이다. 소박하다는 것은 '꾸밈이나 거짓이 없이 수수하다'라는 뜻이다. 소박함이란 거짓으로 꾸미지는 않았는데도, 나쁘거나 부족하지 않은 상태를 말한다. 환경이나 어떠한 사정(事情)에 자연스럽게 어울리는 분수나 품위다. 소박함은 꾸밈이 없으면서도 격(格)에 틀리지 않은 상태다.

유사(有史) 이래로 영적 지도자들은 명예, 권력, 돈, 영광을 누리고 삶을 살아온 것이 아니라 깨끗하고 순수하며 소박하게 살아왔다. 그러면서도 중생을 구제하고 인류의 영원한 발전을 위해 노력한 사람들이다.

이 세상의 부귀(富貴)와 영화(榮華)는 어떠한가? 부귀(富貴)의 사전적인 뜻은 '재산이 많고 지위가 높은 것'이다. 영화(榮華)의 사전적인 뜻은 '몸이 귀하게 되어 이름이 세상에 빛남'이다. 세속적으로 사람이 원하는 것은 부귀와 영화가 아닌가 하고 생각해 본다. 보통 사람들은 부귀와 영화를 누리는 사람을 행복하고 영광스러운 삶이라고 부러워한다. 이것을 쉽게 얻기 힘들기 때문이다. 태어날 때 복(福)을 타고 태어나야만 이러한 경지에 이를 수 있는 것이다. 전통 사회 역시 부귀와 영화를 원했다고 하더라도 특수한 권력층에 소속된 사람들이 이러함을 누릴 수 있었고, 일반 사람들은 희망 사항에 불과했을 정도다. 지금 세상에서는 부귀와 영화에만 집착하는 것은 바람직한 삶이라고 보기 어렵다. 과거 선조들이 못 살았던 사회에서는 세상이 복잡하지도, 삶이 다양하지 않았으며, 일반 시민들은 가난하게 살았다. 그러한 세상에서는 부귀와 영화가 최고의 부러움이며, 인간의 염원(念願)이었다. 지금도 이러한 사람이, 부럽게 느껴지기도 하겠지만 진심 어린 마음으로 존경하지는 않을 것이다. 영적인 삶을 추구하는 사람에게는 더욱더 그러하다.

지금은 옛날처럼 못사는 사람들은 거의 없으며, 보편적으로 잘살고 있는 형편이다. 현재는 신분의 차이가 없는 것은 아니지만 평등한 사회가 되어서 특권층이 많지 않다. 법 앞에 누구나 평등하다. 옛날처럼 못 먹고 못살 때에 부귀와 영화가 최고의 가치였지만, 지금은 누구나 잘 먹고 잘살며 인권이 동등한 사회다. 현대 사회에서는 부귀와 영화보다는, 오히려 청렴하고 도덕적이며 인품을 갖춘 사람이 남으로부터 존경과 찬사를 많이 받는 편이다.

미국의 코네티컷주 밀퍼트 종합병원 정신건강 진료센터의 책임자인 스캇 펙 박사의 소설『저 하늘에서도 이 땅에서처럼』을 참고하면 "죽어서 하늘나라에 간 주인공 다니엘은 자신보다 먼저 죽은 아들 티미를 만난다. 하늘나라에서 멘토가 되어 나타난 아들 티미에게 아버지 다니엘은 지혜를 구한다. 그러자 티미는 하늘나라에 잘 적응하기 위한 세 가지 조언을 해준다. 첫째 서두르지 마라. 둘째 사물을 통제하려고 하지 마라. 셋째 순수한 마음을 가져라."이다.『저 하늘에서도 이 땅에서처럼』이라는 제목이 의미하는 바와 같이, 세 가지 조건은 이 땅에서도 올바르게 살기 위한 중요한 요소들이다. 그중에서도 마음에 남는 것은 "순수한 마음"을 견지하는 것이다.

왜 순수한 마음이 이 땅에서도 그렇게 중요한가? 사마천의 책『사기열전』에서 보면 옛날 중국의 역사적 특질은 독재 군주사회에서 지배층 사이에 벌어진 격렬한 암투다. 고대 중국을 다스린 역대 황제는 209명 정도인데, 이 가운데 63명이 자살하거나 암살당했다는 통계 자료가 있다. 궁궐 안에서 있었던 투쟁이나 왕조의 쇠망으로 인해 살해되고 멸망한 황자(皇子)나 황손(皇孫)의 수(數)는 이보다 훨씬 더 많을 것으로 본다.

옛날이나 지금 세상에서나 청렴하고 도덕적으로 살아가는 것이 중요한 삶이다. 특히 현시대에서 순결함의 가치가 더욱더 돋보인다. 순결(純潔)함의 뜻은 '마음이 순수하고 깨끗한 상태'다. 그야말로 마음이 순수하고 깨끗한 상태, 즉 순결함이 인간으로서 지녀야 할 최고의 덕목(德目)인 것이다. 작금에는 부귀와 영화보다는 순결함을 유지함이 더 높은 가치일 것이다.

낭만(浪漫)과 멋을 지녀라

노인이 낭만과 함께하려면 여유로운 마음으로 살아가지 않으면 안 된다. 노인은 외롭고 슬프며 우울하기조차 한데, 낭만이란 말이 멀리 있고 환상적인 것같이 느껴지기도 한다. 그러나 욕심을 부린다면 노인에게 소중한 가치란 아름다움은 물론 낭만을 빼놓을 수 없을 것이다. 낭만(浪漫)이란 사전적인 내용을 보면 '현실보다는 공상(空想)의 세계를 즐기며 매우 정서적·이상적으로 인생을 대하는 일'로 되어 있다. 오직 본인이 바라는 것은 자신이 희망하며 소유하고 싶은 꿈을 정서적·이상적인 측면에서 살아가려고 하는 열망의 표현으로 받아들였으면 한다. 보편적으로 낭만 하면 젊은이들의 소유물인 것처럼 생각할 수 있을지 모르지만, 이러한 것은 잘못된 관념이 아닐 수 없다. 인생이라는 삶의 과정에서 노인기에 꼭 이루어야 할 과업이 낭만을 갖는 것이라고 생각한다. 노인에게 있어서 중요한 생활의 일면을 꼭 주워서 담고 그것을 펼치기 위해서는, 그리고 결핍에서 오는 정서를 만회하기 위해서는 응당 필요한 것이 낭만이 아닐까 생각한다. 오히려 가치적인 측면에서 볼 때 낭만이 젊은이보다도 노인에게 더 필요하다고 느껴진다.

낭만은 한편으로 보면 멋을 지님과 비슷한 성질을 띤다고 보면 될 것이다. 낭만이란 정신적 아름다움인 동시에 고귀함이다. 그 어떤 비겁함이나 더러움, 천한 것에 매몰되지 않고, 자신의 천진(天眞)함은 물론 고결함을 향유하는 정신이다. 다만 낭만과 같은 값진 정신을 지니려고 한다면, 이는 지성이 함께해야 할 것이다. 낭만을 언제나 소유할 수 있다면 인생은 슬프거나 우울한 길로 빠져들기보다는 꿈과 희망으로 인생을 아름답게 살아갈 수 있을 것으로 본다. 그렇다고 낭만을 허황(虛荒)하고 무모(無謀)하게 추구하여서는 안 된다. 어떠한 한계(限界)나 금기 사항을 명확히 규정해 놓고 맑은 정신으로 어김없이 이를 지키는 가운데 조심스럽게 보람과 즐거움을 찾을 수 있는 낭만을 향유할 수 있어야 할 것이다.

낭만과 함께해야 할 것이 멋이다. 멋이란 '사물의 생김새가 사람의 눈길을 끌만큼 세련되거나 잘 어울려 조화로운 상태 또는 그러한 조화 속에 약간의 변화를 더한 상태'이다. 멋 역시 낭만처럼 아름다운 정신에서 생겨나는 것이다. 품위와 인격 없이는 옳은 멋을 낼 수도 지닐 수도 없다. 이는 천함이나 더러움, 비도덕적인 행위와는 같이하지 않는다. 어떻게 보면 인류의 보편적인 가치를 넘어서게 되는 듯 보이지만, 그 한계를 넘지 않고 굳게 지키는 것이 멋이다. 낭만도 이와 다르지 않다. 낭만과 멋이 좋은 이유는 남을 해치지 않고 자신이 홀로 즐기며 살아갈 수 있다는 데에 의미가 주어진다. 그러면서도 쓸쓸하거나 외롭지 않으며 의기소침하지도 않는다. 언제나 홀로 있어도 아름다움과 즐거움, 희망을 안고 살아가게 된다. 이것이 낭만과 멋이 지닌 가치다. 낭만을 가진다고 하여 비현실적으로 허황되게 도취된 삶을 살아가라고 하는 것은 전혀 아니다. 이 점은 대단히 심각하게 받아들여야 하는 문제기 때문이다.

고사성어에 보면 '장수선무(長袖善舞)'라는 용어가 있다. 이 말의 뜻은 소매가 길면 춤도 예쁘다는 의미다. 외모, 말씨, 이미지로 얼마든지 아름답게 포장할 수 있다는 말과 같다.

노인이 귀담아들어서 자신의 추한 모습을 아름답게 꾸며야 하는 좋은 경고의 말로 받아들여야 할 것이다. 노인이 추하니 꾸미는 것은 당연한 이치다. 내용도 중요하지만, 그러할수록 형식도 중요하다는 것과 일맥상통한다. 늙어서는 멋으로써 외모를 아름답게 꾸미는 일에 자신을 투자해야 한다. 그리고 낭만으로써 마음의 우울함을 달랠 수 있어야 한다. 이것이 아름다움이며 즐거움이고 멋이며 낭만이다.

또한 늙음이 아름다워지려면 성숙한 방어 기제를 사용하는 데 익숙해져야 한다. 성숙한 방어 기제란? '일상생활에서 소소하게 불쾌한 상황에 부딪히더라도 심각한 상황으로 몰고 가는 일 없이 긍정적으로 전환할 수 있는 능력'이다.

어느 연구 집단의 조사 내용을 보면, 노년에 행복하고 건강하게 살아가는 사람의 대부분은 성숙한 방어 기제를 사용하는 것으로 나타났다. 이에 반하여 불행하고 병약하게 삶을 살아가는 사람들에게서는 성숙한 방어 기제를 사용하는 예는 드물다고 말한다.

성숙한 방어 기제를 사용하려면 어떻게 해야 하는가? 어떤 불쾌한 일을 당할 때 곧바로 상대방 입장에 서서 이타적 행동을 보이거나, 불쾌함 속에서도 아름다운 예술적 형태를 찾는다거나, 불쾌하고 더러운 오물 속에서 아름다운 황금을 찾는 방식으로 웃음을 창조할 수 있는 형태를 말하는 것이다. 이렇게 삶을 살아가면서 노인은 분노와 모욕감을 자비와 온유로 변화시킬 수 있다. 이 문제는 별것 아닌 것 같지만, 아름다운 삶을 위해서 반드시 필요한 삶의 기술이다.

그리고 늙음이 아름다워지려면 내면이 순화되어야 함이다. 이렇게 되려면 미덕을 갖추어야 한다. 새뮤얼 스마일스의 책 『자조론 인격론』을 참고하면 미덕이란 "겸손함, 온유함, 인내심, 인자(仁慈)함, 정중함, 명랑함, 친절함, 동정심, 소박함, 성실함, 용서하는 마음" 등이다. 여기서 우리가 실행에 옮기기 쉽지 않은 것이 정중함과 소박함이다. 정중(鄭重)함이란 '말이나 행동이 공손하거나 예의 바르고 삼가는 상태에 있다'는 것이다. 정중하게 행동하다 보면 온유함이 부족해 보일까 두려운 대목이기도 하다. 온유함과 정중함을 잘 헤아리지 못하면 온유함이 부족한 상태로 표현될 수도 있다. 그리고 소박(素朴)함이란 '꾸밈이나 거짓이 없이 수수하다'는 것이다. 이 소박함이 잘못 표현되면 천(賤)하게 보일 수도 있는 것이다. 노인의 인격 문제는 남에게 잘못 비추어질 수 있기 때문에 조심하지 않으면 안 된다. 이와 같이 좋은 인격이 습관화되어 몸에 배어 있어야 늙음은 아름다울 수 있다. 특히 소박함은 사치와 가면을 없앨 수 있는 가장 소중한 덕목이다. 늙어서 사치와 가면을 멀리하기 위해서는 소박함을 유지해야 하는데, 여기에는 반드시 순수함과 청결함을 함께 하여야 한다.

차분히 생각해 보아라. 나이가 많아 노인이 되었는데도 자신을 소중하게 관리하지 못하고 버려지듯이 내팽개치고 있다면 어떻게 되겠는가? 이는 분명히 성공적인 노화는 아닌 것이다. 모든 것을 제외하더라도 자신의 몸과 마음은 소중히 보존하고 관리하지 않으면 안 된다. 이 세상 마무리를 잘하기 위해서는 자신의 몸과 마음만이라도 아름답게 지키고 보존하는 것이 노인으로서 자격을 갖추는 것이기 때문이다.

긍정적인 자세를 견지하라

사람마다 세상을 보는 눈은 천차만별이다. 그러한 차이는 개인에 따라 생각이 다르다는 데에서 연유된다. 세상을 긍정적으로 보느냐 부정적으로 보느냐는 종국에 가서는 만회(挽回)할 수 없는 길로 들어서고 만다.

부정적(不正的)인 시각이란 어떠함인가? 부정(不正)이란 '행동이나 일이 올바르지 못하거나 정당하지 않은 상태'를 말한다. 자신이 내외부적으로 사물이나 타인의 행동에 대하여 참모습 그대로 보지 않고 바르지 못한 상태로 보는 경우다. 긍정적이란 '좋은 방향으로 그러하다고 생각하여 인정하는 일'이다. 어떤 분이 설령 일시적으로 나쁜 행동을 했더라도 '그 사람은 그러한 사람이 아니다'라고 좋게 바라보는 시각이다. 마냥 긍정적인 시각을 유지하라는 것은 아니다. 부정적인 생각을 긍정적인 생각으로 바꾸어서 어두움에서 밝음으로 나아가야 하기 때문이다.

'감정(感情)은 의지(意志)의 시녀(侍女)다' 라는 말이 있다. 이 말은 의지는 감정을 지배할 수 있다는 의미다. 정신병을 유발하는 것은 비현실적이고 자멸적이라는 생각이 원인이라고 전문가는 말한다. 이것은 곧 부정적인 감정이기도 하다. 이러한 것을 긍정적인 감정으로 변화시키는 것이 정신병을 치유하는 길이다. 인간은 누구에게나 부정적인 감정이 생겨나게 되어 있다. 이것을 막을 수는 없다. 단지 부정적인 감정을 자신의 의지로 긍정적인 방향으로 바꾸는 것은 가능하다. 이것은 지성의 힘으로 훈련이 필요하기도 하다. 긍정적인 감정을 갖게 하는 방법이 독서를 하는 것과 좋은 인간관계를 맺는 것이다.

왜 부정적인 시각을 갖게 되는가? 저마다 욕심을 버리지 못하고 욕구를 충족하기 위하여 삶을 추구하는데, 이것이 이루어지지 않을 때에는 불만이 생기게 된다. 이 불만을 자신의 마음에 차곡차곡 쌓아 두면 그것이 부정적인 응어리가 되어 세상을 올바르게 보지 못하게 된다. 또한 지식과 인격이 부족하고 성격이 편협한 상태일 때 부정적인 시각을 갖게 된다. 부정적인 말이나 생각을 하게 되면 세상을 바르게 보지 못하여 정확한 판단이 어려워진다. 뿐만 아니라 자신의 성격이 삐뚤어져 인간관계도 원만하게 이루어질 수 없다. 그렇게 되면 세상을 살아가면서 외연을 확장하지 못하고 입지가 좁아짐은 물론, 삶이 피어나지 못하고 미래가 어두워진다.

인간이 세상을 살아간다는 것은 어떻게 보면 경쟁하는 것과 다르지 않다. 자신이 경쟁에서 성공하지 못한 경우, 즉 앞서가는 사람을 이기지 못하게 되면 본인의 능력 부족을 인정해야 할 텐데, 그러하지 않고 다른 이유를 들어 앞서가는 사람을 끌어내리려고 하는 마음이 있게 된다. 여기서부터 부정적인 시각을 만들어 내기도 한다. 또 다른 심각한 문제는 한 사람이 자라 오는 과정에서 그리고 성인인 된 이후에도 남으로부터 무시와 냉대, 비난을 받게 되는 경우에 부정적인 마음이 싹트게 되는 것이다.

부정적인 생각을 긍정적인 것으로 바뀌게 하려면 불교에서 말하는 팔정도(八正道)의 한 사람이 되어야 한다. 여기서 본인이 강조하고 싶은 것은 팔정도 중에서 정사유(正思惟)다. 이것은 '사제(四諦)[23]의 이치를 추구(推究) 및 고찰(考察)하고 지혜를 항상 갖추는 일이다', 팔정도를 깨닫게 됨으로써 지혜를 얻게 되면 모든 사물과 일, 사람을 부정적으로 보지 않고 긍정적으로 볼 수 있다. 그렇게 됨으로써 자신이 안정되고 깨끗해지며 평화롭고 감사한 마음이 생기게 된다.

또한 성경에서 보면 부정적인 것을 긍정적인 시각으로 바꾸는 것으로 다음과 같이 가르치고 있다.

---

23 사제(四諦)란 불교에서 말하는 영원히 변하지 않는 네 가지 진리를 말한다. 이는 위에서 언급한 정사유(正思惟)를 하기 위한 것으로 곧, 고제(苦諦: 현세에서의 삶은 곧 고통이라고 하는 진리)·집제(集諦: 고통의 원인은 애집(愛執)이라는 진리)·멸제(滅諦: 열반(涅槃)의 경지를 이상(理想)으로 하는 진리)·도제(道諦: 열반(涅槃)에 이르는 길)를 말한다.

- 근심하지 말고 기도하라

- 낙담하지 말고 소망을 가져라

- 두려워하지 말고 담대하라

- 원망하지 말고 범사에 감사하라

- 저주하지 말고 축복하라

- 악(惡)한 말을 하지 말고 선(善)한 말을 하라

- 거짓말하지 말고 진실을 말하라

앞에서 기술한 가르침을 실천하면 긍정적인 시각을 갖게 된다는 것이다.

어느 노래의 가사처럼 '이대로가 좋다'라고 느껴질 때다. 다른 한 편으로 생각할 때는 '그 사람은 그 사람대로 잘 살아가라. 나는 나대로 현재와 같이 살아가겠다'라고 생각하는 확실한 주관이 세워져야 한다. 이러한 때 부정적인 생각에서 긍정적인 마음으로 변화될 것이다. 자신의 꿈을 키우는 사람은 세상을 부정적으로 보지 않는다. 오직 중요한 것은 자신의 꿈을 키우는 일이다.

노인은 자유로워야 한다

자유하면 마음에 떠오르는 것이 벅차기도 하고 두렵기도 하다. 그 함의(含意)가 넓고 깊기 때문이 아닌가 생각이 든다. 그런데도 외면할 수도 없는 것이 또한 자유다. 인간에게 자유는 그냥 주어지는 것이 아니다. 자유(自由)의 뜻은 '무엇에 얽매이지 않고 자기 마음대로 행동하는 일, 또는 그러한 상태'다. 남에게 피해를 주지 않는 범위에서 자기 통제력이 있는 사람에게 자유라는 자격이 주어진다. 도덕 정신으로 내부 규정을 정하여 선(善)함을 유지할 수 있는 상태에 있어야 한다. 어려운 세상살이를 참고 견디면서 성숙한 사람의 반열에 들 수 있을 때, 신(神)이 인간에게 부여한 참자유를 얻을 수 있으며 또 누릴 수 있다.

왜 인간에게 자유가 소중하냐 하면 신은 인간에게 옳게 살아가도록 도덕이라는 양심을 주었다. 자유는 구속에서 해방됨이 아니라,

스스로 도덕 법칙을 준수하는 일이다. 자유에는 반드시 선과 악을 선택할 수 있도록 하는 의무 사항이 존재한다. 인간은 여기에서 착하고 옳음을 선택할 때 자유를 누릴 수 있게 된다. 인간에게 있어서 자유는 행복의 충족 조건인 것이다.

생명을 가진 온갖 동식물들과 마찬가지로, 인간 역시 적응하지 못하면 이 세상에서 도태된다. 이 점은 인간도 동식물과 조금도 다르지 않다. 세상에 적응하려면 순간순간 상황에 따라 변화해야 한다. 인간의 심리 상태는 자신의 욕구를 충족하기 위하여 행동하도록 하는데, 그 과정은 복잡하고 미묘하게 이루어진다. 이것만큼 변덕스러우며 까다로운 것도 없다. 인간은 저마다 자신의 욕구를 충족하기 위해 오늘도 분주하게 움직인다. 인간의 마음은 한시도 가만히 머물지 못하고 외부로 향한다.

인간은 계절적으로 자연의 감각을 마음껏 즐겨야 한다.

꽃이 피고 새가 울며 시냇물이 흐르는 계절은 물론, 낙엽이 지는가 하면 눈이 오는 계절을 마음껏 즐기면서 살아가야 하는 것이다. 하늘을 나는 기러기를 보면서, 달려오는 자동차의 경적 소리를 들으면서, 유치원 어린이들이 병아리처럼 노란 색깔의 옷을 입고 소풍을 가는 모습을 보면서 거리에서 흘러나오는 잔잔한 음악 소리를 듣고 커피 향기를 맡으면서 외부와 교류를 하며 살아가게 된다. 어떻게 보면 이것이 자유로운 삶이기도 하다.

삶에 영향을 미치게 하는 것은 마음이다. 노인기는 자신이 원하는 것을 마음껏 향유하며 자유로워야 한다. 노인은 남의 간섭이나 일에 제약을 받아서는 안 된다. 그럼에도 삶이란 자신의 뜻과 상반되게 흘러가고, 도저히 해결할 수 없는 일도 닥쳐올 수 있다는 것을 예상하면서 노인기의 삶은 그렇게 맞이하고 보내게 된다.

자유 하면 그 속에 많은 의미가 함축되어 있기도 하다. 세상 사람들이 자유라고 말하면 남에게 구속받거나 무엇에 얽매이지 않고 자기 마음대로 하는 것을 말한다. 남에게 피해를 주거나 사회에 지탄받는 행동은 하지 않는 범위 내에서 마음대로 하는 것이다. 여기서 우리가 주목해야 하는 점은 노인에게 있어서 자유의 범주는 질과 양적인 면에서 일반적인 것과 다르게 다가온다. 실제적으로 죽음을 앞두고 있는 노인으로서 얼마 있지 않으면 자신의 영(靈)은 우주와 합일을 이루어야 하는 순간에 놓여 있기 때문이다.

노인이 누려야 할 자유는 어떠한가? 앞에서 세상 사람들이 누리는 자유와는 차이가 있게 된다. 내부적으로 양심의 문제까지 포함하지 않을 수 없는 문제다. 조금이라도 양심이 허락하지 않는 자유는 누려서는 안 되며, 한 점 부끄러움이 없도록 살아야 한다. 예를 든다면 불교경전이나 성경 그리고 유교의 가르침 내에서 계율을 지키고 예의(禮儀)를 바르게 하여 남에게 피해를 주지 않는 범위를 넘어 자신의 양심에 한 점 가책을 받지 않고 부끄러움이 없도록 자유를 누려야 하는 것이다. 결국 우주(하나님)의 규칙과 질서를 따라야 함을 의미한다. 이것이 우주 자연의 측면에서 보는 자유인 동시에 선(善)이다.

인간은 태어나면서부터 자유롭게 살아갈 수 있는 권리를 누구나 가진다. 더군다나 노인이 누려야 하는 자유는 젊은이들의 자유와 사뭇 다르다. 앞에서 언급이 있었지만 젊은이는 자기에게 주어진 책임과 의무를 완수하기 위해서는 더욱더 제도(制度) 안에서 살아가야 하고, 욕구 충족을 위하여 끝없는 도전과 모험을 하지 않으면 안 된다. 그러니 양심의 자유는 자연히 후일로 미루게 된다. 노인은 포기할 것은 포기하여 모든 삶의 욕심을 내려놓은 상태다. 오직 남은 것은 아름다운 죽음뿐이다. 그래서 노인의 자유는 젊은이들이 추구하는 자유와 다르게 마음의 여유로움은 물론 소박하고 단순함을 함께해야 한다.

참 자유는 진리 안에서 살아가는 것이다. 진리는 '참된 이치 참된 도리'다. 이것은 영원하며 변하지 않는다. 이치와 도리에 맞게 살아가는 것이 자유다. 선(善)을 기본으로 순리에 맞게 살아가는 것이다. 자유는 선(善)을 떠나서 존재할 수 없다. 오직 선(善)만을 생각하고 행함으로써 자유를 얻게 되는 것이다.

그런가 하면 노인은 많은 삶의 경험을 가지고 있어야 하고 또 지혜로워야 한다. 멍하게 살아가는 듯 보이지만 나름대로는 상황 판단을 하고 있는 것이다. 상대방의 작은 언행이나 주변의 사소한 움직임을 예측하고, 그에 대비하면서 거리를 두고 초연한 자세로 살아가야 한다. 노인이 되어 자신이 선(善)하게 살아가려면 악(惡)을 모르는 것이 아니라 악을 알고 방어하면서 선을 추구해야 할 것이다. 악을 모르면 선을 지킬 수 없는 일이다. 이것이 선을 추구하며 살아가는 방법이다. 성숙한 노인이라면 자신의 내면에 확실한 삶의 철학을 갖추고 있어야 한다. 보지도 않고 듣지도 않지만 세상 돌아가는 상황을 두루 알고 있어야 하기 때문이다.

고사성어(故事成語)에 보면 '난득호도(難得糊塗)'라는 말이 있다. 이 말의 뜻은 '똑똑한 사람이 똑똑함을 감추고 바보처럼 사는 건 참 어렵다'라는 말이다. 이 말은 청나라 문학가 중 8대 괴인(怪人)으로 알려진 '정판교'가 처음 사용한 말이다. 즉, 바보가 바보처럼 살면 그냥 바보지만, 사람이 때로는 자기를 낮추고 똑똑함을 감추고 바보처럼 처신하는 것이 진짜 똑똑하다는 말이기도 하다. 지도자는 언제나 바보처럼 손해를 보고 베풀며 발로 뛴다고 한다. 이것이 진짜 똑똑한 사람인 것이다.

노인기에 접어들면 세상일을 잘 알고 있지만 남들 앞에 나서기보다는 뒤편에 물러서서 몸을 안전하게 보전하는 일이 더 중요하다. 그렇다면 노인에게 안전을 위협하고 자유를 구속하는 일은 무엇인가? 사실은 또 여기서 대두되는 것 역시 인간관계다. 인간은 태어나서 세상을 떠날 때까지 혼자 살아갈 수는 없다. 사람들과 함께 얽혀 살아가야 한다. 그런데 여기에는 좋은 것뿐만 아니라 좋지 못한 관계가 이루어지기도 하고, 주변 사람들로부터 모욕(侮辱)을 당하기도 한다. 이것만큼 참기 어려운 일도 없다. 결국은 인욕(忍辱)의 문제에 직면하게 된다. 선각자(先覺者)들은 인욕을 단순히 욕됨을 참는 것이라고 말하지 않는다. 여기에는 모욕이 왔을 때 원망이나 분노를 일으키지 않는 것이라고 말한다.

반야심경 명상의 말씀에 이러한 구절이 나온다.

"한산이 선승(禪僧) 습득에게 물었다. 세상에서 나를 비방하고 욕(辱)되게 하고 비웃고 무시하고 천대하며 못살게 굴면 나는 어떻게 해야 합니까?"
선승 습득은 대답했다.
"참고 양보하고 내버려두고 피하고 인내하고 공경하고 그래도 안 되면 그를 상대하지 말게. 그러면 몇 년 뒤에는 그 자가 진정한 자네를 보게 될 것이네."

이와 같이 노인기에 자유를 구속하는 것이 인간관계에서 오는 아픔이다. 이러한 때에는 앞의 글귀를 떠올려 마음에 평화와 자유를 추구하는 것이 어떨까 하고 여기에 인용해 보았다. 노인들 역시 친구, 즉 동연배들로부터 오는 곱지 않은 눈초리를 피하기 힘든 경우도 있다. 쇼펜하우어의 책 『사는 게 다 그래』를 참고하면 "내가 진정한 나 자신이 되는 경우는 오직 고독할 때뿐이며, 자유를 즐기는 경우 역시 나 혼자 있을 때뿐이다. 그러므로 고독을 사랑할 수 없는 사람은 자유를 사랑할 수도 없다. 모든 사교는 반드시 부자유와 희생을 요구하며 개성이 뚜렷한 사람일수록 이러한 요구를 절실히 느낀다."라고 말하고 있다. 웬만한 친구 사이에서도 서로가 현재까지 너보다는 내가 더 잘 살아왔다는 자존심의 문제가 대두되기도 한다. 이러한 관계를 피하기 위하여 노인들은 때로는 모임에 나가는 것을 거부하고 홀로 살아가며 자유를 누리게 된다.

평화로운 마음을 유지하라

노인은 평화로운 마음을 유지하여야 한다. 이는 도덕심에 기초하여야 하고 사회악에 물들어 있지 않음을 의미하는 것이다. 궁극적인 목표는 마음이 욕심이 아닌 텅 비어 있는 상태로 좌망(坐忘)[24]에 이르게 함이다. 성품에 있어서는 깨끗해야 함을 전제로 한다. 자신의 마음을 편안하고 안정적인 상태에 놓여 있도록 하는 것이 노인에게 더없이 중요하다.

---

24 좌망: 『장자(莊子) 〈대종사(大宗師)〉』에 나오는 좌망문답(坐忘問答)으로, 도(道)를 터득하려면 반드시 인의예악과 자신의 형해(形骸)를 잊어야 한다는 것을 강조하고 있다. 공자는 안회(顔回)와 대화를 통해 좌망이 인의(仁義)와 예악(禮樂)을 잊어버리는 단계를 거친 뒤에 비로소 가능한 정신적 자유의 경계임을 말한다. 이러한 상태에서는 지각과 감각, 주관과 객관이 통일을 이루어 인간 이성에 숨겨져 있던 정감이 상상력을 타고 드러나며 대상과 주체 간의 대립과 거리가 소멸됨으로써 모든 구속으로부터 벗어나는 자유의 느낌이 독특한 정신적 즐거움이 유발된다.

마음의 구조[25]는 양파처럼 층(層)에 비유하기도 한다. 노인으로서 마음을 올바르게 주재(主宰)한다는 것은 쉬운 일이 아니다. 이는 복잡한 구조와 연관성이 있으며 삶에 있어서 중요한 부분이기도 하다. 그러기 위해서는 '마음'이라는 속성을 잘 알아야 한다. 마음의 실체를 정확히 알고 이를 바르게 간직하며 살아가야 하기 때문이다.

인간의 삶은 마음이다. 이는 손에 잡히지도 않으며 보이지도 않는 것이기에, 이를 올바르게 보존하기가 쉽지 않다. 세상에서 가장 중요한 것은 정신과 마음을 비롯하여 형체가 없는 것이다. 결국 무(無)가 유(有)를 창조하며 모든 것을 이끌어 가는데도 인간은 이점을 간과(看過)하며 살아가고 있음이다.

올바른 사람이 된다는 것은 본성(本性)이라는 그릇에 선량(善良)한 성품이 마음[26]으로 화(化)해져야 한다. 마음의 사전적 의미는 '사람

---

25   마음의 구조는 의지(意志), 감성(感性), 이성(理性)의 부분으로 구성되어 있다고 본다. 가장 중심 부분인 첫 번째 층은 생존 본능이 자리하고 있으며, 여기서 본능은 의지와 연관되며 적응과 조화를 관장한다. 두 번째 층은 욕망으로 성욕, 명예욕, 물욕, 지배욕 등이 이에 해당하며, 이는 감성은 물론 성격과 관련된다. 세 번째 층은 이성으로 도덕과 윤리, 가치관, 인류 이상의 실현 등이 이에 해당하며, 학습을 통하여 획득이 가능하다고 한다.

26   본성이라는 그릇에 선량한 성품의 마음은 지속적인 성찰(省察)과 자기 통제(統制)로 악(惡)한 마음을 버림으로써 선량해지는 것이다. 자성(自性)이라고 하는 본성(本性)은 탄생에서 죽음에 이르기까지 변하지 않으나, 마음은 인간심에 연유(緣由)되어 수시로 선과 악으로 변하게 된다. 내가 본성과 인간심을 구분하여 다루고 있는데, 이것은 순수하게 나의 개인적인 사유 작용에 의해서다. 물론 인간심도 본성에서 유래된다고는 할 수 있지만, 인간의 본성을 선하지도, 악하지도 않은 탄생에서 유래한 순수한 성품, 즉 우주의 신령함 그 자체에 두고자 하는 차원에서 인간심의 주류를 이루고 있는 욕망심과 차별적으로 기술하고자 하기 때문이다. 그러나 인간은 언제나 본성에 머물면서 생활할 수는 없는 처지고 보면 사람이 살아간다는 것은 지속적으로 솟구치는 욕망심과 관련

이 사물에 대해 어떤 감정이나 의지, 생각 등을 느끼거나 일으키는 작용이나 그 상태'다. 마음은 몸을 움직이게 하는 주인이기에 그보다 더 중요한 것은 없다. 마음은 생명 그 자체다. 마음이란 뇌의 작용에 의한 생각의 흐름이다. 또한 마음이라는 작용에 의해서 가슴으로 느껴지기도 하는 것이다. 뇌에서 생각이 없어져 맑아지면 마음 역시 고요해진다. 그 생각의 바탕은 엄연히 존재하면서 '나'라는 의미를 마음으로 인식시켜 준다. 생각과 마음은 불가분의 관계에 있게 된다. 마음은 자신의 성격과 외부의 자극에 영향받기도하며 내부에서 일어나는 기본적인 욕구의 영향을 받기도 한다.

마음의 평화를 유지하려면 남과 관계되는 일에 대해서는 저주와 원망은 물론 적의를 없애야 하고, 본인에게 있어서는 왜곡되고 거짓된 마음이 있어서는 안 된다. 이들을 해결하기 위해서는 용서와 참회(懺悔)가 필요하다. 여기서 참회는 자신이 남에게 잘못한 점을 스스로 뉘우치고 고친다는 점에서 뼈를 깎는 아픔이 따른다. 또한 남이 나에게 저지른 잘못에 대하여 용서하는 일인데 이는 어려운 문제다. 타인의 잘못을 자신이 용서하는 것은 진실을 알고 보면 거의 불가능하다.

이 부분과 관련하여 성경 이사야의 예언 43:25를 보면 "나는 나

된 인간심이 발현되는데, 즉 이를 지속적으로 반성하여 본성을 유지하며 살아갈 수 있도록 회심(回心)하는 자세가 중요하다. 인간의 본성, 즉 여기서는 자성을 말하는데, 이 본성은 선과 악이 발현되지 않은 상태를 말하며, 마음은 인간심으로 선과 악이 발현되어 있는 상태라고 본다. 본성은 겁(劫)의 세월 동안 우주에 존재해 왔던 신비스러움이 그대로 나에게 전해져 온 성품이다.

를 위하여 너희 허물을 삭제하는 하나님이니, 내가 다시는 너희 죄를 기억하지 않을 것이다.”라고 기록하고 있다. 여기서 하나 더 첨언한다면, 용서는 상대를 위하는 것이어야 하는데, 아이러니하게 나를 위해서 해야 한다는 것이다. 이는 나를 위해서 용서함으로써 다시는 이 일을 기억하지 않는다는 의미다. 남을 용서하지 않는다고 해서 나에게 죄를 지은 그가 괴로움을 당하는 것이 아니라, 용서하지 않는 내가 더 고통스럽고 불행해지는 것이기 때문에 억지로라도 용서를 해야 하는 게 당연하다는 것이다.

마음에 평화를 얻기 위해서는 하지 말아야 할 행위가 있다. ① 죄(罪)를 짓지 말아야 한다. ② 욕심을 줄여야 한다. ③ 이기심을 버려야 한다. ④ 부정적인 마음을 없애야 한다. ⑤ 교만하거나 거만하지 않아야 한다. ⑥ 악인(惡人)을 멀리해야 한다. ⑦ 빚진 마음이 없어야 한다.

마음의 평화를 얻기 위해 갖추어야 할 행위가 있다. ① 자유로워야 한다. ② 공정해야 한다. ③ 고요함을 지녀야 한다. ④ 확실한 인생관을 지녀야 한다. ⑤ 진리를 추구하고 선(善)을 행해야 한다. ⑥ 정의롭게 행동해야 한다. ⑦ 순리에 따라 살아가야 한다. ⑧ 덕(德)을 갖추고 베푸는 삶을 살아야 한다.

마음의 평화를 위해서 장애가 되는 잡념(雜念) 중 가장 없애기 힘든 근심 걱정과 관련하여 심수명의 책 『비전과 리더십』에서는 “어려움에 대처하는 방법으로 일어날 수 있는 최악의 상황은 무엇인가'를 자신에게 물어보라. 최악의 상황을 받아들일 준비를 하고, 그 상황을 개선하기 위해 최선의 노력을 다하라. 근심 걱정으로부터 해방하라."라고 조언한다. 흔히 우리가 일상생활에서 매일 하는 걱정이 별것 아닌 것으로 생각하기 쉽지만 그렇지 않다. 쉽게 말하면 걱정은 맑은 정신을 흐리게 하고 쓸데없는 곳에 에너지를 소비하게 한다. 정신이 맑아 있어야 좋은 아이디어나 영감(靈感), 창의력도 발휘할 수 있게 되는데, 걱정을 지속하여 갖게 된다면 건강은 물론이고 올바른 판단을 하지 못하게 되어, 이에 따른 엄청난 대가(代價)를 치르게 된다. 정신 상태를 희망, 용기 등 긍정적인 생각으로 바꾸는 것이 중요하다. 걱정이 없을 수는 없겠지만 정면으로 도전하고 대안을 찾아야 하며, 어쩔 수 없는 걱정이라면 잊어야 한다. 걱정에서 벗어나는 것이 올바른 삶을 위해서도 좋다. 귀중한 에너지를 쓸데없는 일에 소모하지 않고 건강한 삶을 살아가도록 노력하는 곳에 사용해야 하기 때문이다.

심수명의 책『정신역동상담』에서도 "인간의 마음이란 에너지를 가지고 나름대로의 추구하는 바를 달성하기 위하여 치열하게 다투는 힘들이 미묘한 균형을 이루면서 서로 영향을 미치는 움직임을 나타내는 장이다. 바로 이런 현상을 정신역동(psycho dynamics)이라고 부르는데, 그중에서도 무의식의 핵심 감정을 자아가 어떻게 다루어 나가느냐에 따라 역동의 모습을 특징짓는 것이 달라지므로, 그것을 핵심 역동이라고 부르기도 한다."라고 말하고 있다. 무의식에 도사리고 있는 핵심 감정의 힘은 항상 기회가 있을 때마다 의식으로 올라와 우리의 전 인격을 흔들려고 호시탐탐 기회를 노린다는 것이다. 무의식에 도사리고 있는 핵심 감정의 힘은 우리를 억압하고 있는 자아의 힘과 균형을 이루는데, 이 균형은 확고한 것이 아니라 언제나 출렁거리는 물과 같아서 쉽게 깨어지게 되어 있다고 한다. 보통 때는 자신을 잘 조절하고 마음에 여유가 있던 사람도 병에 걸려 허약하게 되면 자기도 모르게 화를 내고 자기중심적인 사람이 된다는 것이다. 자기 마음을 이성이 조절하지 못하고 감정적인 사람으로 변하게 된다는 의미다. 마음 중에서 본능적이고 이기적이며 충동적인 핵심 감정을 억압하지 못하고 분출하는 것이 흔히 말하는 화를 낸다든지 적개심을 나타낸다든지 하는 것이다. 인간심(人間心)에는 팔악심(八惡心)[27]이 있는데 이 팔악(八惡)의 마음을 잘 다루어서 이것을 소멸시키는 것이 일종의 수양인 것이다.

그렇다면 자신을 살릴 수 있게 마음을 간직한다는 것은 어떻게 하여야 하는가?

첫째, 성덕명심도덕경에서 가르치고 있는 마음처럼 팔선(八善)의 한 사람이 되어야 한다. 팔선[28]의 한 사람이 되어야 한다는 측면은

---

27 팔악심(팔八惡心): 독심(毒心), 색심(色心), 탐심(貪心), 투심(妬心), 기심(欺心), 사심(邪心), 진심(嗔心), 아심(我心)이다.

28 팔선(八善): 효(孝), 충(忠), 덕(德), 자(慈), 화(和), 묵(黙), 신(信), 정심(正心)이다.

어떻게 보면 주자(朱子)의 인설도(仁說圖)[29]의 인(仁)[30]과 G.W.F. 헤겔
의 책『정신현상학 1』에서 '마음의 법칙' 즉 세계의 행로와 덕성[31]의

29 인설도(仁說圖): 신유학의 집대성자인 남송의 주자(朱子, 1130~1200)는 「인설도(仁說圖)」에서 "인(仁)은 천지가 만물을 낳고 기르는 마음이다."라고 정의하면서, 그 인은 인·의·예·지의 네 가지 덕을 포괄한다고 하였다. 여기서 "인(仁)이란 천지의 마음이며 동시에 천지생물의 마음이니 인간은 이러한 인(仁)을 얻어서 심(心)으로 삼았다."라고 기술한다. …… 이와 관련하여 퇴계와 주자의 관점을 분석해 보면 "보편타당한 공도(公道)로서의 인(仁)은 천지조화와 만물생성의 섭리며, 인간 심성의 본질이라는 것이다. 바꾸어 말하면, 인간 심성의 본질이 '인(仁)'이라는 주자의 논리적 전제는 '천지조화와 만물생성의 섭리가 인(仁)이다."라는 형이상학적 명제로 표현되고 있다. 여기서 주자(朱子)가 인(仁)과 심(心)을 같은 맥락에서 다루고 있는 것은 심(心)은 인간의 마음인 동시에 만물의 마음이며, 이는 곧 천지의 마음이라는 뜻이다, 이렇게 풀이하는 이유는 위에서 설명한 인(仁)은 천지조화와 만물생성의 섭리로 해석된다. 그리고 심(心)이라는 형이상학적인 개념이 바로 '나'로 연결되기 때문이다. 그래서 주자(朱子)는 '마음(心)' 의 중요성을 한 번 더 만물과 하늘과 인간과의 관계를 피력(披瀝)하고 있는 것이다. 주자(朱子)는 자연과 인간 그리고 윤리 문제를 해석함에 있어서 이(理)와 기(機)의 두 개념을 사용한 이기(理氣)철학자다. 또한 그는 천리(天理)의 이(理)를 인간 본연의 심성(心性)으로 보는 성리학(性理學)을 크게 일으킨 대현(大賢)이므로 성리학을 일반적으로 주자학(朱子學)이라고 부른다. 아마도 여기에서의 주자의 인설도(仁說圖)는 집필자가 논(論)하고 있는 인간심이 아닌, 즉 자성(自性), 본성(本性)을 두고 하는 말인 것 같다.

30 인(仁): 인은 여러 가지 뜻이 있는데, 여기서 인은 특정한 사물이나 이론적인 개념이 아니고, 인간 심성(心性)의 한 상태를 표현하는 말이기 때문이다. 따라서 인의 의미를 구체화해서 뭐라고 단언하긴 불가능하다. 하지만 우리는 총체적이고 구체적으로 인의 의미를 개념화하기를 바란다. 앞에서 기술한 설명들을 통하여 '인(仁)은 이성보다 근원적이고 원초적이며, 윤리 이전의 아름다움을 느낄 줄 아는 감수성이다. 그것은 원초적인 생명의 기반으로서의 감성으로 사사(私邪)로운 욕망이 티끌만큼도 끼지 않는 상태의 마음을 의미한다. 또한 진실하고 정직한 인간의 본질이며, 모든 덕성의 바탕이 되는 마음이요, 천지(천지에 가득 찬 신명)와 능히 감통(感通)할 수 있고, 천지 만물과 일체가 될 수 있는 마음이다'라고 이해할 수 있을 것이다. 아마도 여기서의 인은 앞에서 집필자가 말하는 자성이나 본성과 같은 의미로 사용된 듯하다.

31 세계의 행로와 덕성: 헤겔은 마음의 법칙을, 즉 "…… 무엇인가가 실제로 일반인의 의식에는 현실적이고 본질적인데도 나에게는 그렇지 않다고 할 경우, 나는 그 무엇인가를 무의미한 것으로 의식하면서도 동시에 나는 일반인의 의식이기도 하므로 그의 현실성 역시 의식하고 있다. …… 다시 말하면 현실성과 비현실성이라는 두 측면이 서로가 모순되는 가운데 이 모두가 자기의식의 본질을 이룸으로써 자기의식은 극심한 내면적 착

측면과도 다르지 않다. 하늘 역시 선(善)을 추구한다. 선을 추구해야 만물이 생(生)하게 된다. 그래서 모든 종교가 선(善)으로 귀착하게 되는 것이다. 마음은 하늘의 성품과 관련이 있는 것이기에 착함을 전제로 하여야 한다는 결론에 이르게 된다.

둘째, 지속적으로 마음을 비워야 한다. 이러함은 삶을 살아가는 데 있어서 짐이 가벼워지게 되는 것을 의미한다. 다른 말로 표현하면 자유로운 정신을 갖기 위한 것이다. 이로써 자신의 마음이 어떤

란(錯亂)에 빠져드는 것이다. 즉, 자기의 마음속에는 항상 개인적으로 어떤 욕구와 허영, 야욕, 희망, 서운함, 불평심 등 일반인의 현실적이고 보편적인 의식과 다른, 자기만의 비현실적인 의식이 있어서 마음속에는 대립되고 있지만, 이 양면성 역시 자기의 마음을 차지하고 있다는 것이다. 그래서 마음을 관리하는 본인은 항상 이러한 갈등을 일으키고 대립되는 의식들을 항상 착(善)함의 방향으로 조절하며, 내 희망과 행복이 만인의 희망과 행복과 하나 되도록 마음을 관리하는 것이 옳게 살아가는 방향일 것이다."라고 기술하고 있다. 이와 같은 글에서 보면 마음이 얼마나 복잡하며 미묘한 움직임을 갖는 것인지 잘 말해 주고 있다. 그래서 헤겔은 자기 마음의 법칙을 '세계의 행로'라는 명제를 붙여 이렇게 설명하고 있다. "사람들은 보편적 질서가 자기 내면의 법칙에 위배된다고 하더라도 실제로는 보편적 질서야말로 자기들이 본심으로 거기에 집착하는 나머지, 이 질서를 박탈당하거나 스스로 질서를 벗어나거나 하면 삶의 근간을 모조리 상실해 버리고 만다. 바로 이 점에 공공질서의 현실성과 위력이 깃들어 있으니, 실로 공공질서란 만인에 의하어 생멍이 불어넣어진 자기 동일적인, 안정된 존재로서, 개인은 이러한 질서를 형식으로 나타낸 것이다. … 이렇게 본다면 자기 마음의 법칙을 옹립(擁立)하려는 의식은 자기의 법칙과 모순되는, 이 또한 개별적인 법칙을 마음에 품고 있는 타인과 충돌을 빚으면서 그의 저항을 받게 되는 셈인데, 이렇게 저항하는 타인은 또 그 나름으로 자기의 법칙을 옹립하여 이를 보편적으로 타당화하려고 한다. … 이렇듯 반복으로 얼룩진 공공의 질서가 '세계의 행로'라는 것이다. 그래서 … 자기야말로 곧 현실이라고 자처하는 개인은 오직 자기를 방기(放棄)할 때라야만 비로소 현실성을 지닌 존재가 된다. 그 자체가 진(眞)과 선(善)을 체현하고 있는 법칙을 섬기는 가운데 더욱이 개별자가 아닌 보편 존재로서의 법칙을 안고 살아가면서 개인에게 안겨 있는 착란 상태를 자각하며 개별성으로서의 의식을 방기하지 않으면 안 된다고 생각하는 의식의 형태가 '덕성'이라고 불리는 것이다." 이처럼 마음을 올바르고 참되게 갖는다는 것이 얼마나 복잡하고 힘든 일인가를 위의 글에서 잘 보여 주고 있다.

두려움이나 정욕(情欲), 집착 등 잡념에 사로잡히지 않고 자기 자신에게 전심(專心)할 수 있게 된다.

셋째, 마음을 상(傷)하지 말아야 한다. 삶을 영위한다는 것은 자신이 상처 입는 것이다. 지나친 노력과 경쟁의식은 남을 공격하기도 하고 남으로부터 공격을 받기도 한다. 또한 살아가다 보면 자신에게 잘못한 일도 있게 마련이다. 남으로부터 오는 공격이 정당하지 않다면 흔들려서도 안 되며, 자신의 잘못도 용서하고 관용을 베풀어야 하는데, 이때 그렇지 못하고 자신을 질책(叱責)하게 됨으로써 마음이 상처 입게 된다.

넷째, 불안한 가운데 조급히 일을 처리하지 않도록 함이다. 안달하고 애를 태우며 일을 하면 안 된다. 이러한 마음이 계속되면 고질적인 습관의 병에 걸리어 성격이 왜곡되는가 하면 육체적으로 병을 일으키는 원인이 된다. 일을 하다 보면 짧은 시간 안에 일을 마치기 위하여 강도 있게 일을 하게 되는데, 이러한 행위도 바람직한 자세가 아니며 순리적인 삶에 역행함이다. 언제나 안정된 마음에서 순리적으로 일을 처리하여 몸의 조건에 알맞게 일을 하도록 하여야 한다.

다섯째, 마음에 억압(抑壓)이 없어야 함이다. 이것은 자기의 감정을 외부로 표현하지 못하고 안으로 참고 견딤이다. 마음속에 품고 있는 좋지 못한 생각을 억지로 참게 되면 언젠가 그것은 분노의 씨앗이 되어, 또 다른 나쁜 감정이 쌓이게 되든지, 신체 내부의 장기에 병을 만들어 건강을 위협하기도 한다. 상대방 감정을 침해하지 않는 범위 내에서 자기의 불쾌한 감정을 표현하는 것이 감정 처리의 기술인 것이다.

여섯째, 일을 완벽하게 하려고 하는 마음이다. 완벽주의의 성격은 낮은 자존감과 자신감 결여(缺如)로 인하여 완벽하게 일을 처리하지 않으면 남으로부터 인정을 받을 수 없다는 일종의 강박관념 이다. 세상일이란 모든 것을 완벽하게 일을 할 수 없음이다. 아이러니하게도 언제나 미흡함이 존재함이다.

자기의 마음을 원하는 대로 조정할 수 있다는 것은 노력의 결과다. 대부분 사람들이 자신에게 소속된 마음이지만 마음대로 제어(制御)하지 못한다. 순식간에 감정이 폭발하여 세상을 뒤덮어 놓고 만다. 마음은 분노(憤怒), 시기(猜忌), 질투(嫉妬), 증오(憎惡), 악의(惡意) 등 온갖 부정한 것으로 가득 차 있다. 그러한 까닭에 좋은 죽음으로 가는 첫 번째 관문이 잡념(雜念)을 없애는 일이요, 두 번째 관문이 마음의 평화에 이르는 길이다. 노인기에 접어들면 마음의 평화를 유지하도록 훈련을 해야 한다. 이 두 가지 길을 통과하지 못하면 그 사람은 옳은 죽음에 입문할 수 없을 것이다.

평화에 이르는 과정을 살펴보면, 번뇌 망상 → 차단 → 반성(잡념의 탐색 → 선별 제거(淨化)) → 맑은 기운(氣運) → 평화다.

수양의 길을 가려고 하면 알고만 있는 지식의 이론만으로는 불가능하다. 반드시 마음공부와 실천이라는 훈련을 통해 이루어져야 한다. 이러한 과정을 거쳐 평화에 이르게 되면 좋은 기운으로 인하여 활력이 생(生)하고 맑은 정신력을 되찾게 된다. 마음이 평화롭게 되면 고요하게 되고 안정되어 죽음에 대한 두려움이 없어진다. 왜냐하면 마음이 평화롭고 고요하니 죽음 역시 평화롭고 고요할 것이기 때문이다. 이 경지에 도달하기 위해서 누구나 수행을 하는 것이다. 이제는 그 이상 죽음은 공포와 두려움의 대상이 아니라 평화와 고요함이라는 것을 알게 된다.

몽테뉴의 책 『몽테뉴 수상록』에 의하면 "모든 학파의 철학자들 사이에 최고의 선(善, 여기서 말하는 선은 철학적인 의미로서 도덕적 생활의 최고 이상을 말한다)은 영혼과 신체의 고요하고 평온한 상태에 있다고 하는 전반적인 함의(含意)가 있다."라고 기술한다. 이렇게 볼 때 노인기에 접어든 사람이 선(善)을 유지함으로써 도덕적인 생활로서 최고의 경지에 머물게 되는 것이니 어찌 평화와 고요함을 중히 여기지 않을 수 있겠는가?

그렇게 하기 위해서는 되도록이면 혼자서 조용히 생활하는 가운데 보람을 찾고 자신을 지키는 일이 중요하다.

평화로움이란 '평온하고 화목함'이다. 평화는 인간 개개인이 아무런 제약이나 압력을 받지 않고, 또 남에게 피해를 주지 않으면서 자유를 누리면서 살아가는 것이다. 아마도 인간 세상에서 이보다 더 좋은 삶은 없을 것이다.

홍혁기의 책 『기독교 바로 알기』를 참고하면 "누가 다른 사람에게 평화를 기원한다면 영적·정신적·육체적·물질적으로 온전히 갖추어진 삶이되기를 기원하는 것을 의미한다."라고 기록하고 있다. 여기서 히브리어어로 평화를 샬롬(Shalom)이라고 한다. 샬롬은 인간이 인간답게 살아가기에 필요한 모든 조건을 온전하게 갖추어진 상태를 말한다. 노인기를 맞게 되었을 때 마음이 평화롭지 못하다면 불행함을 의미할 것이다. 반대로 행복하려면 마음이 평화로워야 한다.

성경에서 말하는 마음의 평화로움은 네 가지 조건을 갖추어야 한다.

- 영적(靈的) 평화다. 이는 종교적 측면에서 자신이 믿고 있는 믿음이 자신과 일치를 이룸이다.
- 정신적 평화다. 정신이 고요하고 깨끗함이다.
- 육체적 평화다. 육체적인 아픔 없이 건강한 상태다.
- 물질적 평화다. 이는 경제적으로 생활에 궁핍이 없음이다.

이와 같은 조건을 갖추었을 때 온전하게 평화로움을 갖게 되었다고 말할 수 있을 것으로 본다.

내면이 성숙해야 한다

인간이 내면적으로 성숙하게 된다는 것은 동식물과는 성질 면에서 다르다. 이는 이성(理性)을 가진 경우에만 해당되는 것으로, 정신적이고 인격적인 영역이다. 이와 같이 성숙의 길은 무한하여 끝이 보이지 않는다. 이의 종착점은 자기완성(自己完成)[32]을 기하는 일이다.

공자와 같은 분은 자기완성을 이루어 낸 분이다. 인간이라면 스스로 자기완성을 이루어야 할 어려운 과제를 안고 있다. 성숙함이 지니는 뜻은 깊고 넓다. 이는 화려함이나 찬란함, 과격함이나 용맹스러움, 더더욱 열정이나 도전과는 성질 면에서 다르다. 그렇다고 추(醜)함이나 무지(無知), 인색(吝嗇), 슬픔이나 좌절도 아니다. 이는

32　자기완성이란 자기 자신의 인격을 완전한 것으로 만드는 일.

모두를 아우르는 그러함 속에서 세월과 함께 묻어 나온 노련함이 며, 지혜로움이다. 자기가 얼마나 성숙했는지 알려고 하면 인격적인 면에서 객관적이고 종합적으로 접근하지 않으면 안 된다.

성숙의 조건으로 무엇을 꼽을 수 있는가?

- 신독(愼獨)함이다. 신독이란 홀로 있을 때에도 도덕에 어긋남이 없도록 언행 을 삼가는 일이다.
- 중용(中庸)을 지키는 일이다. 중용이란 어느 쪽으로나 치우침이 없이 올바르 며 변함이 없는 상태나 정도다.
- 관용(寬容)을 행(行)하는 일이다. 관용이란 남을 너그럽게 용서하고 받아들 이는 것이다.
- 침묵(沈默)을 생활화하는 일이다. 여기에서 침묵이란 생각을 더 깊이 하고 기도에 침잠하는 데 필요한 조용한 상태를 얻기 위하여 말을 절제하는 고 행의 생활을 가리킨다. 침묵을 지키는 주요 목적은 하느님과 일치하고, 거 기서 나오는 초자연적 선(善)을 얻기 위한 것이다.
- 타인의 고통과 좌절, 실패와 성공 등의 경험을 자신의 것으로 내면화하는 것이다.
- 자기중심주의에서 벗어나 이타적인 삶과 함께하는 것이다.

에릭슨(Erikson)의 점성설 도식의 마지막 단계는 자아통합(自我統 合) 대(對) 절망(絶望)-지혜(智慧)로 나타난다. 이 단계는 인간으로서 자기의 완성함은 물론 성취에 대해서 반성하는 시간이다. 실제로 모든 문화에서 이 시기는 흔히 여러 가지 요구에 포위된 노인기의 시작을 암시한다. 체력과 건강의 약화에 대한 적응, 퇴직으로 수입의 감소, 배우자와 친구의 죽음, 노인 단체에 새로이 가입하려는 욕구 등이다. 이 시기에는 역시 개인의 관심이 미래에서 과거로 분명히 옮겨 간다는 것이다.

에릭슨에 의하면 성인의 마지막 단계의 특징은 새로운 심리사회적 위기의 출현보다는, 오히려 자아 발달의 지금까지의 전(全) 단계의 종합, 통합, 평가로 나타난다고 한다. 이것은 한 인간의 마지막 단계인 노인기의 성숙에 관한 마무리 단계라고 말할 수 있을 것이다. 노인기라고 하는 것은 이제는 더 이상 인생의 중요한 과업을 이룰 수 없기 때문에, 현재까지 이룬 실적 안에서 위안을 찾으며 살아가야 하는 것이다. 자신이 걸어온 길을 반성하고 정리하면서, 현재 그대로의 처지를 수용하고 나름대로 인생을 마무리해야 한다.

인간은 내면이 성숙하기 위해서는 어떠한 과정을 겪으며 그 자질을 획득하는가? 꿈을 가진 사람은 눈물과 함께 성장한다는 말이 있다. 웃음과 즐거움이 지천에 깔려 있는데도 굳이 눈물과 함께 성장할 이유가 있겠는가 하고 의문을 가져 보기도 한다. 그러나 아이러니(irony)하게 진실되게 성장하기 위해서는 인생이란 눈물과 함께 성장하여야만 하는 것이다. 왜냐하면 성숙 자체는 쓰라림이며 고통이고 아픔이기 때문이다. 내면의 성숙 문제로 가장 민감하게 작용하는 것은 성격, 지성, 의지다. 성숙의 문제를 도식으로 표시한다면 다음과 같다.

성숙의 요건= 성격의 도야+지성의 함양+의지의 실현

위의 요건들이 성숙에 영향을 미치는 항목들이다. 성격이 온유하고 원만한 사람은 성숙의 문제를 논할 필요조차 없다. 성격이 원만하지 못하다면 성숙은 요원(遼遠)하다. 타고난 성격적 기질을 좋게 고치지 못하면 지속적으로 그 사람에 따른 성숙의 문제가 사회에서 회자(膾炙)될 것이다. 인격이라는 성숙의 문제는 좋지 못한 성격의 치유에서부터 비롯되고 지성이 인격의 부족함을 만회하게 된다. 지성을 갖춘 정도에 따라 성숙의 문제는 크게 달라질 수 있다. 지성은 자신을 지속적으로 평가하고 새로운 길을 모색하여 성격적인 결함의 발현을 억제하려고 최대한 노력한다. 그다음은 성숙하려고 하는 본인의 의지(意志)다. 이는 성격의 결함과 지성의 부족함을 성숙의 길로 유도하는 데 일조(一助)한다. 자신의 성격적인 결함과 지성의 부족함을 알고 있으면서 행동으로 옮기지 못하고 중도(中途)에서 머무르게 될 때, 의지의 실현으로 한층 더 성숙의 길로 이끌 수 있기 때문이다.

인간의 성숙에 관하여 두 학자의 이론을 살펴보고자 한다.

첫째, 로저스의 인간중심상담이론을 보면 성숙이란 "충분히 기능

(機能)하는 사람으로 경험에의 개방성, 실존적인 삶, 유기체적 경험에 대한 신뢰, 자유감, 창조성"을 들고 있다. 성숙이란 쉽게 그 조건을 갖추게 된다고 할 수 없을 정도로 그 기능 면에서 어렵고 힘들게 느껴지기도 한다. 앞의 조건을 한 번 더 음미해 보면 먼저 충분히 기능하는 사람이라고 표현하고 있다. 여기서 기능(機能)이란 '인간으로서 육체적으로나 정신적으로 인체를 구성하게 되는 기관과 조직이 그들 자체 나름대로 자질과 능력을 충분히 발휘하는 것' 본인 스스로의 고유한 개성(個性)을 유감없이 자유자재로 나타내는 것을 의미한다.

둘째, C. G. Jung은 인간 나이와 성숙과 관련하여 "인류에게 수명이 아무런 의미를 지니지 못했다면, 인간은 분명 70세나 80세까지 성장하지 않았을 것이다. 인생 후반기는 그 자체로도 중요한 의미를 지니는 것은 틀림없으며, 단순히 인생의 초반기에 덤(an addition)으로 부여받은 보잘것없는 세월이 아니다."라고 주장한다. 인간이 나이가 들어 내면의 성숙이 이루어진다는 것을, 어린 그리고 젊은 시절에 부모나 가정형편 등에 의해서 유리(有利)한 고지(高地)에서 자신에게 나타나는 카리스마나 위엄이라고 하기보다는 '성숙(成熟)'이라는 의미는 반드시 나이가 많아져서, 그 정도의 오랜 기간의 세월을 거쳐 살아와야만 획득할 수 있는 결과물로 보았다. 여기서 중요한 대목은 성숙은 아무리 똑똑하고 현명하더라도 젊은 사람을 보고 성숙했다고 말할 수 없다. 나이가 들어 세월만큼이나 온갖 세상 물정을 경험하고 체득함으로써 얻게 되는 노련함이다.

성숙을 위한 조건은 어디에서부터 시작되어야 하는가? 김홍경의 책 노자』를 보면 "공자께서는 네 가지를 이행하였다. 자신의 뜻대로만 하지 않았고, 반드시 하려고 하지 않았으며, 고집스럽지 않았고, 나를 내세우지 않으셨다(「자한」)."라고 말하고 있다. "감히 말재주를 피우는 것이 아니라 고집스러운 것을 미워하는 것이다(같은 책 「헌문」)."라고 말한다.

성인이 된다는 것은 타인과 함께한다는 뜻으로도 해석되며, 항상 남을 의식하고 배려한다는 의미로 풀이된다. 이기심에서 벗어나 타인을 자기와 동등한 입장에서 생각하게 되는 객관적인 시각이 필요함을 의미한다. 사람은 때 묻고 더러운 것도 용납하는 아량이 있어야 하고, 너무 결백하여 자신의 판단으로만 옳다고 고집만을 부려서도 안 된다는 것이다.

당신을 괴롭히거나 분한 마음을 갖게 한 사람이라도 용서할 수 없다면 적(敵)으로 만들지 말라고 권(勸)한다. 무조건 나이가 든다고 하여 성숙한 사람이 되는 것은 아니다. 인간이란 다른 동물이나 식물과는 달리 내면을 지혜로 채워질 때 이러한 성숙미가 나타난다.

노인은 지속적으로 내면의 지혜와 양식(良識)으로 자신을 관찰하여 고집스러움이나 이기심으로 과오를 범하지 않도록 노력하여야 한다. 어떠한 일이 있어도 외부로부터 오는 두려움과 공포, 불안으로부터 자유스러워야 할 것이다. 성인에게 중요한 것은 외연(外緣)의 확장보다는 내면의 성숙이다. 마르쿠스 툴리우스 키케로의 책『노년에 관하여』를 보면 "하긴 자신 안에 훌륭하고 행복하게 살 수 있는 수단을 아무것도 갖지 못한 이들에게는 인생의 모든 시기가 힘겨운 법이지. 하지만 좋은 것을 모두 자신에게서 구하는 이들에게 자연 법칙에 따른 필연적인 결과는 그 어떤 것도 불행으로 보일 수 없네. 특히 노년이 그중 하나인데 모두들 노년에 도달하기를 바라면서 일단 도달하고 나면 비난을 하니, 이 얼마나 어리석고 모순되고 이치에 어긋나는가.”라고 표현한 글이 나온다. 노인기에 접어들어 사실 훌륭하고 행복하게 살아가려고 한다면 훌륭하고 행복하게 살 수 있는 수단을 외부에서 찾고 구할 것이 아니라 자신의 내부에서 이끌어 내어야 하는 과제를 안게 된다. 자신의 내부에 좋은 사상과 철학을 갖추지 못한 노인이 훌륭하고 행복하기를 바란다는 것은 있을 수 없는 일이기 때문이다.

권오민의 책 『인도철학과 불교』를 참고하면 8세기 불교논사 샨티데바는 그의 『보리행경(菩提行經)』에서 “인욕(忍辱)보다 어려운 고행(苦行)은 없다.”라고 말한다. 그 정도로 인욕(忍辱)은 성숙의 최고의 경지로서 어렵다는 말이다. 만약에 자신이 성숙한 경지에 있다고 자부하는 노인이, 이제 자신에게 남은 것은 죽음뿐이라고 생각하면서도 욕(辱)됨을 참고 견디지 못한다면 어떻게 죽음 앞에 놓여 있다고 말할 수 있겠는가? 나이 많은 노인이 주변의 젊은 사람들로부터 참을 수 없는 모욕을 당했다고 한다면, 그는 순전히 자기의 책임이지 어디 가서 남들에게 이 말을 할 수 있겠는가? 오직 자신이 할 수 있는 것은 이 일을 남몰래 감추고 본인의 잘못을 반성하고 수용하며 참는 수밖에 없는 것이다.

인용과 관련하여 욕됨을 반드시 참아야 하는 이유로서 위인들의 뜻을 새겨 보면 마르쿠스 아우렐리우스[33]의 책 명상록에서 지적하였듯이 "모욕(侮辱)에 흔들리는 자는 스스로 자기 내부에 아무 사려

마르쿠스 아울렐리우스

---

[33] 마르쿠스 아우렐리우스는 121년 로마에서 출생하였다. 5현제(賢帝)의 마지막 황제로, 후기 스토아파(派)의 철학자다. 안토니누스 피우스 황제의 양자가 된 후 140년 로마의 콘술(집정관)이 되었고, 145년 안토니누스의 딸(사촌누이)과 결혼, 161년 안토니누스의 뒤를 이어 로마 황제로 즉위하였다. 당시의 로마제국은 경제적·군사적으로 어려운 시기여서 변방에는 외적의 침입이 잦았으며, 특히 도나우강(江) 쪽에서는 마르코만니족 및 쿠아디족이 자주 침입하여 그 방비에 힘썼다. 그동안 페스트가 유행하여 제국은 피폐하고, 게르만족과의 전쟁에 시달리면서 발칸 북방의 시리아 및 이집트 등의 진영(陣營)에서 병을 얻어 도나우 강변의 진중(陣中)에서 죽었다. 유명한 『명상록(冥想錄)』은 이 진중에서 쓴 것으로, 스토아적 철인의 정관(靜觀)과 황제의 격무라는 모순에 고민하는 인간의 애조(哀調)가 담겨 있다. 여기서 그의 철학은 본질적으로는 반 세기 전의 스토아 철학자 에픽테토스의 영향을 받은 것으로 볼 수 있으나, 한층 내면적으로 침잠해 들어오는 철학을 이루고 있다. 이에 따르면 세계의 모든 것은 불이며, 신적(神的)인 세계 영혼으로 관통되고, 살려지게 되고, 지배받고 있으며, 인간의 영혼도 세계 영혼의 한 유출물에 불과하여 죽으면 자연히 세계영혼에 귀일하게 된다. 물질적·육체적인 세계의 모든 것은 이 신적인 이성에 의하여 운명적·자연필연적으로, 그러면서도 신적·합법칙적으로 끊임없이 생멸변화(生滅變化)하고 있다. 따라서 개물(個物)·개인(個人)은 그 이름도 기억도 이 필연의 운동 속에서 소멸되고, 망각으로 빠져들어 간다. 그러므로 사람들은 이 자연 필연의 이법(理法)을 확인하여 이를 신의 섭리라 믿고, 외적인 어느 것에도 마음을 괴롭히는 일이 없이 주어진 운명을 감수하며, 내적으로 자유롭고 명랑하고 조용하고 경건하게 그의 죽음의 날을 기다리며 살아가야 한다고 하였다. 이렇게 마르쿠스 아우렐리우스에게 있어서 철학자와 황제는 전혀 별개의 것이었다. 그가 죽은 후 로마제국은 쇠퇴하였다. 로마시에는 '마르코만니전쟁'을 부조(浮彫)한 기념주(記念柱)와 그의 기마상(騎馬像)이 있다.

(思慮)도 자신감도 없는 것을 폭로하는 것이다. 자기가 경멸당하고 있다고 믿어 버리는 것이며, 또한 이 아픔은 스스로 억눌러 비하하는 굴욕의 감정이 없이는 생기지 않기 때문이다. 그러나 현자는 아무에게도 경멸당하지 않는다. 자기의 위대성을 알고 자기에게 그런 태도를 취하는 것을 아무에게도 허락하지 않기로 다짐한다. 그런 마음의 아픔이나 불유쾌하다고 할 감정 따위는 극복은커녕 느끼기조차 않는다. 그도 어떤 타격에는 영향을 받지만 받은 타격을 극복하고 고쳐서 억누른다."라고 기술하고 있다. 여기서 중요한 것은, 자신의 위대성을 마음속에 지니고 있다면 어떠한 모욕적인 말도 참아 낼 것이기 때문이다. 만약 이 모욕적인 말에 휘둘린다면 자신의 위대성은 조각나고 무너질 것이 확실하다. 그러니 한마디로 말해서 상대방이 자신에게 부정을 저지르는 행위를 꾹 참아 내는 것이다.

달라이라마가 말씀하시는 바대로 관용은 "자, 나를 해치세요."라고 말하는 것이 아니다. "관용에는 복종이나 포기가 아닌 용기가, 또한 쓸모없는 고통을 면하게 해 주고 우리가 악(惡)에 빠지지 않도록 해 주는 영혼과 지성의 힘이 수반되는 것이다."라고 설명하고 있다.

또 다른 예로 장 프랑수아 르벨, 마티유 리카르의 책 『승려와 철학자』에서도 보면 "폭력은 폭력을 부르기 때문에 대개 참담한 결과를 낳게 한다. 가급적이면 갈등을 피하는 것이 좋으며, 도저히 어쩔 수 없는 경우에는 쓸데없이 부정적인 감정을 덧붙이지 않는 최소한의 한도 내에서 폭력을 행사하려는 사람을 무력화시키도록 한다."라고 기술하고 있다.

자신이 성숙했는지 알아보는 방법은 다음과 같다.

- 모욕감은 물론 고통과 어려움을 잘 견뎌 낼 수 있어야 한다. 어떤 위급하고 절박한 상황 속에서도 여유와 비전은 물론 희망을 잃지 않아야 하는 것이다.
- 사랑함이다. 신체 조건, 돈의 유무, 지식의 정도, 인격의 높고 낮음 등과 상관없이 자기 자신은 물론 남도 아무런 조건 없이 사랑을 할 수 있어야 한다. 이는 험한 세상을 모두 어우러지게 살아갈 수 있는 역량을 갖추는 것이다.
- 앞으로 살아갈 삶의 방향과 목표가 뚜렷하고 확실해야 한다. 창의적이고 능동적으로 삶을 전개해 나갈 수 있어야 하고,이성적인 인간으로서 인류 공동의 번영과 영원한 발전을 위하여 자신을 개발하여 나가야 한다.
- 분별력이다. 선과 악, 진리와 거짓, 정의와 부정의 등을 분별하여 건전한 사회의 일원으로서 소임을 다해야 한다.
- 영적으로 살아갈 수 있는 능력을 갖춰야 한다. 이는 인간으로서 영적 성숙함을 뜻한다. 그리고 이는 신(神)의 절대성 앞에서 인간으로서의 한계를 인정하고 순수하게 이에 따르는 것이다.

이렇게 함으로써 성숙에 접근이 가능해지리라 본다.

5장

노인으로서
갖추어야 할 조건

고통을 극복해야 한다

석가는 물론, 예수도 이렇게 말했다.

"사람의 삶은 괴롭고 번뇌(煩惱)로 가득하다."

인간의 삶이란 고통인데도 어리석고 미련하게 행복이라고 여기는 것이다. 초년, 중년, 말년을 가릴 것 없이 고통은 불가피하다.

마하트마 간디는 다음과 같이 말했다.

"나에게 시련과 죽음은 행복이나 삶보다 더 풍부한 정신 적 영양분을 준다. 인생의 소금인 시련과 고난이 없다면 삶이 무슨 의미가 있겠는가."

사람들이 두려워하는 시련, 고통, 불행을 말없이 수용하고 참고 살아가는 것만이 참된 삶이다.

살아간다는 것은 고통과 아픔을 겪는 일이다. 처음부터 삶이란 고통을 피하고 즐겁게 살아갈 것이라고 생각하지 말아야 한다. 인생에는 자신의 마음대로 되는 것은 거의 없다. 괴로움이 무엇이길래 석가모니 부처 역시 평생을 통하여 열정을 바쳐 여기에서 벗어나는 것에 목적을 두었겠는가? 그 목적을 이루는 열반(涅槃)에 들었겠는가? 그 정도로 고통은 인생에서 피할 수 없는 숙명인 것이다.

정호승의 책 『내 인생에 힘이 되어준 한마디』를 참고하면 "저의 삶을 주도하는 고통이야말로 저의 삶을 아름답게 하는 결정적인 요소라는 생각이 들었다. 고통 없는 인생은 존재할 수 없다. … 나의 상처가 나의 아름다움을 낳는다. 상처의 고통을 견뎌내는 적극적인 인내의 힘이 진주(珍珠)와 같은 아름다움을 낳게 된다."라고 기술한다. 인생에서 고통을 극복하지 못한다면 그 시점부터 시들게 된다. 고통을 극복할 수 있다면 그때부터 인생은 성장이 시작되고 꽃을 피우게 되며 결실을 맺게 될 것이다.

인간이 고통으로 얻을 수 있는 보상은 무엇인가?

'고통을 통과하여야만 은혜로움을 발견하는 것'이다.

극심한 고통을 만나면 현실과 전혀 다른 참담하고 암울한 형국에 놓이게 된다. 이때 느껴지는 것이 과거는 밝고 아름다운 삶이었다는 것을 느끼게 되는 것이다. 이것이 고통이 준 선물로써 은혜로움이다.

인간이 살아가면서 누군가가 자신에게 베풀어 준 은혜를 알게 된다는 것은 고귀하고 소중함을 발견하는 일이다. 은혜에는 두 가지 부류가 있다. 하나는 인간으로부터 받은 은혜고, 다른 하나는 신(神)으로부터 받은 은혜다. 인간으로부터 받은 은혜는 누가 준 것인지 쉽게 알게 된다. 신(神)으로부터 받은 은혜는 어떻게 하여 자신에게 온 것인지 본원지가 불분명하다. 더 큰 은혜는 후자다. 이 은혜로움은 뚜렷한 얼굴이 없어 출처가 분명하지 않다.

값과 조건 없이 주어진 선물이 은혜다.

보이지 않는 은혜일지라도 인간은 이것을 알아내어 누군가에게 되돌려 주어야 하는 의무가 있다. 사람으로부터 주어지는 은혜는 물론이지만, 신(神)으로부터 받은 은혜가 그러한 의미를 더 지닌다.

이 세상에 공짜는 없다. 이것은 자연의 이치이다.

누군가로부터 받은 은혜를 또 다른 내상에게 되돌려주는 것에서 값진 은혜가 새롭게 탄생된다. 이를 받은 사람은 곧 다른 사람에게 주는 것이 도리다. 인간은 이것을 발견하고 되돌려주어야 자신에게 베풀어 준 은혜를 보답하게 되는 것이다. 여기서 주목할 점은 신(神)이 준 은혜로움은 긴 고통의 터널을 지나온 후에야 그것이 있었다는 것을 발견할 수 있게 된다. 보통 사람들은 이것을 부를 때 행운을 만났다고 말하기도 한다.

이미 고통을 지나와서 새로운 삶을 맞이할 수 있기 때문이다. 이러한 고통이 은혜로움이며, 이는 신이 인간에게 준 선물이다. 신이 준 은혜로움을 받은 사람은 인생에서 큰 변혁(變革), 즉 혁신(革新)이 이루어지는 계기를 마련하게 된다. 고통을 통해서 새로운 길을 모색할 수 있기 때문이다. 이러한 경험을 얻은 경우에는 본인으로서는 앞으로 좀 더 착하고 양심적으로 세상을 살아가게 될 것이다.

역경지수(AQ. Adversary Quotient)라는 용어가 사용되어지고 있다. '인간이 역경(逆境)에 직면하였을 때 참고 견디는 능력을 말한다.' 얼마나 고통을 극복할 수 있느냐이다.

그야말로 세상은 어렵고 힘들다.
젊은이들은 너무나 고통을 참지 못한다.

이러한 현실에서 역경지수가 중요시된다. 인간이 태어나 세상을 살아가려면 어려움과 고통을 참고 견디며 헤쳐 나갈 수 있는 힘을 지녀야 함에도, 젊은이들은 이것 앞에 쉽게 굴복하고 만다.

헬렌 켈러[34]는 「가슴으로 느껴라」라는 시(詩)에서 다음과 같이 기

34　헬렌 켈러: 미국 앨라배마주 출생. 하버드대학교 졸업. 작가. 교육자. 사회 운동가다. 이는 들을 수도, 볼 수도, 말할 수도 없었으나, 이 삼중고의 장애를 극복하고 장애인 인권 운동가, 사회주의자 등 다방면으로 활동한 인물.

록하고 있다.

"고통의 뒷맛이 없으면 진정한 즐거움은 거의 없다."

고통을 고통으로 받아들이지 않고 고통을 즐거움으로 수용할 수 있을 때 진정한 삶이 이루어짐을 상기하는 바다. 고통을 극복하기 위해서는 어떻게 해야 하는가? 고통을 피하려고 하기보다는 정면으로 맞서서 대응하라고 한다. 그렇게 하려면 필요한 것이 용기다. 무슨 용기냐 하면 고통을 참고 견디면서 앞으로 나갈 수 있는 힘을 말하는 것이다. 어떠한 고통이 닥쳐와도 흔들림 없이 꿋꿋하게 자신의 길을 가려고 하는 자세다. 자기를 무장한다는 것은 두려움이나 원망, 자기 연민(憐愍), 우울감, 자포자기 등과 같은 것에서 자기를 지켜 낼 수 있도록 하기 위함이다.

우리가 생각하지 못하는 것 가운데 하나는 이러한 고통은 물론 고뇌가 남과의 관련성에서 대부분 비롯된다는 점이다. 쇼펜하우어의 책 『사는 게 다 그래』를 참고하면 "자신에 대한 다른 사람들의 견해에 지나치게 관심을 갖지 말라. … 우리가 실천해야 할 노력은 무시한 채 제3자의 의견을 과대평가하면서 늘 불안과 괴로움에 시달린다."라는 것이다. 이는 제3자의 평가는 나의 존재와 본질적인 관계가 적다는 말과 상통한다. 남의 말에 왈가왈부(曰可曰否)하지 말고, 자신의 주관대로 꿋꿋이 살아가야 함을 말하는 것이다.

이와는 달리 원초적인 고통의 원인이란 인간은 영원히 살 수 없다는 것에서부터 출발한다는 것이다. 반드시 죽게 됨으로써 자신이 이 세상에서 없어진다는 사실을 알고부터 고통은 시작된다. 불교에서는 본래 자신은 존재하는 것이 아닌 5온(蘊)[35]에 의한 인연에서부터 출발함으로써 세계도 무상(無常)[36]하며 자신도 무아(無我)라는 것이다. 무상과 무아를 알고부터 고통의 원인은 생기는 것이며, 이와 같은 고통은 앞서도 기술하였지만 일체개고(一切皆苦)[37]라는 용어와 뜻이 통하게 된다. 인간의 삶은 본래 생명을 얻게 됨으로써 고통도 함께한다는 말과 같다. 인간이 삶을 영위하는 동안 고통스럽지 않으려고 한다는 것은 위선이며 거짓이다. 삶은 고통이라고 생각하는 것이 당연시되어야 한다. 불교에서는 이와 같이 무상(無常)과 무아(無我)를 앎으로써 어리석음(癡)에서 탈피하는 것이라고 말한다. 인

35　5온(蘊)은 산스크리트어 'paⁿca-skandha'의 역어. 오음(五陰)이라고도 번역되는 불교 용어 skandha는 '집합', '구성 요소'라는 의미로서 오온은 개인 존재를 구성하는 '5개의 집합' 즉 '색(色), 수(受), 상(想), 행(行), 식(識)'을 말한다. '색(rūpa)'은 물질적인 형태로서 육체를 의미한다. '수(vedanā)'는 감수(感受) 작용인데, 의식 속에 어떤 인상을 받아들이는 것, 감각과 쾌·불쾌 등의 단순 감정을 포함한 작용을 말한다. '상(samjⁿā)'은 표상 작용으로 의식 속에 상(象)을 구성하고 마음속에 어떤 것을 떠올려 관념을 형성하는 것, 대략 지각·표상 등을 포함하는 작용이다. '행(samskāra)'은 형성 작용으로, 능동성·잠재성 형성력을 의미하고, 우리가 경험하는 어떠한 것을 현재에 존재하는 것처럼 형성하는 작용을 말하며, '수', '상', '식' 이외의 모든 마음의 작용을 총칭한 것으로써, 특히 의지 작용을 말한다. '식(vijⁿāna)'은 식별 작용을 말하는 것으로써, 대상을 구별하고 인식·판단하는 작용, 혹은 마음의 작용 전반을 총괄하는 주체적인 마음의 활동을 말한다. '수' 이하의 4온(四蘊)은 정신적 요소로 색온(色蘊)과 결합하여 심신(心身)을 이루기 때문에 '명색(名色, nāmarūpa)'이라고도 불린다.

36　무상(無常): 모든 것은 생멸변전(生滅變轉)하여 상주(常住)함이 없는 것.

37　일체개고(一切皆苦): [불교] 사람이 무상(無常)함과 무아(無我)를 깨닫지 못하고 영생에 집착하여 온갖 고통에 빠져 있음을 이르는 말.

간이 삶에 있어서 무상과 무아를 안다는 것은 중요하다. 우주의 원리를 알게 되는 것이며, 삶에서 근본을 아는 일이기 때문이다.

삶을 영위하면서 고통에 대한 생각을 바꾸어야 한다. 인간은 무아(無我)를 알게 됨으로부터 아집에서 벗어나게 되고, 무상(無常)을 알게 됨으로부터 탐욕이나 증오, 남을 해롭게 하려는 마음이 생겨나지 않게 된다. 불교에서 말하는 팔정도(八正道)[38]를 보면 정념(正念)[39]이라는 실천도(實踐道)가 있게 되는 것이다.

성경과 관련하여서는 성화(聖化)라는 말이 나온다. 이 용어의 뜻은 예수님의 가르침을 따르면, 그리스도의 영(靈)이 자신의 마음에 새롭게 점진적으로 생겨난다는 것이다. 오세균의 책『80대 중반 발자취(中)』를 보면 "중생이 일회적으로 단번에 이루어지는 반면, 성화는 일생에 걸쳐 계속적으로 이루어지는 과정이다. 이것은 두 가지 특징이 있는데 죄의 점진적 제거와 새 생활의 점진적 발전이다."라고 말하고 있다.

내가 말하고자 하는 것은 성화(聖化)가 아니라 고통(苦痛)에 관해

38　팔정도(八正道): 정견(正見)·정사유(正思惟)·정어(正語)·정업(正業)·정명(正命)·정정진(正精進)·정념(正念)·정정(正定)이다. 여기서 팔정도라면 '정도(正道)' 즉 바른 도란 중도(中道)를 말한다. 중도란 서로 대립하는 양극단에서 벗어나는 것을 말한다. 열반을 얻기 위한 수행 역시 극단적인 고행이나 지나친 쾌락을 피하고 중도를 행해야 한다는 것이다.

39　정념(正念): 항상 기억하여 잊어버리지 않는 것을 말한다. 무엇을 기억해야 하는가? 무상과 무아다. 즉, 몸(身)은 부정(不淨)한 것이며, 느낌(受)은 괴로운 것이며, 마음(心)은 무상한 것이며, 그 밖의 모든 존재(法)는 무아라고 항상 마음에 담아 두는 것을 말한다.

서다. 누구나 고통을 싫어하고 즐거움을 바란다. 인간이 험난한 세상을 살아가려면 달콤함보다는 쓴맛을 경험해야 한다. 이는 고통을 겪는 일이다. 이 점을 높이 평가하지 않으면 안 된다.

고통이 인간에게 주는 것은 마음의 면역력인 인내와 의지력의 생성이다.

삶이란 인내와 의지력만 있으면 힘들고 어려운 세상을 살아갈 수 있을 것이다. 이것이 고통이 인간에게 주는 보배로움이다. 이는 앞에서 언급한 성화의 과정과 다를 바 없다. 인간은 고통 없이 성화(聖化)의 경지에 들 수 없기 때문이다. 승화는 예수님을 믿고 깨달으면서 예수님을 따라 거듭나는 새로움이다. 고통 또한 이를 겪음으로써 얻을 수 있는 것이 바로 인내와 의지력이기 때문에, 이것으로 인간은 새롭게 거듭나게 되는 것이다.

고통을 당했을 때 우리의 마음 자세는 어떠해야 하는가?

- 나에게만 어려움이 오는 것이 아니라는 것을 알아야 한다.
- 잘 해결되도록 반성과 기도를 한다.
- 최선을 다해 정보를 찾아보고 해결 방안을 모색한다.
- 만약을 생각해서 최악의 경우를 대비한다.
- 전문가에게 도움을 청한다.

노인기에 갖추어야 할 사항은 자신의 정신적인 성장, 즉 수양의 기간을 거쳐 얻게 되는 경험의 세계로써 지혜로움을 터득하는 것이다. 여기에서의 지혜로움이란 어려움을 참아 내고 성실히 살아가면 좋은 결과를 얻게 된다는 믿음이다. 인간은 누구나 자신에게만 주어지는 삶의 고통이 있게 마련이다. 이러한 아픔과 시련을 극복해야 만이 성숙해지는 것이다.

새뮤얼 스마일스의 책 『자조론 인격론』에 의하면 찰스 제임스 폭스[40]는 "순탄하게 성공의 길을 걸어온 사람보다는 실패를 하고도 쓰러지지 않고 버텨낸 사람이 더 바람직하다."라고 말했다. 인생이라는 삶의 과정에서 꼭 어느 단계마다 극복해야만 하는 고난이 있게 마련인데, 이를 피하지 말고 이

찰스 제임스 폭스

겨 내어야만 노인이라는 자격이 부여된다는 것이다.

---

40 찰스 제임스 폭스(1749. 1. 24.~1806. 9. 13.)는 1749년 1월 24일 런던에서 출생하였다. 1768년 토리당(黨)에서 하원으로 들어갔고 해군장관·재무장관을 지냈으나, 나중에 휘그당(黨)에 접근하여 F.노스의 아메리카식민지에 대한 정책을 비난하였다. 한때 휘그 내각의 외무장관이 되었고, 이어서 1783년 노스와 연립내각을 구성하였으나 그해에 와해되었다. 프랑스혁명이 발발하자 그 혁명을 지지하는 한편, 대프랑스 전쟁을 반대하였고, 소(小)피트의 정책을 공격하였다. 그 후 1806년 외무장관이 되었으나 곧 병을 얻어 사망하였다. 그는 변절자·과격파라 하여 많은 비난을 받았고, 조지 3세로부터도 미움을 받았다. 그러나 교양과 웅변으로써 커다란 영향력을 발휘하였으며, 자유주의의 선구자로서 활약하였다.

　그렇기 때문에 젊은이들은 노인을 존경하며 우러러보는 것이다. 당신이 진실로 노인이 되기까지 인생을 참답게 살아왔느냐다. 핏덩이와 다름없는 발가벗은 몸으로 태어나서부터 이렇게 피부가 검게 마르고 험상궂게 뼈만 돌출하도록 살아오기까지 고난 속에서 얼마나 많은 눈물을 흘렸느냐다.

　인생이란 저마다 자기 앞에 놓이는 운명은 다르다. 성인이 되고 나서부터는 누구나 자신에 따른 삶의 승부는 본인의 노력에 달려 있게 된다. 특별히 능력이 뛰어난 사람도 있겠지만, 보통 사람들의 두뇌는 그렇게 큰 차이가 있는 것이 아니다. 다만 태어난 환경과 운명이 다를 뿐이다.

　훌륭한 부모 아래서 성장한 사람은 그 후광으로 인하여 삶이 안정되고 평탄하기도 하다. 그러하지 못한 사람은 삶이 험난하기도 하고 어두운 그림자가 몰려오기도 한다. 그러나 80 평생을 살다 보면 누구나 온갖 고난과 역경을 만나기도 하고 좌절하며 쓰러지기도 한다. 그러면서도 생명이 남아 있는 한 삶을 포기할 수 없어 각자 나름대로 정해진 운명대로 살아가는 것이다.

　부모로서 가정을 다스리고 주어진 의무를 다한다는 것은 생명을 담보로 하는 삶이다. 막노동을 하는 사람이 공사의 현장에서 자신의 의무감 때문에 일을 피할 수 없어 수행하다가 흙더미에 매몰되고 생명을 잃는 것처럼 말이다. 그들은 위험하다는 것을 모르는 바 아니다. 삶의 책임감 때문에 하나뿐인 자신의 귀중한 생명을 던지며 죽음의 세계로 뛰어들게 되는 것이다. 삶에서 그 이상 더 비참한 현실이 또 있겠는가? 하지만 이것이 자기를 위하고 가족을 위한 삶이기 때문이다.

인생은 죽음과 함께하는 가운데 세월은 흘러가게 된다. 젊음이 자신과 영원히 함께할 것 같았지만 세월은 무심하여 순식간에 지나간다. 천하를 움직일 듯한 그 용감한 기상(氣像)도 용암처럼 분출하던 왕성한 혈기도 아침나절에 불던 바람처럼 사라지게 된다. 알고 보면 자기의 인생이란 자기 것이 아닌, 절대자의 손에 의해서 재단(裁斷)되고 있다는 엄연한 사실을 받아들이지 않으면 안 된다.

이와 같이 처절(悽絕)하고 비참(悲慘)하기도 한 삶의 과정을 지나오면서 젊음은 늙음으로 바뀌게 되고, 노인은 산전수전(山戰水戰)을 겪게 되어 삶의 경험은 쌓이게 되는 것이다. 이렇게 인고(忍苦)의 세월과 함께 험준한 산을 넘고 깊은 바다를 건너서 황혼기를 맞게 된 노인은 스스로 자랑스러울 것이며, 우리는 이분들을 존경하지 않을 수 없게 된다. 어둠이 물러가고 태양이 밝아 오는 세상, 꽃 피는 봄이 오고, 무성한 여름을 지나 가을이 영글어 가는 계절을 맞게 되는 것처럼, 사람들이 마냥 즐거워하며 히득기리는 세상이 그냥 주어지는 것같이 보이지만 그렇지 않다. 보이는 현상세계만 존재한다고 믿는 것은 잘못이다. 생명의 뿌리는 무형에 있다. 이 세상의 탄생도 또한 죽음도 무의미하게 존재하였다가 사라지는 것은 결코 아니다. 이것을 알게 되는 것은 오직 노인으로서 영적인 깨달음을 통해서다.

원숙미(圓熟美)를
갖추어야 한다

노인의 원숙미(圓熟美)는 겉으로 그 정체가 뚜렷하게 드러나지 않는다. 원래 그 자체가 어느 정도 숨겨지고 가려져 있는 것이 특징적이다. 좋은 점과 그렇지 않은 점을 아울러 포용한다는 의미로 해석된다. 원숙미는 하루아침에 얻어 낸 실적이 아닌, 한평생을 두고 인품(人品)을 갈고 닦아야 이룰 수 있는 결과물이다. 노인이 원숙미를 갖추어 노련하면서 인격적으로 훌륭하게 늙어 가고 있다면, 이는 높이 찬양해야 할 일이다.

원숙미(圓熟美)를 갖추지 못하고 있다면 인격의 함량 미달, 고루(固陋)한 성격, 천박한 지식, 고통과 아픔의 미수용, 경험의 경박성, 포용력 결핍 등에 머물러 있음을 의미한다.

아프리카 케냐의 은디와 지방에서 살고 있는 아센투스 오그웰라 아쿠쿠라는 남자는 무려 일생 동안 130여 명의 여성과 결혼해 210

명의 자녀를 두었다. 그는 지난 1997년 79세의 나이에 18세의 여성을 마지막으로 아내를 맞이했다고 하는데, 이는 여성들이 거절하기 어려운 잘생긴 외모와 멋들어진 옷맵시로 여성을 사로잡았다고 한다. 그 정도로 남성 역시 아름다운 외모가 그렇게 성적 매력을 갖게 하는 것이다. 아름다움이 젊음을 상징하는 것이라고 한다면 원숙미는 노인을 대변(代辯)하는 것이다.

원숙미란 '충분히 숙달되어 능숙한 데서 느껴지는 아름다움'이다. 숙달함은 '익숙하고 통달함'이다. 주목할 것은 '익숙함'인데, 이는 경험에서 습득한 삶의 노하우며 노련함이다. 이것은 긴 세월 동안 살아온 경험에 의해서 획득된다. 이 경험은 평범한 경험이 아니라 시행착오, 좌절감, 아픔, 장애물의 직면 등을 겪으면서 얻게 되는 값비싼 대가물이다. 인생에 있어서 행복과 성공은 물론 즐거움이나 기쁨, 풍요로움에서 얻어지는 것이 아니라, 고통과 시련, 인내, 외로움에서 얻어지는 경우가 많다. 삶의 장애물들은 인간을 실패로 연결하는 것이 아니라, 원숙함으로 이끌어 준다. 삶에 있어서 이러한 처절한 순간들이 없었다면 우리는 미숙함 그대로 존재하고 있을 것이다.

고대 그리스에서 철학자들의 관심거리로서 사변(思辨)의 대상이 되었던 것은 진(眞), 선(善), 미(美)였다. 진(眞)에 해당하는 부분이 존재론(存在論)과 인식론(認識論)의 영역이고, 선(善)에 해당하는 부분이 정의론(正義論)의 영역이라면, 미(美)에 해당하는 부분이 미학(美學), 즉 심미학(審美學)이라고 할 수 있다. 고대 그리스에서의 미(美)의 개

넘은 마음을 즐겁게 해 주는 모든 것에 '아름답다'라는 의미를 부여
했다. 플라톤은 인간이 추구해야 할 최고의 가치로서 진(眞), 선(善),
미(美)를 꼽았다. 여기서 진(眞)의 개념을 살펴본다면 순수한 '있음'이
며, 이것은 바로 '참'이다. 참이란 사실이나 진리에 어긋남이 없이 옳
고 바른 상태다. 이 진(眞)이야말로 우주 자체는 물론 인간 삶의 실
존 그 자체가 아니겠는가? 우주, 생명 그 자체가 진(眞)이 아니라면
영원성은 존재하지 않았을 것으로 본다. 우주의 현상은 진(眞)을 바
탕으로 성립한다고 볼 수 있다. 진(眞)은 존재론과 인식론의 영역이
다. 선(善)이란 인간 생활에서 영원한 최고의 덕목이다. 삶은 선을
향하여 나아가지 않으면 안 된다. 이는 자연 그대로고 신(神)의 뜻이
며 명령이기도 하다. 선(善)을 향하지 않으면 진(眞)과 마찬가지로 인
류의 공존은 있을 수 없게 된다. 미(美)는 앞의 진(眞), 선(善)과는 의
미적인 차원에서 다소 다르다. 미(美)는 인간의 마음을 즐겁게 해 주
기 위해서 필요한 가치 관념이다. 인간이 삶을 영위하는 과정에서
즐겁지 않다면 어떻게 되겠는가?

굳이 진(眞), 선(善), 미(美)의 가치 관념에서 어느 것이 중요하느냐
고 하는 것은 주관적인 입장에 불과하다. 넓고 깊게 보았을 때 플
라톤뿐만 아니라, 그리스의 철학자들은 진, 선, 미를 본질적으로 동
일한 하나의 가치 관념으로 보았다.

노인기는 원숙미를 지녀야 하는가? 주목해야 할 부분은 노인은
인생을 두루 거치며 살아온 과정에서 진선미(眞善美) 모두를 포괄하
는 하나의 결과물이다.

젊은이는 인생이라는 차원에서 생각해 볼 때 변화의 과정에 있으며, 노인과는 사뭇 다르다. 특히 진(眞), 선(善), 미(美)라는 입장에서 보았을 때도 형편이 달라진다. 젊은이는 변화의 과정에서 미(美)의 현실적인 추구보다는 실존이라는 진(眞)과 선(善)의 가치를 뒤에 둘 수 없기 때문이다. 이들 가치에 따른 선택의 문제가 순서적으로 보았을 때 미의 추구가 진과 선의 뒤에 오는 것이 바람직한 것만은 아니다. 이들 모두를 동일선상에서 수용하여야 한다. 하지만 인생이라는 과정에서 젊은이는 아름다움에 비중을 두어 여기에 마냥 머뭇거릴 수 없는 형편이다. 시간적으로 자신을 꾸미는 것에만 치중(置重)할 수만은 없다. 더 높은 가치를 향하여 노력하지 않으면 안 되는 진행형에 놓여 있게 되는 것이다. 노인은 다르다. 이미 늙고 추하게 되어 있음으로써 일단은 아름다움으로 그 가치를 보완하지 않으면 안 되기 때문이다.

고대 그리스의 견유학파(cynicism)[41]들은 미덕(美德)이나 고결함은 무엇이고, 어떻게 살아야 훌륭한 삶을 살 수 있으며, 숭고함(arete)을 지닐 수 있는가에 초점을 두었다. 그렇게 하기 위해서는 욕구와 소유를 어느 정도 줄임으로써 인간은 철학적인 삶에 좀 더 집중할

---

41 견유학파란? 소크라테스의 제자인 안티스테네스가 만든 고대 그리스 철학의 한 학파. 어원인 '키니코스(Κυνικοί)'가 '개(Κύνος)'에서 유래하였기에 견유학파(犬儒學派)라고도 한다. 영어로는 'Cynics' 또는 'Cynicism'으로, 냉소적이라는 의미의 'cynical'과 어원이 같다. 부, 명예, 정치, 종교, 문화, 예술과 같은 외적인 요소에서 벗어나 자연 속에서 주어진 것에 만족하며 살아가는 소박한 삶을 추구한다. 금욕주의를 추구하는 스토아 학파에 앞서 쾌락주의를 멀리하고 무욕(無慾) 정신을 추구하였다.

수 있게 된다고 생각하고 자기 스스로를 통제했다.

이러한 미덕을 최고 삶의 가치로 여기는 것이 유일한 참된 행복으로 생각하였던 점이다. 한편으로 노인기의 원숙함은 견유학파의 사상이나 철학에서 그 의미를 찾아볼 수 있을 것이다.

노인들이 갖출 수 있는 원숙함에는 세월만큼이나 노회(老獪)한 눈동자, 살며시 다문 입술, 잔잔하게 빼어난 미소, 온화한 얼굴에 부드러운 말씨, 남을 배려해 줄 수 있는 따뜻한 가슴 등일 것이다. 이러한 자세는 살아온 세월만큼이나 삶의 무게를 견뎌 왔다는 증거이기도 하다. 지금은 고통과 즐거움이 하나가 되어 인생의 황혼기를 맞아 스스로 자기가 가야 할 길을 가게 된다.

이제 노인은 세상이 어떠함이라는 것도 알고, 인생이 무엇인지도 안다. 젊었을 때는 세월의 물결 위에 생명이라는 조각배를 띄워 꿈과 사랑의 깃발을 펄럭이며 아름다운 노래를 불렀다. 그러나 노인기는 이별가를 부르며 인생이라는 이름표, 모두를 바람에 날려 보내야 할 때다. 때로는 혼자 있으면 누가 부르는 듯 누가 올 것만 같은 그리운 정(情)이 밀려오기도 하고, 정신을 차리고 보면 자신은 혼자라는 것을 느끼기도 한다. 좋아했던 사람도 미워했던 사람도, 이제는 다 제 갈 길로 간 지 오래다. 자기에게는 메마른 가슴과 희미한 추억, 한 번도 가 보지 않은 험난한 비탈길, 적막한 어두움의 그림자, 꺼져 가는 시간의 촛불만이 기다리고 있을 뿐이다.

원숙함을 위해서는 다음과 같은 보편적인 자질을 갖추어야 한다.

첫째, 죽는 날까지 자기만의 소중한 가치를 추구해야 한다. 사상 (思想)이란 어쩌면 눈에 보이지 않는 역동성(力動性)이나 다름없다. 이것은 한 인간의 생명과 같다. 인간은 소중한 가치를 추구할 때 자연히 행동으로 나타나게 되며, 그 사람의 영(靈)은 신선함을 갖추고 지속적으로 피어나기 때문이다.

둘째, 남이 쉽게 획득할 수 없는 자기만의 유·무형의 자산을 갖추고 있어야 한다. 유형의 재산은 물론 무형의 재산인 지식, 지혜, 인격, 신뢰 등도 포함된다. 즉 자랑거리가 있어야 한다. 뽐내는 것이 아니라 이러함으로 인하여 자연적으로 몸에 배어 나오는 인품을 말한다.

셋째, 도덕적으로 흠결이 없어야 한다. 가만히 생각해 보아라. 노인이 되기까지 세상을 전부 살아왔는데, 어떻게 남에게 죄를 짓고 자신이 원숙하다고 말할 수 있겠는가? 하늘을 향하여 한 점 부끄러움이 없다면 그 이상 바랄 게 없을 것이다.

넷째, 이치에 따라 순리적으로 살아가야 한다. 특별히 자기가 잘났다고 뽐내거나 으스대지 않고 약간 손해를 보며 어리석은 듯한 삶을 살아간다는 뜻이 담겨 있다.

인간이란 아무리 늙고 힘이 없어도 자기 자신을 새롭게 하는 노력을 게을리해서는 안 된다. 노력한 만큼은 반드시 원숙함을 갖출 수 있을 것이다. 노인은 인간 사회에서 연륜적으로 최상위에 위치하는 나이다. 그런데 나이만 많고 인격은 물론 실력을 갖추지 못하였다면 아랫사람들이 자신을 따르며 존경할 수 있겠는가? 어느 지역에서든 어른이 되려면 학문(學問)으로서의 지식과 교양을 갖추고, 다양한 경험을 쌓아야 노인으로서 자격이 주어지는 것이다.

지혜로워야 한다

인간이 삶을 영위하는 데 필요한 것이 지혜로움이다. 성경 야고보서1:5를 보면 "여러분 가운데 누구든지 지혜가 부족한 사람은 하나님께 기도하십시오. 그러면 꾸짖지 않고 모든 사람에게 후(厚)하게 주시는 하나님께서 주실 것입니다."라는 기록이 있다. 기도는 전략(戰略)을 얻는 지름길이라고 한다. 전략이란 '어떤 일을 이루기 위한 효과적이고 적합하며 효율적인 방법'이다. 기도를 하면 영감은 물론 전략을 얻게 되고, 이를 통하여 지혜를 얻을 수 있다는 것이다.

전략(戰略) 하면 우리는 이 단어를 전쟁 용어로 생각하게 된다. 여기서는 어렵고 힘든 세상을 무난히 살아가기 위해서 계략적(計略的)이고 효과적인 방법을 추구하라는 뜻으로 풀이된다. 계략은 '어떤 일을 이루기 위한 꾀나 수단'을 말한다. 잠언 24:6을 보면 "너는 전쟁하기에 앞서 전략을 잘 세워라. 승리는 전술적인 조언을 많이 받는 데 있다."라고 기록되어 있다. 삶을 영위하더라도 아무렇게나 살지 말고 계략적으로 살아야 한다는 점을 강조하는 바다.

이러한 건강 면에서 삶의 살아가려면 기도를 통하여 영감을 얻어야 함이다. 지혜는 영감을 통해서 획득되기 때문이다. 노인기인 70대가 되면 삶의 한계를 맞게 되는 분기점에 이른다. 이때부터 노인기의 삶은 새로운 국면을 맞게 된다. 육적인 것에서 정신적인 삶으로 이동이 있어야 하기 때문이다.

정신적인 삶을 왜 살아야 하는가?

- 신(神)이 바라는 삶을 살아가기 위해서다.
- 통찰력과 분별력을 키우기 위해서다.
- 인류가 함께 평화롭게 살아갈 수 있기 때문이다.
- 도덕적인 수준이 높은 인간이 된다.
- 올바른 죽음을 맞이할 수 있게 된다.

삶을 영위하는 과정에서 지혜(智慧)만큼 높은 가치를 부여하는 것은 없다. 지혜에 이르는 길은 쉽지 않다. 지혜(智慧)의 뜻은 '사물의 도리나 이치를 잘 분별하는 정신 능력'이다.

성경에서도 지혜의 말씀이 나온다. 솔로몬의 인생론(전도서) 12:11을 보면 "지혜로운 자들의 말은 양떼를 모는 채찍과 같고, 그들이 수집한 명언은 잘 박힌 못과 같은 것이니 그것은 다 우리의 목자 되시는 하나님이 주는 것이다."라고 전하고 있다. 여기서 기록한 것처럼 지혜롭다 함은 하나님이 인간을 잘 인도하기 위해서 내려 주신 세상에서 가장 귀한 계시(啓示)이기 때문이다.

정신적인 삶은 어떻게 사는 것인가?

내면의 성숙을 기하면 된다. 자신이 과거에 살아온 방식의 잘못된 점을 반성하는 일부터 시작하여 수양서(修養書) 등의 고전(古典)을 읽으면서 이것을 지침서로 바르게 살아가야 하는 것이다.

육적인 욕망에서 벗어나면 된다. 모든 걱정과 불평심(不平心)은 욕심에서부터 시작되니, 지나친 욕심을 갖지 않아야 한다.

무형의 세계로 나아가면 된다. 마음이 번뇌에서 벗어나 고요함에 이를 때, 이 길로 입문하게 된다. 욕심이 없어지면 그 자리에 정신세계가 열리게 되어 우주와 교감을 이룰 수 있게 되기 때문이다.

선각자(先覺者)들의 삶을 따르면 된다. 관능적(官能的)이고 본능에 매몰되어 육적인 즐거움을 따르는 것이 아니라, 우주와 인생의 문제에 접근하여 그 진리를 터득하고자 열망하는 마음을 견지하는 것이다. 이것을 위하여 선각자들이 육(肉)고기와 술을 금하며 머리에 나쁜 생각을 떠올리는 것을 경계하며 살았다면 정신적인 삶을 추구하는 사람도 이 길을 따라야 한다.

'풍진세상(風塵世上)'이라고까지 말하는 험악한 삶의 현장에서 올바르게 살아가려면 지혜 이상의 가치를 지닌 것이 또 어디 있겠는가? 이것은 황금을 주어도 얻을 수 없는 귀중한 정신적 은혜로움이 아닐 수 없다.

수도승(修道僧) 욕망의 덩어리를 뒤로한 채 금욕적인 삶을 살아가면서, 지혜를 터득하기 위하여 생애를 바친다. 구도자(求道者)들은 자신의 입신(立身)을 위해서 이렇게 인고(忍苦)의 세월을 보내는 것이 아니라 중생(衆生)들의 구원을 목적으로 함에 있다. 세상에서 이보다 더 거룩한 일이 또 무엇이 있겠는가?

지혜는 단순한 지식(知識)과는 다르다. 지식은 암기를 하고 이해(理解)를 함으로써 외부로부터 쉽게 얻을 수 있는 개념적 가치다. 지식(知識)의 뜻은 '안다는 의식의 작용'이다. 지식은 외부에서 빌려오는 과정을 거쳐 획득한다.

지혜는 자신의 정신 능력의 작용으로 내부에서 만들어 내는 순수성에 의해 피동적으로 비추어지는 생명의 빛이다. 이 둘은 획득하는 과정에서 투여되는 에너지의 작용은 판이하다. 지식은 쉽게 획득이 가능하지만, 지혜는 자신의 의지대로 쉽게 획득되는 것이 아니고 자연적으로 주어지는 것이다.

권오민의 책 『인도철학과 불교』를 보면 지혜에 대하여 "인도의 철학이 대개 그러하듯이 불교 역시 지혜를 통한 해탈을 주장한다. 이때의 지혜는 우리가 일상에서 경험하는 '지혜롭다'거나 '똑똑하다'고 할 때의 지혜, 혹은 필로소피의 소피아(sophia)로 이성적 정신활동으로서의 지혜와는 다르다. 일반적으로 우리가 말하는 지혜는 나이가 많아 경험을 통하여 획득한다고 할 수 있다. 여기서의 지혜는 도덕적 금계(禁戒)와 명상(禪定)에 의해 수반되어 나타나는 것이며, 이와 같은 지혜만이 우리의 삶을 본질적으로 변화시킬 수 있다."라고 말한다.

일반적인 사람이 이러한 깊은 지혜를 얻기는 힘들다. 한 번 더 이 내용을 음미해 보면 우리가 일상에서 경험하는 이성적인 '지혜'는 지식에서 한 걸음 더 나아간 상태든지, 아니면 철학적으로 말하는 지혜다. 이러한 지혜는 수도자가 추구하는 지혜와는 다르다고 할 수 있다.

인도의 불교에서 말하는 '지혜'는 훨씬 깊이가 있고 정화(淨化) 면에서 불순물이 섞이지 않으며, 우주가 빚어낸 신비로운 빛이 영글어 진주와도 같이 순도가 높은 결과물이다. 이러한 지혜는 누구나 쉽게 체득할 수 있는 것이 아니라 우주적 차원에서 영적인 결정체가 순수한 상태로 응축된 신비함이 지혜로 영화(靈化)된 것이라고 말할 수 있다. 이러한 지혜야말로 우리의 삶을 변화시킬 수 있다는 점에서 그 의미가 사뭇 크다. 무엇과도 바꿀 수 없는 최고의 가치를 지녔다고 할 수 있다.

지혜가 생겨나는 것을 방해하는 장애 요인은 어리석음(癡), 게으름(放逸). 노력하지 않음(懶怠), 믿지 않음(不信), 침울(惛沈), 들뜸(悼擧) 등이라고 한다. 역(逆)으로 생각하면 지혜를 얻으려면 앞의 장애 요인을 제거함으로써 더 가까이 갈 수 있게 된다.

높은 수양심에 이른 선각자들은 이 세상을 살아가는 데 인간이 가장 필요로 하는 가치로 지혜(智慧)와 화목(和睦)을 꼽는다. 화목(和睦)의 뜻은 '서로 뜻이 맞고 정다움'이다. 지혜로서 세상을 분별하고, 화목으로 남과 화친하는 것이 원만하게 삶을 영위하는 방법이라는 것이다. 이 두 가지의 가치 개념이 높이 평가된다.

지혜는 사물의 도리나 이치를 잘 분별하는 정신 능력이다. 중요한 것으로 지혜는 정신 능력인데, 그것도 가치적인 측면에서 우주적으로 넓고 깊으면서 중용의 가치를 지니고 있는 데 반하여, 꾀는 자신의 이기적인 측면에서 목적을 달성하기 위한 것이다.

지혜는 사색(思索), 사고(思考), 고뇌(苦惱)와 같은 개념과는 본질 면에서 다르다. 사색이나 사고, 고뇌와 같은 개념은 하나의 목적을 대상으로 성과를 얻기 위하여 그것을 깊이 생각하는 것을 말한다. 지혜는 발상부터 이것과는 전혀 다른 방법으로 접근한다. 지혜는 어떤 목적을 이루기 위한 그 대상에 주목하지 않는다. 처음부터 대상(對象)이 없이 고요함을 추구하든지, 아니면 고요함에 맞는 대상을 선정하여 집중과 응시로 접근한다. 단 마음의 평화와 안정을 추구하는 것이다.

이러한 과정의 결과 마음이 맑고 안정되어 통일을 이루면 피동적으로 사물을 분별할 수 있는 정신 능력이 열리게 되는 것이다. 즉 하늘에 구름이 걷히도록 하였기 때문에 사물을 멀리까지 맑고 훤하게 보는 것과 다르지 않다. 지혜를 얻기 위한 과정은 방법은 여러 가지가 있을 것이다. 쉽게 말하면 참선(參禪)이나 명상(瞑想), 그 외 다른 동일

한 주문(呪文)을 반복하여 외우는 일이나 경전을 읽는 것 등도 하나
의 지혜에 이르는 길이다.

명상(瞑想)의 하나로 최평규의 책『달라이라마 물음에 답하다』를
참고하면 지혜에 이르는 길을 기록하고 있다. 이것은 "하나의 대상
(여러 방법이 있음, 사색을 하는 것이 아님), 즉 마음에 떠오르는 대상(여
기서는 부처님을)을 정하고, 그 대상을 주의 깊게 그대로 간직한다(어
떤 목적을 관철하기 위함이 아니고 정신을 한곳에 모으기 위함). 그리고 그
러함과 동시에 구석구석 대상이 명료하고 안정되어 있는가를 검토한
다. 이것을 행하는 능력을 바른 지혜(正知; 內省)라고 한다. 항상 주의
깊은 상태로 있게 되면, 즉 "마음에 새기는 것(憶念)이 없어지면 바른
지혜가 생긴다." 라고 말한다. 여기서 주목할 것은 이 바른 지혜의
뛰어난 기능은 마음이 흥분하거나 기(氣)가 느슨해지는 징후가 있는
지 없는지를 바로바로 검사한다는 점이다. 조금이라도 잡념이 있게
되면 지혜의 문을 여는 데 방해 요소로 작용하게 된다는 것이다. 이
러한 방법으로 지혜의 영역으로 한 발짝 다가갈 수 있게 된다.

지혜와 관련하여 글이 있기에 여기에 소개하고자 한다. 뉴욕대학
교 부속병원 재활센터 벽(壁)에는 기도문이 쓰여 있다고 하는데, 그
중 한 구절을 보면 "행복해지고 싶어 부유함을 구했더니 지혜로워
지라고 가난을 주셨다"라고 기록되어 있다고 한다.

이 내용대로라면 부유함이 행복의 원천이라고 해도 틀린 말이 아
닌 것이며, 부유하지 않고는 행복해지는 것은 어렵다는 것이다. 대

부분의 사람들이 행복하기 위해서 재물을 모으는 데 인생을 바친다. 그런데 부유함을 달라고 기도를 했는데, 이것 대신에 가난을 주어 지혜로워지라는 것이다. 그렇다면 지혜로움을 얻기 위해서 가난하게 살아야 하고, 여기서 얻은 지혜로움은 부유해져서 행복해지는 것보다도 가치적인 측면에서 하위의 개념이 아니라는 뜻이다. 물론 정신적이고 영적인 측면에서 그러할 것이다.

성경에서도 지혜에 대한 글귀가 나온다. 잠 9:10을 보면 "여호와를 두려워하는 것이 지혜의 첫걸음이요 거룩하신 분을 아는 것이 깨달음이다."라고 말한다. 여기서 보면 지혜의 기본적인 개념은 기술(skill)이다. 이는 하나님이 가르치는 삶의 기술을 가리킨다. 지혜로운 사람은 자기의 삶을 하나님의 삶의 방식에 맞추어 살아가게 된다. 이 글은 다른 종교의 지혜의 논리와는 다르게 성경적인 측면에서 지혜를 표현한 글이다. 그러나 하나님의 말씀이 인간이 살아가는 데 필요한 삶의 지침서임에는 틀림없다.

수도자들은 지혜를 터득하기 위하여 일평생을 여기에 전력을 바친다. 한 인간이 인격적으로 완성하기 위해서도 전 인생을 바쳐야 한다. 지혜를 터득하고 나면 짧은 기간이지만 중생을 구제하게 될 것이다. 그다음으로는 자신을 기다리고 있는 것은 죽음뿐이다. 죽음 역시 지혜와 함께함이다.

나는 우연한 기회에 30대 초반의 스님 한 분을 알게 되었다. 동국대학교 불문학과를 졸업하고, 그 당시(2016)에 강원도 인제군 북면에 위치한 백담사 기본 선원에서 2년 동안 교육 중에 있던 분이다. 법명은 지본(智本)스님이시다.

이 스님이 나에게 건네주신 USB 자료를 보면 「2005년도 하안거 소참법문」이라는 법문이 있다. 여기서 보면 그 유명한 조주스님[42]도 60세에 깨달았다고 전해진다. 그때의 60세는 지금 같으면 80세를 넘는 나이일 것이다. 그러고 보면 공부만 열심히 하면 무조건 젊을 때에도 깨닫는 것이 아니고, 어느 정도 세월이라는 무게를 견뎌야만이 깨달음에 도달하는 것 같다.

깨달음이 무엇인지 이렇게도 힘든 것일까? 동양이 아닌 서양철학사에서는 '깨달음이란 내가 존재하지 않는다는 것을 알게 되는 것이다' 라고 정의하기도 한다. 여기서 '깨달음을 알게 된다'는 과정은 우리와 같은 속인(俗人)은 쉽게 접근할 수 있는 문제가 아니다. 그런데 이렇게 높으신 스님들의 깨달음에서 가르치는 어록(語錄)의 가치는 하늘과 땅만큼이나 귀중하게 다뤄지고 있다.

예를 든다면 일본의 경우에는 임제 스님의 임제록(臨濟錄)[43]하나

---

42 조주(趙州)스님: 중국의 조주스님은 남천(南泉: 748~835년)스님의 문하(門下)다. 스님의 속성은 학 씨며, 본시 조주(曹州) 학향 사람으로 법명은 종심(從諗)으로서 120세를 살았다(서기 748~835년). 조주스님은 당(唐)나라 말엽의 종심선사((從諗禪師)를 가르친다. 그는 지금의 하북성(河北省) 조주(趙州)에 있는 관음원(觀音院)에서 40년 동안 주석(住錫)하면서 승속(僧俗) 교화하였기 때문에 조주(趙州)라고 불리게 되었다.

43 임제록(臨濟錄)은 동양 선불교사에 큰 영향을 끼친 중국 대선사 임제스님의 사상과 가르침을 담은 어록집이다. 이 임제록은 867년경에 만들어진 책으로, 간명하고 직접적인 언어로 불교의 극의를 드러낸 당나라 선승의 언행록이다. 정식 명칭은 『진주임제혜조

만은 일본 열도가 전부 물에 잠겨도 이 어록만은 건져야 한다고 주
장한다. 중국의 경우에는 중국 본토가 불타도 혜능 선사의 육조단
경(六祖壇經)⁴⁴만은 보호되어야 한다고 말한다. 그 정도로 높으신 스
님들의 어록은 가치가 있는 것이다. 이렇게 높으신 어른들의 깨달음
에서 얻은 어록은 그 속에 우주의 신비함과 인간의 생명에 관한 지
혜가 담겨 있기 때문이다. 그래서 이 세상에서 가장 가치 있다고 여
기는 것이다.

랄프 비너의 책 『유쾌하고 독한 쇼펜하우어』를 참고하면 "지혜
로운 사람은 무엇보다도 고통과 괴로움이 없는 상태, 평안과 여유
를 추구할 것이므로 조용하고 겸손하며 가능한 방해받지 않는 삶
을 원할 것이다. 그는 이른바 사람이라는 존재를 알고 난 후에는 은
둔, 또는 고독을 택할 것이다."라고 말한다. 대체적으로 지혜로운 사
람은 다음과 같이 살아간다고 선각자들은 말한다. 말이 적은 편이
고, 겉모습은 화려하지 않고 평범하며, 수수하면서 남의 눈에 확연
히 드러나지 않는다. 홀로 살아간다고 하기보다는 홀로 존재한다.

선사어록(鎭州臨濟慧照禪師語錄)』고, 작자는 임제의현이라는 승려다. 이 『임제록(臨濟
錄)』은 당나라의 선승(禪僧) 임제의현(臨濟義玄: ?~867)의 가르침을 그가 죽은 후 제
자인 삼성혜연(三聖慧然)이 편집한 것으로써, 현존하는 것은 의현이 죽은 후 254년이
지난 1120년(북송의 선화 2년)에 원각종연(圓覺宗演)이 중각(重刻)한 것이다. 『임제록』
은 선종(禪宗)의 일파인 임제종(臨濟宗)의 기본이 되는 책일 뿐만 아니라, 실천적인 선
(禪)의 진수를 설파한 책으로써 널리 알려져 있다.

44 육조단경(六祖壇經)이란 중국 선종의 제6조인 혜능선사가 조계산에서 제자들에게 설
법한 것을 기록한 자서전적인 경전이다.

그 정도로 욕망의 추구를 자제한다. 쓸데없는 곳에 에너지를 소비하지 않고, 내면을 향해 마음을 집중시킨다. 언제나 자신과 싸우며 악(惡)을 물리치고 선(善)을 추구하며, 지켜야 하는 내부 규정에 엄격하다. 날카로운 판단력과 분별력을 갖추고 함부로 행동하지 않으며, 친(親)하다고 함께 하는 것이 아니라 만남과 헤어짐이 자유로워 언제나 때(자연스러운 합당한 시기)를 같이한다. 세상을 훤히 꿰뚫어 보는 혜안을 소유하고 있어 이 세상이 영원한 본원지(本源地)가 아니라는 것을 알고 쉽게 떠날 준비를 하고 있다. 웃음과는 친하지 않으며, 생긴 모습 그대로를 나타내 보여 무심하다. 기름진 얼굴이나 화색(和色)이 도는 얼굴이 아니라 수척하면서 앙상한 편이다. 욕망 때문에 초조하거나 불편한 마음은 더더욱 아니다. 세월에 몸을 맡기고 이와 함께 묵묵히 흘러가는 사람이다. 물질을 멀리하는 것이 아니라 욕심을 부리지 않는다. 그것은 원래 없는 것이라고 오래전부터 알고 있는 사람이다. 소중함은 무형(無形)에 있다는 것을 알고, 정신과 영혼에 무게를 둔다. 욕망으로부터 마음을 지키기 위하여 항상 애를 쓰며, 세월에 몸을 맡기고 살아가는 편이다.

이와 관련하여 선방(禪房)에서의 지혜를 떠나 일반적으로 노인기의 지혜로움에 대하여 에릭슨(Erikson)은 "만일 어떤 개인이 천부적인 지혜를 타고났다면 단지 노인기에만 진정한 성숙과 실질적인 의미의 '노인의 지혜'가 실현되리라고 믿고 있다. … 지혜는 죽음에 직면하여 인생에는 초연하되 이에 대하여 아주 적극적인 관심을 갖는 것이다."라고 말한다. 이 뜻은 진정한 지혜는 천부적으로 지혜를 타고난 사람이라고 하더라도 젊어서 쉽게 획득되는 것이 아니라, 노인기에 이르러서야 획득이 가능하다는 말이다. 그 정도로 개인의 지적인 면과 관련하여 삶에 대한 인생이라는 경륜이 쌓여야 한다는 말이다.

노인기의 지혜는 죽음에 직면했을 때 삶에 애착을 느끼기보다는 초연한 태도를 취하면서도 좋은 죽음을 위하여 적극적인 관심을 보인다는 말이다. 노인기의 성숙과 관련된 지혜는 좋은 죽음을 맞이하는 데 필수적으로 갖추어야 할 중요한 요소다.

다음과 같이 전해져 내려오는 옛말이 있다.

"가난하고 지혜로운 아이는 앞날을 예측할 줄 모르는 늙고 어리석은 왕보다 훌륭하다."

아무리 부유하고 천하가 자기 것이라고 할 수 있는 왕일지라도 지혜롭지 못하다는 것은 이미 총명함을 상실했다는 의미로 풀이된다. 돈도 이 세상 삶에 있어서 없어서는 안 될 자원이지만 지혜의 가치는 돈으로 환산할 수 없을 정도로 소중하다. 인간에게 있어서 무형의 재산으로는 지혜가 가장 으뜸이다. 개인별 수준 차이는 이들에 의해서 차별화되기 때문이다.

훌륭한 인생관이
확립되어야 한다

인간(人間)이란 언어를 사용하고 사고할 줄 아는 고등 동물인 동시에 다양한 욕구를 추구하면서 완벽한 도덕성을 강조하는 이성적인 동물이다. 인생관이란 사람이 인생의 의의, 목적, 가치 등에 대해서 가지고 있는 견해다. 이는 그 사람의 정신 영역에 핵심을 이루며, 삶의 모든 부분을 이끌어 가게 된다. 이렇게 분화 발달 된 고등 동물이 사회를 이루며 자주적으로 살아감에 있어서 무엇에 가치를 두고 살아가느냐 하는 것은 대단히 중요한 일이다.

노인이란 이성적인 동물이 생리적으로 나이가 많아져서 왕성한 활동을 하지 못하고 쇠약한 상태에 놓이게 되는 것이다. 여기서 우리는 두 부류로 나누어 생각할 수 있다. 하나는 늙어서 쓸모없는 상태에 놓이게 되는 것이다. 다른 하나는 인간으로 성숙한 경지에 오르게 되는 것이다. 훌륭한 인생관이 확립되어 있다는 것은 성숙함을 반영하는 것이며, 동시에 삶을 성공적으로 이끌게 하는 원동력을 갖추고 있다는 것이다. 훌륭한 인생관이란 나이가 많아진다고 하여 쉽게 갖추어지는 것이 아니다. 이는 본인이 현재까지 독자적으로 세상을 살아오는 동안 지성과 경험이 낳은 올바른 사고의 산물이다.

노인은 이러하기 때문에 특별한 경우가 아닌 이상 다른 사람의 사상(思想)이 자신의 삶을 지배할 수는 없다. 세상을 떠날 나이가 되었는데도, 자신의 인생관을 갖지 못하고 남을 흉내를 내며 살아가는 것은 부끄러움을 넘어 수치스러운 일이 아닐 수 없다. 지금부터는 본인이 갈고 닦은 양식(良識)에 뿌리를 두고 그것을 자양분으로 여생을 살아가야만 한다.

지금까지 살아오면서 획득한 인생관이 흔들리거나 뿌리째 뽑힐 수는 없다. 이제는 시간적으로 촉박하여 다시 인생을 살아갈 수는 없는 일이기에 모든 상황은 담담히 수용하고, 이룰 수 없는 꿈은 체념하지 않으면 안 된다. 그렇게 함으로써 내면의 평화를 얻고 자유로워져야 하기 때문이다. 이것이 70대에 접어든 노인의 자세이기도 하다. 물론 긍정적인 변화를 부정하는 것은 아니다. 주변 사람들에게는 본인의 향기로써 풍성한 감화를 주도록 노력해야 한다. 꼭 후손에게 전해야 할 삶의 지혜가 있다면 가르치고, 기록으로 남기어 이들이 훌륭한 삶을 이어 가도록 최선을 다해야 할 것이다.

동물적이면서 이성적인 인간의 삶은 정말 복잡하면서 다양하고 미묘(微妙)하다. 요람에서 무덤에 이르기까지 인생 여정은 파란만장

(波瀾萬丈)한 삶이 전개되기도 한다. 인생은 미로를 걷는 것이나 다름없이 불확실하고 혼미한 가운데 지나가게 된다. 대부분의 사람들이 남들로부터 획득한 기술과 지식을 사용하며 인생을 그렇게 살아간다. 70대에 이르면 청장년 시절과는 사뭇 다른 변화된 개개인의 삶의 철학이 자신도 모르게 형성되어 굳어지기도 한다. 삶이란 만만찮은 것이 아니며 위태롭기도 하다. 인생이란 심은 대로 거두며 자신의 업보란 본인이 짓고 받는다는 것도 깨닫게 된다. 짧은 기간이지만 불행 중 다행스럽게, 여기서부터 인생은 제2막 그리고 3막이 전개되어 미흡했던 삶을 다소 보완할 수 있는 기회가 마련되기도 한다. 이 찬스를 붙잡는 것이 인생에서 중요함에도 불구하고 대부분 사람들은 이 기회를 놓이게 되는 안타까움을 맞는다. 소수의 사람들만이 이러한 기회를 붙잡게 되는데, 이 점이 노인기의 삶에서 빼놓을 수 없는 황금과도 같은 시간의 중요성이다.

70대에 이르면 다음과 같이 삶의 무게를 느끼게 된다.

- 우주는 신비 그 자체로서 인간의 감각으로는 요원(遼原)함을 안다. 삶은 정해진 운명에 따라 펼쳐진다는 것도 어렴풋이 느껴지기도 한다.
- 인생은 시냇물의 흐름과 유사(類似)하다. 어디론가 흘러가야만 하는데, 본인 고유의 노래를 부르며 즐겁게 흘러갈 수 있어야 함을 안다.
- 순간순간 만나게 되는 삶의 문제에 있어서 그때의 상황에 맞게 행동할 수 있어야 하고, 인생의 종착점까지 안착할 수 있어야 함을 느끼게 된다.

- 천명(天命)이 무엇인지 알게 되며, 인연의 무거움을 실감한다.
- 신(神) 앞에 진실하여야 하고 성결한 마음을 간직하여야 함을 안다.

노인기는 흘러간 세월 속에 자신의 삶에 대한 역사가 고스란히 녹아 살아 숨 쉬고 있다. 노인은 어떠한 세대들보다도 조상들의 삶에 대한 정통성, 그 맥(脈)을 이어 가며 역사 인식을 분명히 하고 있어야 한다. 세상은 F. W. 니체가 말한 영겁회귀(永劫回歸, Eternal Return)[45]의 공상적인 관념이 느껴지기도 한다. 니체는 현실적인 삶의 고뇌와 기쁨을 그대로 받아들이고, 그 순간만을 충실하게 생활하는 데에 생(生)의 자유와 구원이 있다고 주장하였다.

인생의 끝자락에서 노인에게 남은 과제는 욕구의 충족 문제다. 아무리 훌륭한 인생관을 확립했다고 하더라도, 이 문제를 어떻게 처리하느냐가 여생에 있어서 중요한 부분으로 남게 된다. 지금부터라도 금욕주의(禁慾主義) 정신을 선택하고 고수해야 하는가? 아니면 죽을 때까지 욕구를 충족하기 위해서 동분서주해야 하는가? 이 문제에 대해서는 사람마다 의견이 분분하다.

대다수의 사람들이 인생의 끝자락에서 행복을 염원하고 만족한 삶을 열망하게 된다. 사람들은 죽으면 끝이니 살아생전 마음껏 즐

45　영겁회귀(永劫回歸, Eternal Return): 생(生)은 원(圓)의 형상을 띠면서 영원히 반복되는 것이고 피안(彼岸)의 생활에 이르는 것도 환생하여 다음 세상에서 새로운 생활로 들어가는 것도 모두 부정하고, 항상 동일한 것이 되풀이된다. 즉, 삶의 매 순간과 모든 순간이 바뀌지 않은 채 무한히 되풀이된다는 사상이다.

기려고 하는 마음이다. 인간이란 쾌락주의(快樂主義)의 추구는 나쁜 결과를 남길 수 있기에 금욕주의(禁慾主義)를 그 기저에 깔고 살아가게 된다. 올바른 삶을 위해서는 내부의 규율을 정하여 이를 지키는 일이 중요하지 않을 수 없다.

금욕주의든 쾌락주의든 이것은 개인적인 사상(思想)의 문제다. 금욕을 추구하는 사람은 이성(理性)을 가진 인간이기에 그러한 생활을 할 것이고, 쾌락을 추구하는 사람은 삶의 한계를 인정하고 즐거움을 최고의 가치로 여기기 때문일 것이다. 대부분 사람들은 적당한 선에서 어느 정도 중용을 취하며 살아가게 된다.

인간은 묘(妙)한 면이 있어 겉과 속이 다르다는 점에 주목하지 않으면 안 된다. 겉으로는 명분과 착함(善)을 추구한다. 안으로는 욕망을 갈구(渴求)하는 점에 있어서는 다르지 않다. 인류의 영원함을 위해서 노인은 금욕주의 위주로 살아갈 때 마음에 평화를 얻을 수 있을 것이다. 즉 정신적인 쾌락을 추구하는 것이다. 정신적인 쾌락이라고 하면 윤리, 지식, 인격, 예의, 선(善), 진리, 정의 등을 실현함으로써 마음의 평화와 고요함을 얻는 짓을 말한다.

인간이 살아온 역사 속에는 권력 다툼, 재물을 위한 무한 경쟁, 호화롭고 사치스러운 생활의 탐욕, 육체적 쾌락을 위한 욕망, 피해의식에 따른 복수심 등이 마음의 기저에 깔려 있다. 그럼에도 노인들은 이러함 속에서 더 나은 삶을 위하여 현재를 살아가야 하며, 미래를 열어 가야 할 것이다.

그렇다면 인생관과 관련하여 먼저 이루어져야 하는 것이 정체성이다. 이것은 유아기부터 잘 형성되어야 성인이 되면 참되고 올바른 인생관으로 자리매김할 수 있게 된다. 훌륭한 인생관을 지닌 노인은 생(生)에 대한 바람이나 관념이 화려하지도 않고, 천박(淺薄)하지도 않으면서 담담히 수용할 것은 수용하고 체념할 것은 체념하면서 힘든 삶의 파고를 묵묵히 헤쳐 나간다.

힘을 키워서 어려운 환경에 처하여도 쓰러지거나 절망하지 않고 유연하게 대처하면서 인생을 굳건히 살아가려고 노력한다. 즉, 자아강도(ego-strength)가 강한 사람이 되는 것이다. 자아강도란 한편으로 생각해 보면 역경에 유연하게 대처할 수 있는 능력이다.

훌륭한 인생관이란 자아강도와도 연관성이 있다. 자아강도를 높게 가지려면 어떻게 해야 하는가? 하나의 가치 관념에 얽매이거나 구속되지 말고, 또 다른 가치를 선택할 수 있는 여유를 갖고 인생의 의미를 되새기며, 새로운 분야를 개척할 수 있어야 한다.

고정 관념에서 벗어나 인생이란 변화의 과정에 놓여 있음을 안다. 즉 삶의 높은 차원에서 정신적인 가치를 실현시키려고 노력하는 것이다. 이러함은 자신을 존중하고 신뢰할 수 있는 마음을 지닐 때 더욱더 가능해진다.

다음 세대에게 모든 것을
물려줄 수 있어야 한다

노인기를 맞이한다는 것은 단순히 나이가 들었다는 것만을 의미하는 것은 아니다. 중요한 점은 문제 해결 능력이 없어지고 위기관리 능력이 떨어진다는 것이다. 이것이 노인기에 이르게 되었을 때 가장 두려워해야 할 점이다. 이 시기 80~90세 정도는 삶의 끝자락에 와 있기 때문에, 그 이상 어떤 꿈을 이루기 위한 희망을 갖게 된다거나 생산적인 분야에서 일을 할 수 없게 된다.

몽테뉴의 책 『몽테뉴 수상록』에 의하면 "노인은 시기에 맞게 그가 현명하다면 잠자러 가려고 옷을 벗을 때가 되었습니다. 화려한 생활의 나머지는 이제 소용이 없는 터이니, 그런 것은 자연의 질서에 따라 차지해야 할 자들에게 기꺼이 선사해야 할 일입니다. 자연이 그에게서 그런 것을 빼앗아가니, 그들에게 그 사용권을 넘겨주어야 합니다. 그렇지 않으면 거기에는 악의와 시기심이 있습니다."라고 말한다.

카를 5세

　여기에 나오는 인물 중 카를 5세[46]의 행적 중 가장 아름다운 점은 "그와 대등한 위인인 옛사람들 몇몇을 본받아 자기 옷이 짐이 되고 거북해진 때에는 그것을 벗어 던지고, 다리에 기운이 없어진 때에는 누워야 한다고, 이성(理性)이 우리에게 명령하는 바를 깨달은 일이었다"는 것이다. 그는 전(前)에 자기가 얻었던 영광을 생각하기 이전에 사무를 처리할 힘과 굳은 의지가 부족하다는 것을 느꼈을 때에, 자기 재산은 물론 위대성과 권세를 자기 아들에게 물려주어야 함을 알게 된다.

　노인은 무엇을 다음 세대에게 넘겨주어야 하는가?

46　카를 5세는 에스파냐의 왕으로서는 카를로스 1세(Carlos I deEspaña)이며, 신성로마제국의 황제로서는 카를 5세(Karl V)이다. 아라곤 왕국과 카스티야 왕국의 왕위를 모두 물려받아 최초로 에스파냐 제국의 왕으로 즉위한 인물이며, 에스파냐 제국과 신성로마제국의 왕위에 공동으로 오른 유일한 인물이기도 하다. 그래서 스페인어로 '황제'를 뜻하는 '엘세사르(ElCésar)' 라는 별칭으로 불리기도 한다. 1555년에 양위(讓位)하고 독일 제국을 아우에게, 스페인과 이탈리아는 아들에게 물려주었다.

첫째, 정신의 얼(spirit), 즉 사상(思想)이다. 여기에는 삶에 대한 지식이나 기술도 포함된다. 부모는 삶의 철학이 깃든 얼(spirit)을 노인기 이전에 하나둘 자식에게 가르치고 훈련시켜 이들이 부모가 없어도 이 세상을 안전하고 행복하게 살아갈 수 있도록 전수하여야 한다. 얼(spirit)이나 사상(思想)에는 항상 비교 우위를 나타내는 가치성이 포함되어 있어야 할 것이다. 삶에 있어서 무엇이 중요하며 귀(貴)하다고 여기게 되는가다. 이러한 것을 실현시키고 보존하며 살아가기 위해서 어떠한 삶의 방법을 선택하여야 할 것인가도 포함되어 있어야 한다.

불교에서 출가(出家)한 스님들이 부모와 자식 사이의 피로 맺어진 인연보다는 스승과 제자로서의 정신적인 사상(思想)의 인연을 더 중요시하듯이 정신적인 사상의 전수는 그만큼 가치 있는 승계인 것만은 틀림없는 사실이다.

둘째, 부모의 과업(課業)이다. 과업이란 마땅히 해야 할 일이나 임무다. 부모로써 이 세상을 잘 살았다고 하더라도 가정의 일부 과업이 남아 있시 않다고는 말할 수 없다. 한 가정이 지향하고 있는 목표가 있을 수 있으며, 부모가 간절히 희망한 꿈이 있을 수도 있을 것이다. 부모가 세상을 떠나면서 이 꿈도 물거품처럼 사라질 수 있으니, 후손이 이 과업을 승계하여 부모의 못다 한 꿈을 이룰 수 있도록 해야 한다.

위대한 선조들은 겨레는 물론, 더 나아가서는 인류를 위해서 아름답고 영원히 빛날 불멸의 업적을 후손에게 물려주었다. 그 발자취가 후손들이 삶을 힘겹게 살아가는 데 등불이 되고 이정표가 된다면 무엇이든 상관할 바가 아니다. 이러한 선조들은 하나같이 불굴의 힘으로 어려운 현실을 뛰어넘어 정신적인 결실로서의 문화적 꽃을 피웠다. 이분들은 이 땅 위에서 대지를 밟고 호흡하며, 온갖 고난과 역경을 이겨 내며 후손들에게 찬란하고 영광된 삶의 흔적을 남기고 떠났다는 점에 있어서 이를 결코 잊을 수는 없을 것이다.

선조들이 그랬듯이 우리는 후손에게 무엇을 남기고 세상을 떠날 것인지 깊이 고뇌해야 한다. 어떻게 사는 것이 올바르게 사는 것인지? 노인기를 맞이하여 현재까지 지혜를 쌓아 왔고 자신과의 싸움에서 물러서지 않았다면, 이제는 무언가 결실의 계절을 맞이하여 다음 세대를 위해 삶의 정수(精髓)를 남겨야 할 때가 온 것이다. 자신은 후손들을 위해서 이 한 가지 일만은 떳떳이 결실을 얻어 세상에 물려주고 간다는 보람을 가슴에 안고 떠나야 한다.

이 점이 후손들에게 선조로서의 삶의 모델이 될 것이다. 후손들이 앞으로 이 세상을 살아갈 때 이 땅에서 먼저 살다 간 조상들이 남겨 놓은 발자취를 밟으면서 자부심을 갖기도 하고 위안을 얻기도 하면서, 삶의 난관을 맞아 굳건하게 살아가게 될 것이다.

성숙한 노인이라면 이 시기의 생활이 허무하고 외로우며 외면당하고 거부당하는 삶이 아니라 노인기는 다음 세대에게 물려줄 가르침이 너무나 많다. 100년을 살아오면서 얻은 경험과 쌓아 온 지식은 무엇과도 바꿀 수 없는 귀중한 가치, 즉 삶의 지혜다. 이러한 것을 어떠한 방법으로서든 하나도 남김없이 가르치고 전(傳)하여서 후손

들이 이 땅에서 영원히 행복하게 삶을 이어 가도록 해야 하기 때문
이다. 이 의무와 책임은 바로 노인에게 있다. 그래서 노인은 죽을 때
까지 후손을 가르치는 일에 전념해야 한다.

자아실현(自我實現)을 이루어라

　인생이란 주어진 시간 안에 생명의 에너지를 태워 하나의 작품을 생산하여야 한다. 이 기간에 보잘것없는 작품을 생산하게 된다면 무의미할 것이다. 청소년기부터 가치 있고 뚜렷한 인생 목표를 설정하여 추진하여야 한다.

　노인은 과거에 대해서 좀 더 잘 살지 못했다고 후회하면서 가슴에 한(恨)을 품고 남은 기간을 살아간다. 한(恨)은 만족한 삶을 이루지 못하였다는 점이다. 이와 같이 대부분의 사람들이 자기의 인생에서 꿈을 이루지 못하고 세상을 떠나게 된다. 이들은 자신이 하고 있는 사업(事業)에서 실패한 것이 아니라 인생 자체에서 문제가 있었음을 발견할 수 있다.

　영국의 사회철학자 피터 라스렛(Peter Laslett)은 그의 저서 『새로운 인생 지도: 제3기 인생의 출현(A Fresh Map of Life: The Emergence of the Third Age)』에서 인생을 4단계로 나누었다. 여기서 나오는 4단계[47]가 의미 있기 때문에 소개한다. 인생 주기를 잘 알고 자신의 생(生)의 목표를 세워 추진하면, 실패한 삶을 다소나마 만회하지 않을까 생각하는 바다.

아이러니하게도 뚜렷한 생(生)의 목표가 좋은 환경이나 운(運) 좋게 살아가는 사람에게서 나오는 것이 아니고, 고통은 물론 역경(逆境)이 함께하는 경우에 있게 된다. 뚜렷한 생(生)의 목표란 불우하고 참담함에 처한 사람이 자신의 인격과 자존심을 회복하기 위하여 고전분투(苦戰奮鬪)하는 가운데 생겨나기 때문이다.

사마천 역시 사기열전을 집필하게 된 동기는 발분(發憤)의 소산(所産)이라고 말한다. 여기서 발분이 의미하는 것은 사마천이 궁형을 당한 후 환관으로 살아갈 때, 본인이 아무리 훌륭하고 착한 일을 해도 남으로부터 인정을 받지 못하고 무시와 냉대, 모욕과 비난을

---

47 제1기는 태어나서 교육과 훈련을 받는 기간으로 약 20~30년이다. 이 기간은 의존적이고 사회화 과정 중에 있으며 미성숙하고 교육을 받는 시기다. 제2기는 취업하여 결혼을 하고 가정과 사회에 책임 있는 일을 하는 기간으로 약 30~40년이다. 이 기간은 독립과 성숙, 의무와 책임, 수익과 저축의 시기다. 제3기는 은퇴 이후 건강하게 생활하는 동안 약 20~30년이다. 이 기간은 자신의 적성이나 재능에 맞고 자기가 바라는 일을 하고, 그 일을 즐기고 만족하면서 사는 자기 성취의 시기다. 아마도 이 시기가 인생에 있어서 황금기라고 할 수도 있을 것이다. 하지만 또한 이 기간이 노화 과정을 제일 많이 겪게 되는 기간으로 쇠퇴, 질병, 우울, 노망이 기다리고 있는 절박한 시기이기도 한 것이다. 또한 이 기간이 은퇴의 시기로서 안착하는 것이 아니라, 새로운 노년기 삶의 시작이 되어야 하는 시기라고 전문가는 말한다. 제4기는 건강이 나빠져 남의 도움을 받게 되는 동안(평균 10년 정도)이다. 이 기간은 인생에 있어서 최종적 의존, 노쇠 및 사망의 시기다. 확실히 문제는 이 4단계 기간 동안 황혼기에 접어든 노인으로서는 제4기가 가장 어려운 시기일 것이다. 반드시 가족이나 친척, 사회복지 재단의 도움 없이는 불가능한 시기다.

받게 되었으며, 자신의 주위에 사람이 오지 않는다는 것을 의미한다. 그래서 궁형을 당하고 나서 집필하게 된 동기는 글을 지어 후세에 이름을 남기기 위하여 피할 수 없는 선택이었다는 것이다. 그 정도로 삶에 있어서 고통과 절박함은 또 새로운 인생의 시작을 예고하기도 한다. 젊은 시절이나 중년기에는 무조건 고통을 피하고 편안한 삶을 추구하기보다는 어쩌면 시련은 물론 위기에 접하여, 여기서 새로운 기회를 모색함이 더 나은 삶이 될 수도 있을 것이다.

자아실현을 이룬 사람들의 삶의 철학은 대체적으로 어떠하였는가?

- 삶의 기준을 크게 하늘의 도(道)에 두기도 했다.
- 생활의 기저에는 언제나 죽음이 깔려 있음을 잊지 않았다.
- 때로는 사회적으로 찬사를 받기 보다는 외면당했다.
- 자신의 기대(期待)에 못 미치는 부족함을 내재하고 있었다.
- 자아실현에 도전하기 위한 한결같은 굳은 의지를 견지(堅持)해 왔다.

몽테뉴의 책 『몽테뉴 수상록』에서 보면 "플라톤은 이런 산물(작품)은 영생불멸(永生不滅)의 아이들이며, 그 부친(작가를 말함)들을 영생불멸케 하고, 진실로 리쿠르고스나 솔론이나 미노스의 경우와 같이 그들을 신격화한다."라고 기술하고 있다. 이 정도로 플라톤은 누군가가 심혈을 기울여 쓴 작품을 영생불멸의 산물로 보고 신격화할 정도로 그 가치를 높이 평가했다. 인간은 원대한 꿈을 가지고 그것을 이룰 수 있다면 그 이상 바람은 없을 것이다. 꿈을 이루려면 무엇보다도 세상 따라 사는 것이 아니라 독특한 인생철학으로 자신의 삶을 펼쳐 나가야 한다.

나는 일연스님[48]을 마음속으로 경외(敬畏)하고 있다. 왜 그러하느냐 하면 우리 민족의 위대한 문화 유산인 『삼국유사(三國遺事)』를 집필하였기 때문이다. 그 외에도 이분의 고매한 영혼에 대해 흠모(欽慕)하는 바다. 일연은 아버지를 일찍 여의고 9세 때 어머니의 손에 이끌려 공부를 위해 집을 나와 전남 광주 무량사(無量寺)에 들어가 대웅(大雄)스님 밑에서 학문을 닦았다. 이 분의 뒤에는 훌륭한 어머니가 자리하고 있었다.

14세 때 승려가 되기 위해 강원도 양양에 있는 진전사(陳田寺)로 갔다. 이 절은 선종(禪宗)으로 이름이 높았는데, 일연은 아홉 선문(禪門) 가운데 먼저 생긴 가지산파(迦智山派)에 속하게 되었고 평생을 바꾸지 않았다.

---

48 일연(一然, 1206~1289): 고려 후기의 고승으로 속성은 김 씨, 이름은 견명(見明)이다. 자는 희연이며 시호는 보각(普覺)이다. 경상북도 경산(慶山)에서 태어났으며, 9세에 광주 무량사(無量寺)에 들어가 대웅(大雄)스님 밑에서 학문을 닦다가 14세에 승려가 되었고 22세에 승과에 급제하였다. 고종 때 대선사에 이르고 충렬왕 때 국존(國尊)으로 추대되어 원경충조(圓經冲照)의 호를 받았다. 1289년 병이 나자 왕에게 글을 남기고 평소와 다름없이 제자들과 문답은 나눈 후 손으로 금강인을 맺고 입적하였다. 경상북도 군위의 인각사(麟角寺)에 탑과 비석이 남아 있으며, 운문사(雲門寺) 동쪽 기슭에 행적비가 있다. 저서로는 『삼국유사(三國遺事)』, 『어록(語錄)』, 『게송잡서(偈頌雜書)』, 『조동오위(曹洞五位)』, 『조도(祖圖)』, 『대장수지록(大藏須知錄)』, 『제승법수(諸乘法數)』, 『조정사원(祖庭事苑)』 등이 있다.

22세에 승과(僧科)에 급제하였으며, 고종 때 대선사(大禪師)에 이르고 충렬왕 때 국존(國尊)으로 추대되어 원경충조(圓經冲照)의 호를 받았다. 그 외에도 많은 저서를 남겼으며, 일연은 고려 후기의 고승으로서 이승휴(李承休)에서 이규보(李奎報)에 이르는 중국의 지식인들처럼 여기에 맞서서 우리나라 고유의 문화를 지키려고 노력하였기에 이 점을 높이 평가한다.

일연의 생애를 보면 이분만큼 영혼이 깨끗하고 맑은 분이 아니고는 이렇게 훌륭한 업적을 남기지 못했을 거라고 생각하는 바다. 한 평생을 육체적으로 오는 욕구를 잠재우면서 순수한 영혼을 키우고 간직하며, 우리나라의 고유한 유산을 불교적인 차원에서 승화시킨 고승(高僧)이기에 나는 영원히 이 뜻을 깊이 새긴다. 이 스님에 대한 감회(感懷)는 자신의 영혼의 꿈을 스스로 펼친 분이라고 생각하는 바다.

인간은 저마다 꿈을 이루기 위해서는 뚜렷한 생(生)의 목표를 가지고 긴 세월 동안 열심히 노력하지 않으면 안 된다. 서대원의 책 『주역강의』를 참고하면 "서대원은 꿈속에서 자신이 공부한 것을 표현하지(펼치지) 못한 채 아쉽게 세상을 떠나는 선비의 모습이 보였다. 본인이 현세에서 주석(註釋)을 풀이하는 일을 끝내지 못한다면, 다음 세상에서 다시 역경(周易)을 공부하고 써야 한다."라는 문구가 나온다. 이 얼마나 애달픈 사연인가? 평생 동안 학문을 연구하고 닦은 한 선비가 이루어 놓은 자신의 업적이 때를 만나지 못하여 세상에 펼치지 못하고 죽음을 맞이하게 된다면, 이보다 더 슬픈 일이 또 있을 수 있겠는가? 이러한 억울한 상황을 볼 때 미리 준비하고 세상을 잘 읽어서 자신의 처지를 살펴 대처해야 할 것이다.

신(神)은 정말 묘(妙)한 면(面)이 한둘이 아닌 것 같다. 그렇게도 인간의 삶을 고달프고 어렵게 이어 가도록 만들어 놓았는가 하면, 그 이면(裏面)에는 열심히 노력하면 꿈을 실현할 수 있도록 시간적인 여유를 부여 한 것을 보면 참으로 놀라지 않을 수 없다. 한 사람의 야망과 열정은 어느 누구도 쉽게 빼앗을 수 없도록 만들어 놓았기 때문이다.

이 점은 신(神)이 인간에게 내린 은사(恩賜)처럼 고귀한 선물임에 틀림없다. 고대(古代)를 보더라도 인생이라는 어려운 운명과 상황 속에서도 자신의 꿈을 이루고 세상을 떠난 위인들을 만날 수 있다. 그러한 훌륭한 분들의 삶이 그렇게 쉽게 이루어질 수 있었겠는가? 자신의 꿈을 이룬 위대한 사람들을 보면 하나같이 불굴의 정신으로 삶을 살았다는 것을 누구나 알게 될 것이다.

저마다 인생이 주어진다. 자기에게만 주어진 독특한 여건과 환경 속에서 얼마나 자신을 갈고닦아 노력하고 개발하여 자아실현[49]이라는 꿈을 이루겠느냐 하는 것이다.

자아실현이란 매슬로우(A. H. Maslow)의 욕구 단계에서 가장 상위

---

[49] 자아실현(自我實現)이란? 1 (도) 자아의 가능성을 완전히 실현하는 일을 도덕의 궁극적인 목적인 최고의 선(善)으로 삼는 완전설의 주장 2 개인의 능력과 기술, 잠재력을 최대한 실현하는 일이다.

의 개념이다. 자아실현은 A. H. Maslow를 대표로 하는 인간주의 심리학의 가장 중요한 핵심 개념으로 현대의 정의적(情意的) 교육에 결정적인 영향을 주고 있다.

그는 자아실현의 개념으로 다음과 같은 두 가지 내용을 포함시켜야 함을 주장한다.

- 잠재적 능력을 실현하는 것을 의미하는 것으로 개인의 본질이 갖고 있는 가능성을 완전히 발휘하는 것이다.
- 자아실현이란 질병·신경증·정신병 또는 기본적 인간 능력의 상실 혹은 감퇴 등이 가장 적게 존재하는 상태를 말한다.

우리에게 주어진 자아실현이란 자신이 건강한 상태에서 잠재적 능력을 발휘하도록 하는 것이다.

인간의 삶이란 자아실현을 위한 자아의 잠재적 가능성의 실현 과정이라는 것을 처음으로 언급한 사람은 아리스토텔레스다. 그는 인간의 본질을 합리성으로 보고, 그것을 최대한으로 발휘함으로써 인간으로서 궁극적으로 추구하는 목적인 행복에 이를 수 있다고 하였다.

여기서 강조하고 싶은 것은 자아실현을 이루기 위해서 먼저 이루어져야 할 것이 개성화(個性化)[50]라는 것이다. 인생이란 건강하게 살 수 있다면 100세까지 오랫동안 살수록 생(生)의 깊이를 더 알게 될 것이다. 100세까지 살았으니 인간으로서 그 이상 살 수 없으므로 최고로 많은 경험과 지혜를 쌓을 수 있기 때문이다.

그리고 확실하게 인생이 무엇인지 말할 수 있을 것이다. 만약에 60대에 생(生)이 끝난 사람이라면 80대의 생을 알 수 없다. 오래 살되 확실히 알아야 할 점은 귀중한 가치를 몸에 지니는 것이다. 그

50   개성화(individuation, 個性化)란 융(C. G. Jung)이 자기 속에서 전체화가 어떻게 이루어지는지를 설명하기 위해 사용한 개념으로, 하나의 전일성(專一性)을 지닌 본래의 자기가 되는 것. 개성화란 융의 이론에서 개성은 우리의 가장 내적이고 궁극적이면서 다른 것과 비길 수 없는 유일무이한 고유성을 뜻한다. 융은 인간의 정신을 내향성과 외향성의 대극, 직관과 감각의 비합리적 기능과 사고와 감정 등 합리적 기능의 대극 등 개념상 분리해서 설명할 수 있지만, 실제로는 전체성을 가진 하나로서 우리의 의식적 삶 속에서 실현되어야 한다고 말하였다. 개성화를 통해 '있는 그대로의 사람'이 되면 개인의 고유성을 회피하거나 억압하지 않고, 인간의 집단적 사명을 보다 바람직한 방향으로 충족시킬 수 있다. 이러한 의미에서 개성화는 하나의 치유 과정이며, 건강한 사람을 만들어 가는 자기인식의 과정이다. 따라서 개성화를 자기화(selfhood) 혹은 자기실현(self-realization)이라고 말할 수도 있다. 인간이 개성화될 때 한 차원 높은 성숙된 관계를 형성할 수 있을 것이다. 개성화된 인간의 특성은 다음과 같다. 첫째, 의식과 무의식 수준에서 모두 자기 자신을 잘 이해하고 있다(자각). 둘째, 자기 탐색의 시기에 자신에게 드러나는 것을 받아들인다. 자신의 본성을 수용하며 상황에 따라 각기 다른 페르소나를 쓰지만 단지 사회적 편의를 위해서다. 자신이 갖가지 역할을 수행하고 있다는 것을 알고 있으며, 그러한 역할과 진정한 자신을 혼동하지 않는다(자기 수용). 셋째, 성격의 모든 측면이 통합되고 조화를 이루어 모든 것이 표출될 수 있다. 생애 처음으로 특정 측면이나 태도 혹은 기능에서 어느 한 가지가 지배하던 것에서 벗어난다(자기통합). 넷째, 자기 자신을 있는 그대로 나타내고 솔직한 생각과 기분을 표출한다(자기표현). 다섯째, 모든 인류 경험의 저장소인 집단무의식에 대해 대단히 개방적이고 인간 상황을 보다 잘 인식하며 관대함을 가지고 있다. 우리 모두에게 영향을 미치는 인류의 유산에서 전해지는 힘을 인식하기 때문에 다른 사람들의 행동을 보다 깊이 통찰할 수 있으며 인류에 대하여 보다 많은 연민의 정을 느낀다(인간 본성의 수용과 관용). 여섯째, 의식 속에 무의식적, 비이성적 요소들을 끌어들일 수 있다. 꿈과 환상에 주목하며 한편으로는 이성과 논리를 사용하면서 무의식의 힘으로 그러한 의식의 과정을 조정한다. 초자연적이며 영혼적인 현상에 관심을 가지고 수용한다(미지와 신비의 수용). 일곱째, 태도나 기능 혹은 원형의 특정 측면에 지배를 받지 않는다. 따라서 특정 심리적 유형으로 분류하기 어렵다(보편적 성격).

가치란 본인의 인생관과도 무관하지 않을 것으로 본다.

그렇게 하려면 다음과 같은 사항을 충족해야 한다.

- 우주와 자기 자신이 합일(合一)을 이루는 일이다.
- 도덕적으로 하자(瑕疵)가 없어야 한다.
- 인류의 번영에 동참하여야 한다.
- 지성을 충분히 쌓아야 한다.

이와 같은 내용을 충족하는 가운데 자아실현이 이루어져야 한다. 이를 이루기 위해서는 아무것이나 닥치는 대로 무엇이든 열심히 한다고 하여 되는 것이 아니라, 가장 가치 있다고 생각하는 과업 하나를 선택하여 집중적으로 자신의 힘을 여기에 투자하여야할 것이다.

어떤 분야에서 성공한 사람에게는 한 가지 특징이 있다. 그것은 선택과 집중이다. 이들은 중요한 것과 중요하지 않을 것을 분명히 분별하여 중요한 일에 우선적으로 자신의 정신을 집중하였다.

헬렌 캘러는 다음과 같이 말했다.

"한 가지 일에 지속적으로 집중한다면 이루지 못할 일이 없다."

사람들은 욕심이 앞서 한 가지 일에 집중하지 못하고, 여러 가지 일에 시간과 체력을 분산시킴으로써 성공에서 멀어진다는 것이다.

이와 관련하여 성공심리학에서는 어떤 분야에서건 성공에 이르는 데는 4가지 원리가 주어진다.

1. 집중의 원리(Principle of concentration)다. 현대는 복잡하고 산만한 시대다. 글로벌 시대로써 온갖 나라의 문화가 서로 충돌하기도 하고, 뒤엉키기도 하면서 집중력이 저하된다. 어느 때보다 현대는 집중력을 필요로 한다.

2. 반복의 원리(Principle of repetition)다. 중요한 것일수록 반복하여 자기화해야 한다. 하나의 항목이나 단어를 완전히 자기화하는 데는 어떤 경우에는 무려 125회의 암기라는 반복이 필요하다고 한다.

3. 접촉의 원리(Principle of contact)다. 성공한 사람들은 발로 뛰면서 현실과 직면한다. 가만히 앉아서 이론에만 치우치는 것이 아니고, 현장에서 직접 마주친다. 피부로 직접 체험하면서 실질적으로 파고드는 사람이다.

4. 본질의 원리(Principle of reality)다. 어떤 일이든 주변에 맴도는 것이 아니라 핵심을 장악한다. 본질의 중심에서 주인이 되는 것이다.

보통 자아실현이라고 하면 남과의 경쟁에서 승리하는 것도 물론 포함될 수 있겠지만, 여기에는 스스로 노력에 의하여 그 뜻을 이루게 되는, 즉 자신과의 싸움에서 승리하는 것을 말한다. 남과의 경쟁에서 패배한 사람이 그것을 만회하기 위하여 제힘으로 노력한 결과에 의하여 자아실현이 이루어지는 경우가 많다.

자아실현을 이루기 위한 마음가짐에서 꼭 갖추어야 할 필수 조건으로 학자들은 심신(心身)의 건강, 절제(節制), 창의적 사고, 사회정의의 실현, 인류 평화의 공헌 등을 들고 있다. 이 다섯 가지 조건을 이행하면서 자아실현에 접근하여야 할 것이다. 여기에서 절제에는 인내와 중용(中庸)을 지키라고 권유한다. 그러고 보면 자아실현의 길이 쉽지 않다는 것을 알 수 있다.

자아실현 역시 역사성을 지닌다고 할 수 있다. 역사라는 인류 사회의 흥망과 변천의 과정을 외면하여 자아실현이라는 중대하고 힘겨운 작업을 이루어 낼 수 없는 일이기 때문이다.

몽테뉴의 책 『몽테뉴 수상록』에서 보면 이러한 내용이 나온다.

"루카누스는 네로에게 처단을 받아 생명이 꺼져가는 순간에, 팔르살리아 전쟁에 관한 자기 작품의 시를 낭독하며 숨을 거두었다. 이는 가족에게 주는 마지막 고별 인사였다."

또 여기에서 등장하는 에피쿠로스는 그의 말처럼 "담석증의 극심한 아픔으로 괴로워하며 죽어갈 때에, 그가 세상에 남겨두고 가는 학설의 아름다움이 그의 모든 위안이었다. 그에게서 태어나 잘 자란 아들들이 있었다 해도, 그들에게서 그가 풍부한 저작(著作)을 완성했을 때만큼 만족을 얻었겠는가."라고 말한다. 그 정도로 죽음을 맞이했을 때에는 자신이 쓴 작품으로 자아실현을 완성했다고 한다면 그 이상 바랄 것은 없을 것이다.

자아실현이란 어떤 의미를 갖게 되는가? 철학적인 의미로 볼 때 자아실현이란 '자기 자신의 능력과 개성을 충실하게 발전시켜 이것을 완벽하게 이룬다'는 뜻으로 풀이된다. 즉 자아실현(self-realization)이란 하나의 가능성으로 잠재되어 있던 자아의 본질을 완전히 실현시키는 일로서, 자아실현은 인간 교육이 궁극적으로 지향하는 것이다.

프롬(Fromm. E)은 "인간이 자신의 잠재적 가능성을 창조적으로 발휘하고 실현하는 것을 생산성"이라는 말로 표현했다. 생산성은 창조성과 같은 의미를 지니고 있다. 생산성은 인간의 특유한 잠재적 가능성을 실현하는 것, 다시 말해서 힘의 사용이다.

문제는 자신의 잠재력을 발견하는 것이 쉬운 일이 아니며, 이를 발견하기 위해서는 다음 사항을 고려해 볼 필요가 있다.

- 자신이 진실로 무엇을 하고 싶은가?
- 자신의 힘으로 실현 가능성이 있는가?
- 자신의 생에 있어서 최고의 가치라고 생각하는가?
- 인류의 번영에 기여할 수 있는 일인가?

잠재력을 어떻게 실현할 것인가에 대하여 다음 사항을 고려해 보아야 한다.

- 건강상 문제가 없는가?
- 자신이 능력을 갖추고 있는가?
- 구체적인 로드맵이 서 있는가?
- 경제적인 어려움이 없는가?
- 시간을 확보할 수 있는가?

이와 같은 요건을 제시해 보고 이를 충족할 수 있어 목표 추진이 가능하다면 자아실현의 과업으로서 선정해 볼 만하다고 본다.

이러한 말이 있다. '인간은 자아를 확고하게 형성한 다음에야 비로소 자기를 스스로 버릴 수 있게 된다.' 그러고 보면 인간은 자아실현을 이루어 낸 다음이라야 자신이 온당히 죽음을 맞이할 수 있다는 의미이기도 하다. 삶에 있어서 큰 문제는 죽음이기 때문이다. 온당히 죽음을 맞이할 수 있다면 그 이상 바람이 있겠는가? 삶에 있어서 중요한 문제를 해결한 것이기 때문이다.

불교경전인 보왕삼매론(寶王三昧論)을 참고하면 "일을 꾀하되 쉽게 되기를 바라지 마라. … 성인이 말씀하시되 "여러 겁(劫)을 겪어서 일을 성취하라" 하셨다."라는 글이 나온다. 이 말씀은 불가(佛家)에서 가르치는 말씀이다. 그러나 이것을 한 번 더 새겨 보면 자아실현이란 그 정도로 어렵다는 말일 것이다.

'자아실현(自我實現)'이라는 용어에는 의미심장한 의미가 부여된다. 이는 한 사람이 평생 동안 동안 이루어 낸 결과물이다. 일생을 바쳐 성취한 것이 별것 아니라면 이것을 두고 자아실현이라는 용어를 굳이 사용할 수 있겠느냐 하는 것이다. 자아실현이라고 하는 목표물은 본인의 정체성에서 유래되어야 한다. 바꾸어 말하면 정체성이 목표물을 잉태하고 분만하여야 하는 것이다. 정체성은 어디에서 유래되느냐? 본인의 DNA와 성장 환경, 미래의 비전에서 싹트게 된다고 할 수 있다.

정체성은 자신의 독자성(獨自性)에서 생성된다고 할 수 있다.

자아실현 = 정체성(본인의 DNA + 성장 환경 + 미래의 비전(vision)) + 목표 + 행동
(실현 의지)

자아실현은 아무것이나 대충 그리고 조속히 이루어지는 것은 아니다. 불가의 스님이 깨달음을 성취하는 것이 쉽지 않듯이, 평범한 인간이 자아실현을 이루기 위해서는 일생 동안 이성(理性)은 물론 영혼마저 총동원하지 않으면 안 되는 고(苦)된 작업이 아닐 수 없다. 인간으로서 자기만이 이 세상에서 이룰 수 있는 최고의 가치를 실현시키는 것이 자아실현이기 때문이다.

노인기를 뜻있게 보내는 것은 쉬운 일이 아니다. 노인기에는 편하게 휴식을 취해야 하고, 남은 삶을 즐겨야 하며 의미 있게 생을 마감해야 하기. 노인기를 어떻게 사느냐 하는 것은 노인기를 어떻게 늙어 가느냐와 같은 맥락이다.

소포클레스는 80세가 넘어 『오이디푸스』를 집필했다. 괴테는 80세

가 넘어서『파우스트』를 완성했다. 죽을 때까지 의미 있는 일, 한 가
지는 완성하도록 계획을 세우고 추진해야 할 것으로 본다.

자기완성(自己完成)을 꾀하라

우리가 사회생활을 하다 보면 주변에서 "저분은 인격적인 사람이다."라고 하는 말을 듣게 된다. 이 점을 보고 '그런가 보다' 하고 대부분 지나치게 되는데, 그냥 지나치기보다는 남들이 그분에 대하여 왜 그러한 말을 하는지 한 번쯤 되새겨 보아야 할 대목이다. 주목해야 할 것은 인격적인 사람이라는 소리를 듣기까지는 무척 힘든 자기 관리가 있어야 한다는 것이다.

부모로부터 물려받은 재산이 없어 살아가는 데 여유롭지 않으면 인격적인 사람이 되는 데 큰 어려움이 따른다. 본인의 자존심을 지키고 또 남에게 덕을 베풀게 되는 데는 어느 정도 경제적으로나 시간적으로 여유가 따라야 하기 때문이다. 재산이 넉넉하지 않으면 자연히 마음도 궁색해진다. 경제적인 조건이 갖추어져 있으면 인격을 높이는 데 크게 유리하다. 인격적인 평판을 얻기까지는 긴 시간과 함께 뼈를 깎는 어려움이 따른다.

박지원의 책『열하일기』를 보면 중국의 명나라 시대 때 어느 한 노파가 있었는데, 슬하에 8남매를 두고 있었다. 이 노파는 몹시 가난하였지만 언제나 남에게 덕을 베풀었다고 한다. 주변 사람이 왜 그렇게 살아가느냐고 물어보았더니, 그 노파의 대답은 자신에게 8남매의 자식이 있는데, 이렇게 하면 언젠가는 베푼 덕이 자신의 아이들에게 되돌아올 것으로 생각하기 때문에 그렇게 행동을 한다고 말하였다는 것이다.

노인기에 접어들어 경제적인 자립이 이루어지지 않고 사회적으로 많은 경험과 지식은 물론 좋은 습관이 길들여지지 않으면 높은 인격은 쉽게 획득되거나 행해지기가 어렵다. 평소에 굳은 의지로 사소한 일에 굴복하지 않고 지속적으로 좋든 나쁘든 시대의 흐름에 맞게 변화를 겪으면서 선(善)과 덕(德)으로 인격을 쌓아가지 않으면 안 된다. 이러한 점이 인격적인 사람이 되기 위해 겪게 되는 어려움이다.

자기완성(自己完成)이란 어떤 것인가? '자기 자신의 인격을 완전하도록 만듦'이다. 인격이란 사람의 품격이다. 품격은 사람 된 바탕을 말한다. 이 바탕을 이루는 것은 진실과 거짓으로 양분할 수 있을 것이다. 진실의 뜻은 '거짓이 없고 참됨'이다. 거짓은 무엇인가? '사실과 어긋남, 사실이 아닌 것을 사실과 같이 꾸밈'이다. 참이란 겉과 속이 같아 옳고 바르게 살아가는 것이다. 인간이기 때문에 인간으로서 도리를 지키며 살아가야 한다. 이 점은 이성적인 인간에게 있어서 곧 의무다.

자기완성, 즉 인격을 완전한 것으로 만드는 일을 다른 말로 표현하면 도덕적으로 흠결이 없도록 하는 것이다. 이 점은 노인에게 있어서 대단히 높은 경지에 이르렀을 때 가능하다. 여기서 말하는 자기완성의 경지에 이를 수 없을지라도 남에게 피해를 주지 않고 살아갈 수 있다면 그것으로도 다행한 일이다.

그렇게 하여 자기완성에서 얻을 수 있는 것은 평안함이다. 이때부터 노인은 불안해하며 쫓기는 삶을 살아가는 것이 아니라 자유는 물론 평화롭고 여유로운 삶을 살아가게 된다. 이것은 노인으로서 꼭 갖추어야 할 소중한 가치(價値)다. 노인이 되었는데도 자유와 평안함을 누리지 못한다면 이는 불행한 일이 아닐 수 없다. 이것도 긴 생애에서 보면 역경을 이겨 내고 욕심을 내려놓았을 때 자신의 영혼이 자유를 누릴 수 있고 평안한 삶을 살아갈 수 있을 것이기 때문이다.

도덕이란 인간이 인류의 공존을 위해 질서나 규범을 정하여 놓고 그것을 지키며 살아가는 것이다. 이 세상 삶에서 가장 어려운 일이 아마도 자기완성이 아닌가 하고 생각해 본다. 이를 이루는 삶은 우리가 요즘 세상에서 흔히 볼 수 있는 돈을 많이 보유한 재산가, 권모술수에 능숙한 정치인, 인기에 연연하는 연예인 등은 여기에 포함되기 어려울 것이다. 세속에 물들어 화려하게 몸을 치장하여 남의 시선을 끌려고 행세하는 사람은 진실로 도덕에 가까이 가기 힘들다. 불교의 스님처럼 누더기 옷을 걸쳐 입을 때 도덕을 더 지킬 수 있을 것으로 본다.

자기완성을 이루려고 하는 사람들은 무대 위에 함부로 나타나지 않는다. 자신이 가야 할 인생길이 순조롭지 않다는 것을 알고 있을 뿐이다. 이들은 인생에서 거두어야 할 수확물이 무엇인지 알고 있으며 하루를 어떻게 살아가야 할지도 아는 사람이다. 남이 가지 않는 외로운 길을 홀로 걸어가게 된다.

때로는 온갖 세속적인 비웃음을 피하지 못하여 고개를 숙이기도 하고, 잘났다고 뽐내는 사람으로부터 무시와 냉대를 받기도 하며 여론에 힘입어 영향력을 행사하는 사람으로부터 외면당하기도 한다.

자기완성을 추구하는 사람은 너무나도 평범하다. 한 가지 확실한 점은 헛되지 않은 인생을 살아가기 위해 지나가는 시간을 안타까워하며 한 치의 오차도 없이 성현의 발자취를 따라 앞으로 나아가는 것이다. 외부에서 볼 때 겉으로 드러나지 않고 너무나 평범함 속에 묻혀 사람들의 시선을 받지 않고 살아간다. 오직 죽음을 맞이하여 신(神)에게 깨끗하고 순수한 자신의 영(靈)을 바치고자 함이다.

법정스님의 책 『무소유』에서도 보면 "우리들이 화(火)를 내고 속상해하는 것도 따지고 보면 외부의 자극에서라기보다 자신의 마음을 걷잡을 수 없는 데에 그 까닭이 있을 것이다."라고 말한다. 화(火)를 내는 것은 자기 본인에게 문제가 있는 것이라고 말하고 있다.

인격(人格)을 윤리적인 측면에서 살펴본다면 '도덕적 행위의 주체로서 진위(眞僞)·선악(善惡)을 판단할 수 있는 능력과 자율적 의지 등을 가진 존재'로 되어 있다.

새뮤얼 스마일스의 책 『자조론 인격론』에 의하면 "인격은 최상의 인간성이며 구체화된 도덕 질서다. 인격의 자질이라고 할 수 있는 것은 진실과 정직, 선(善)이며 이것이 인격의 핵심을 이룬다."이다. 여기서 보면 "모든 것을 다 잃어도 인격만은 지켜야 한다. 인격은 그 자체가 하나의 재산이기 때문이다."라고 말한다.

칸트에 의하면 "인간에게 자율적으로 자기의 의지를 결정하는 이성적인 능력이 있어 그것에 의하여 인간은 도덕적 행위가 가능해진다"는 것이다. 데카르트는 "이성(理性)으로 우주의 모든 현상을 비례적·조화적 관계에서 바라볼 때 비로소 어둡고 예측이 불가능한 혼돈(카오스)으로부터 어떤 체계 속에 자리한 조화적 우주(코스모스)가 출현한다"는 것이다. 루터도 데카르트와 마찬가지로 "진리에 이르는 길은 인간의 이성을 적용하는 데 있다"고 보았다.

새뮤얼 스마일스의 책 『자조론 인격론』에서 배비지[51]의 논문에는 "언행(言行)은 죽지 않는다."라는 표현이 있다. 이 언행의 근본은 생

---

51 찰스 배비지(영어: Charles Babbage, FRS, 1791년 12월 26일~1871년 10월 18일)는 영국의 수학자이자 철학자, 발명가, 기계공학자로서 '프로그램이 가능한 컴퓨터' 개념의 시초자다. '컴퓨터의 아버지'로 불린다.

찰스 배비지

각에서 나온다는 것이다. 그런데 왜 이 학자는 그렇게 표현하였을까? 수학자이며 철학자이기에 가능했으리라 추측된다. 이는 자신의 논문에서 "모든 원자(原子)에는 선과 악이 각인되어 있으며, 그것은 학자와 현인들이 밝혀낸 운동성을 지닌 채 온갖 무가치하고 비천한 것들과 수만 가지 방식으로 혼합하며 결합하고 있다."라고 밝히고 있다.

이 학자는 "자연의 섭리와 인간의 행동이 남기는 발자취는 결코 지워지지 않는 것이다."라고 강조하여 말한다. 다른 뜻으로 말하면 말이 표적이 되는 곳에 생각이 가고, 생각이 가는 곳에 기(氣)가 형성되며, 기가 형성되면 그곳 인체에 화학적인 변화가 이루어진다는 것과 같은 논리로 풀이된다.

이것이 불교에서 말하는 업보(業報)에 해당된다. 인간에게 인격은 불멸의 가치를 지닌다고 할 수 있을 것이다. 그러기에 죽음을 앞둔 노인은 이미 인격적으로 완성 단계에 놓여 있어야 한다는 의미가 성립된다. 이것은 곧 현재의 인격의 반영이 죽음에까지 함께한다는 결론에 도달한다. 우리의 삶에서 생각과 말, 행동은 정말 두고두고 조심하고 경계해야 할 삶의 기본자세가 아닌가 하고 생각해 본다.

노인이 되었다면 남에게 받는 것으로부터 주는 것으로 바뀌어야 한다. 필립 짐바르도의 책 『루시퍼 이펙트』를 참고하면 "중세의 사상가들을 쿠피디타스(cupiditas)[52]라고 부르는 것이었다. 단테는 이 뿌리에서 비롯된 죄야말로 가장 극단적인 '늑대의 죄(sins of the wolf)[53]'라고 보았다. 이는 카리타스(caritas)[54]와 반대되는 개념이다."라고 기술하고 있다.

이제 노인이 되었는데도 자신의 욕망을 채우기 위하여 남에게 받기를 원한다면 더 이상 인격의 완성은 바라볼 수 없을 것이다. 세상을 살아온 것만큼이나 자신과 남과의 관계에서 행복이 의미하는 것이 무엇이라고 알 수 있을 것인데도, 자신의 욕망을 채우기 위하여 남을 이용한다는 것은 도저히 완성된 인격자라고 볼 수 없게 된다. 노인이라면 자신의 모든 정신 자세는 쿠피디타스(cupiditas)에서 카리타스(caritas)로 변화되어 있어야 한다. 이것이 노인으로서 자격을 갖추게 되는 셈이다.

---

52 쿠피디타스(cupiditas, 탐욕)란 허욕, 강열한 물질적 욕망이나 권력욕을 의미한다. 자신이 아닌 모든 '다른' 것들을 자신의 것으로 만들거나 자신에게 포함시키고자 하는 욕망을 말한다. 예를 들어 육욕이나 강간도 쿠피디타스의 한 형태다. 다른 사람을 자신의 욕망을 만족시키는 데 이용하는 것이기 때문이다.

53 늑대의 죄(sins of the wolf)란 권력과 돈으로도 채울 수 없는 깊고 깊은 블랙홀이 자신의 마음속에 있는 것을 말한다.

54 카리타스(caritas)는 한 사람 한 사람을 각 개인으로서도 존귀하게 여기지만, 또한 다른 이들과의 관계 속에서 그 가치를 발견하는, 사랑의 고리 속의 한 구성원으로 보는 관점이다. "무엇이든지 남에게 대접받고자 하는 대로 너희도 남을 대접하라."라는 말은 카리타스의 소극적인 표현이다. 라틴어 경구 "카리타스와 사랑이 있는 곳에 신이 있다(caritas et amor, deus ibi est)"는 표현이 아마도 이 개념을 가장 잘 설명하는 말일 것이다.

운명에 순응해야 한다

인생이란 마라톤 경기에서처럼 인내와 고통이라는 자신과의 싸움에서 승리할 수 있어야 한다. 자기만의 인생 계획을 수립하여, 어떠한 사람과도 비교하지 않으며, 본인의 길을 열심히 가야만 하는 것이다. 후일 늙음이 왔을 때 나의 인생은 그래도 실패하지 않았다는 위안을 갖도록 하기 위해서다. 삶에는 희망과 믿음이 중요하다. 이러한 마음으로 그 길을 묵묵히 갈 때 성공은 멀지 않은 법이다.

내가 알고 있는 분 중에는 90세를 넘게 살다가 세상을 떠나신 분이 있다. 살아생전 건강하고 용모도 단정하였으며 마음도 너그러웠다. 무슨 일이든지 눈을 감고 다각적으로 생각하시면서 상황에 맞게 대처하였다. 육체와 정신을 함부로 사용하지 않았으며, 이를 옳게 소진(消盡)하고 후회 없이 살다가 돌아가신 분으로 기억된다.

인생이 실패로 끝나지 않으려면 자신의 자질과 능력을 제대로 파악하여 무엇인가 최고의 가치를 실현하도록 시간과 노력을 투자하지 않으면 안 된다. 많은 것을 얻는 데 자신을 소모할 것이 아니라, 오직 가치 있다고 생각하는 그 무엇 하나를 성취해야 한다. 중요하고 가치 있는 일 중에는 하루아침에 이루어지는 일은 결코 없다. 인생의 모든 것을 여기에 바쳐야 겨우 이룰 수 있는 어렵고 힘든 여정이다.

성공한 사람들은 인생에 있어서 위대한 꿈을 단시간 즉흥적(卽興的)으로 이루어 내려고 하지 않았고, 전(全) 생애(生涯)를 통하여 인내와 노력으로 한 걸음씩 꾸준히 전진하였다. 삶이란 자신의 의지(意志)대로 되지 않는다. 노력하고 발버둥 쳐도 뜻은 이루어지지 않고, 운명의 길로 진행될 때가 있게 된다. 이 점은 정말 어려운 문제로써 수용하지 않으면 안 되는 부분이기도 하다.

요한 볼프강 폰 괴테의 희곡 「파우스트」를 보면 "좋은 일 나쁜 일은 / 기약 없이 오는 것이니 / 미리 안다 해도 믿을 수 없어요"라는 구절이 나온다.

이것이 운명과 다르지 않다는 것을 말하는 것이다.

자신이 복(福)을 적게 타고 태어났다고 한다면 현재의 상태에서 어떻게 살아야 하는가? 운이 좋고 나쁨을 우주적인 차원에서 보면 기압골이 이동하는 것처럼 자연적인 현상인 것이다. 인간이라면 이러한 경우에도 더욱더 도(道)를 지키고 따르며 살아가야 한다. 우주의 원리는 어느 한쪽에 기울어짐이 없이 언젠가는 반드시 제자리로 돌아오는 법이다. 우주의 측면에서 보면 복(福)이니 재화(災禍)니 하는 것이 영원히 존재하는 것은 아니다. 인생이란 본래 불확실한 상황에서 전개되며 확실한 내일을 기약할 수 없다. 착실히 살아가면서 준비하고 노력을 한 후에 나머지의 삶은 하늘에 맡겨야 함이다.

쇼펜하우어의 책 『사는 게 다 그래』를 참고하면 인간의 운명에서 차이를 가져오는 근본적인 요소를 다음과 같이 구분하였다.

- 참된 자아(自我): 넓은 의미의 인격, 건강, 체력, 용모, 성격, 품성, 이성과 지혜 등
- 물질적 자아: 모든 소유물
- 사회적 자아: 다른 사람의 눈에 비치는 자아(인간과 접촉하는 자아), 즉 다른 사람의 머릿속에 깃들어 있는 자아로서 자신의 명예, 지위, 명성 등이다.

여기서 주목해야 할 점은 가장 많이 운명의 차이를 가져오는 것으로는 위에서 언급한 참된 자아로서, 이것은 인간이 본인의 의지로서 쉽게 바꿀 수 있는 문제가 아니며, 자연의 손에 의해 결정되는 것으로, 행복과 불행에 영향을 미치게 하여 인간의 운명에 관여하는 것으로 본다. 반면에 물질적 자아와 사회적 자아는 본인의 의지로 다소 바꿀 수 있는 것으로 보며, 앞의 참된 자아보다 운명의 차이를 적게 가져오는 것으로 보고 있다.

이것과는 다르게 운명에 영향을 미치는 것으로는 관습(慣習)과 전통(傳統)의 탓인지 몰라도 중국에서는 사람들의 구전(口傳)으로 전해져 내려오는 부귀영화의 결정적인 요인이 있다. 이것은 "一 命, 二 運, 三 風水, 四 積陰德, 五 讀書를 꼽았다."이다. 이의 해당 문장은 왕충(王充)[55]의 독백이다.

왕충은 낙양의 책방을 돌며 책이란 책은 모두 섭렵(涉獵)하였고, 한 번 읽은 책은 그대로 암기할 정도로 그 시대의 천재였다. 하지만 배경이 없던 그는 벼슬에 나아가지 못하고 가난에 허덕여야 했다. 불우한 처지에서 그는 『논형(論衡)』이란 명저(名著)를 썼는데, 2000년이 지난 지금까지도 지식인들에게 읽히는 고전이 되었다.

그는 우리가 여기서 다루는 사주(四柱)와 풍수(風水) 이론의 기본 범주에 대한 형이상학적 상징 부여를 거부했다. 그러한 왕충조차도 알 수 없는 운명 앞에서 맥없이 굴복한 것이다. 그러고 보면 왕충 역시 인간의 홍망성쇠란 본인의 의지대로 되지 않는다는 것을 설파(說破)한 것이다.

왕충이 위에서 말하고 있는 부귀영화의 결정적인 요인을 다시 한 번 음미해 보면 다음과 같다.

---

55 왕충(王充): 중국 최초의 유물론 철학자 혹은 무신론자로 평가받고 있는 후한(後漢)의 지식인

첫째, 명(命)이란 타고난 복(福)이라고 할까? 아예 태어날 때 너는 어떤 위치에서 어느 정도 부귀와 영화를 누리며 살아라 하는 천지신명의 명령을 말한다. 이는 훌륭한 부모님과 스승을 만나서 승승장구하여 높은 지위를 얻어 행복하게 살라는 팔자를 말하든지, 너는 아버지를 일찍 여의고 어머니마저 이별을 하여 고아로 자라서 한평생 고생을 하며 연명(延命)하라는 내용과 같은 뜻이다.

둘째, 운(運)은 흔히 때(時)를 말하며, '타이밍·適期'이라는 말로도 통용할 수 있다. 아무리 노력하여도 때를 못 만나면 벼슬을 하지 못하는 것과 같다.

셋째, 풍수(風水)는 집이나 무덤 등과 같이 그것의 범위와 지형에 따라 사람의 화복(禍福)이 크게 영향을 받는다는 설이다.

넷째, 적음덕(積陰德)이다. 이는 남이 모르게 덕을 쌓는 것이다. 원불교의 가르침에 따르면 적음덕을 하면 9대의 자손까지 그에 따른 좋은 영향이 미친다고 한다. 이뿐만 아니라 성경의 마태 6:3-4에 보면 "너는 불쌍한 사람을 도울 때 오른손이 하는 것을 왼손이 모르게 하여 너의 착한 행실이 남의 눈에 띄지 않게 하라. 그러면 은밀히 보시는 네 아버지(하나님)께서 갚아 주실 것이다."라고 말한다. 덕을 쌓을 때는 남이 모르게 하는 것이 진실한 보시(普施)임을 가르치고 있다.

다섯째, 독서(讀書)다. 책을 통하여 훌륭한 사람이 되는 것을 말한다. 여기서 독서라고 하지만 꼭 책뿐만 아니라 훌륭한 스승이나 부모의 가르침도 여기에 포함되리라 본다.

앞의 다섯 가지 요인들은 그 시대의 지식인인 왕충의 독백이지만, 이것이 시사(示唆)하는 바는 사뭇 의미가 크다고 보고 있다. 그러나 이 설(說)을 현대에 그대로 적용한다는 것은 이치에 맞지 않는다는 것이다. 다만 인생이라는 그 자체에는 본인의 뜻과 다르게 운명이 펼쳐질 수 있다는 것을 항상 명심하여야 하는 교훈으로 남게 된다.

운명을 수용하는 데는 자기 관리가 중요하다. 큰일이란 내가 나를 관리하고 나를 깨닫는 일이다. 나옹스님은 한평생 산속에서 처절하게 자기 관리를 했다고 전해진다. 나옹스님의 어록에는 "이 지구상에서 자기 관리를 잘못하면 바로 죽음을 맞게 된다. 악착같이 하는 모든 사업, 모든 명예가 여러분의 관리가 되어 있는 상태에서 동여매어야 한다. 주인이 번뇌 분노에 이끌리면 안 된다. 감정의 노예가 되어 끌려가게 된다. 내가 내 관리를 얼마나 잘하느냐가 중요하다. 가장 큰일을 하려면 내가 나를 잘 관리하고 내가 나를 깨닫는 일이다. 성내는 마음, 원망하는 마음, 슬픈 마음이 자신을 휘젓고 다닌다. 인간 세상은 반드시 좋지 못한 일이 반(半)이다."라고 기록하고 있다.

당신은 현재의 이 시점에서 후손들에게 어떤 기운을 남기고 있는가? 무엇을 좌우명으로 삼고 살아왔는가? 또 살아가고 있는가? 나옹(懶翁)스님은 한평생 처절하게 자기 자신과의 싸움을 잘하신 분으로 세상 사람들에게 각인되어 있다. 남이 억울한 말, 못 들을 말을 해도 받아들여서 소화할 수 있는 능력이 있는 사람이 중요하다. 이러한 점이 왜 중요한가? 인생의 성공자들은 남에게 휘둘리지 않고 오직 자기 관리를 잘해 후손을 위해서 무언가를 남긴 사람들이라는 점을 상기하는 바다. 무엇보다도 다음 세상에서 후손들이 번영하고 행복하게 살아갈 수 있도록 함이 가장 중요한 과제이기 때문이다.

인생에서 실패하지 않은 사람들의 생애를 보면 공통적으로 발견할 수 있는 것은 다음과 같다.

- 인생의 전 기간 노력을 아끼지 않았다.
- 성공한 사람들은 한결같이 정신력이 뛰어났다.
- 가치(價値), 선택, 근신(謹愼), 집중 등으로 살아온 사람들이다.
- 시세(時世)에 따라 흐름을 잘 탄 사람이다.
- 생애에 한두 번씩 오게 되는 기회를 놓치지 않았다.
- 철저히 준비를 했던 사람이다.
- 실패에도 다시 일어난 사람들이다.

인생을 실패하지 않으려면 일찍부터 독서의 습관을 가져야 한다. 이러한 말이 있지 않은가?

'한 평의 땅보다 한 권의 책을 추구하라.'

천만 명의 무덤보다 천만 권의 책이 유익하다면 이것은 살아 있는 사람에게 좋은 일이 될 것이다.

'인생의 성공을 위한 지름길은 한 권의 책으로부터 출발하지 않으면 안 된다.'

책 속에 인생의 길이 있기 때문이다.

'짧은 인생을 길게 하는 방법은 한 사람의 영혼이 담긴 책 한권을 남기는 일이 아니겠는가.'

진리를 수록한 기록은 오래간다.

인간이 삶을 살아가면서 아무리 해도 후회하지 않는 일은 양서(良書)를 읽는 일일 것이다. 자신이 가야 할 삶의 길을 몰라 방황하고 있을 때 책 속에서 그 해답을 찾는다고 한다면 그 기쁨은 이루 헤아릴 수 없이 크다. 책을 집필하는 사람들은 수많은 시간을 아픔과 같이하며 괴로움에서 벗어나지 못하고 고뇌를 거듭하던 차에, 이러한 삶의 길을 발견하고 자신의 생각을 종이 위에 남기게 되는 것이다. 독서를 통해서 인간은 한 걸음 한 걸음 성장의 길로 들어선다는 점을 항상 유념하기 바란다.

인도에서 평생토록 빈민촌에서 선교 활동을 펼쳐서 노벨상까지 받은 테레사 수녀께서 남긴 말은 성공적인 삶을 사는 비결을 3가지로 요약하였다.

첫째, 작은 일에 충성하기다.
둘째, 기초를 튼튼히 세우기다.
셋째, 내면의 힘을 강화하기다.

위에서 두 번째의 기초를 튼튼히 세우기, 세 번째의 내면의 힘을 강화하기는 곧바로 이해가 가능하다. 그런데 첫 번째의 작은 일에 충성하기가 '그렇게 성공적인 삶을 위해서 필요한가' 하고 의심이 가기 때문에 여기서 부연 설명을 하기로 하겠다.

성경의 가르침 마태복음 25:23을 보면 "그래서 주인(예수)은 그에게도 '잘하였다' 착하고 충실한 종아, 네가 작은 일에 충실하였으니 내가 너에게 많은 일을 맡기겠다. 너는 주인의 기쁨에 참여하여라." 라고 하였다.

일반 사람이 잘못하기 쉬운 것은 큰일에 신경을 써서 성공하도록 하고 작은 일에는 충실하지 않고 신경도 쓰지 않는다. 예수님은 작은 일 하나하나를 반듯하게 행함으로써 중요한 일을 할 수 있을 뿐만 아니라 성공하고 행복한 삶을 이룰 수 있다고 가르치고 있다. 즉 작은 일 하나하나를 충실히 할 때 큰일도 이룰 수 있다는 것이다.

노인기의 삶은 어떠한가?

남녀의 성(性) 차이가
없어진다

60대 이후에는 성 호르몬의 변화로 여성은 남성화, 남성은 여성화로 점진적 변화가 있게 된다. 성 역할의 반전(反轉)은 예전에 한 번도 경험해 보지 못한 것이다. 노인기에 있어서도 부부의 정(情)은 어느 시기보다도 소중한데 여성은 물론 남성 역시 폐경기를 지나고 나면 성호르몬의 변화로 성 역할이 뒤바뀌는 것은 자연적인 현상이다.

성 역할이 반전된다고 하더라도 엄연히 남성은 남성이고, 여성은 여성이니 남성과 여성의 성 역할은 확실하게 구분되어야 한다. 중요한 점은 이러한 성(性)의 변화를 서로가 이해하고 대처해야만 하는 것이다.

나이가 많아져 몸이 쇠약해졌는데도 성의 발현이 젊음 그대로라면 이는 모순을 넘어서 기이(奇異)한 현상이 아닐 수 없다. 남녀 성 차이가 없어져서 성(性)에서 해방되어야 한다는 신(神)의 메시지가 여기에 숨겨져 있다.

그러나 인간의 이기심으로 더욱더 오래 살면서 즐거움을 충족하며, 자아실현의 꿈을 이루기 위한 인간의 욕망은 끝이 없어 자연적인 노화에 도전하게 된다. 이 점이 아니더라도 여자는 여자로서, 남자는 남자로서 성(性)의 역할이 유지되어야 한다.

제드 다이아몬드의 책 『남자의 아름다운 폐경기』를 참고하면 "매력적인 남성은 남자들끼리 유대감을 강화해서 서로 도와야 한다. 그러하지 않으면 역동적인 여성에게 잠식돼 버리고 만다. 요즘 여성들은 남성다운 매력이 없는 남자들을 좋아하지 않는다. … 우리가 여성과 동등한 세력을 유지하려면 끊임없이 남자다움을 재생시켜 주는 남자들만의 지원이 필요하다."라고 말한다. 여기서 기술하고자 하는 것은 남자들끼리 만나서 남성다움을 재충전하여 비록 노인이 되었더라도 남성의 역할을 제대로 하여야 한다는 것이다. 그러하지 않는다면 성 역할의 반전으로 남성이 여성에게 자신의 역할을 다하지 못하는 비정상적인 현상이 일어나기 때문이다. 동성끼리 연대감을 이루어 남자는 남자로서 여성은 여성으로서 본래 지니고 있는 성 역할을 살려 소멸해 가는 인생의 정열을 유지하지 않으면 안 된다.

인생 2막은 적어도 61~90세로 30년이라는 긴 세월이 주어지는데, 이를 잘 활용함으로써 성공적인 삶을 이끌어 낼 수 있어야 할 것이다. 이를 헛되게 보낸다면 인생의 성공은 요원(遼原)하게 된다. 노인기에도 부부가 함께 해로(偕老)하며 각자 주어진 역할을 다해야 함이 당연한 이치다. 이 점은 여성에게도 동일하게 적용된다.

부부 관계에 한해서는 성(性)을 천(賤)하고 수치스러운 죄악으로 간주되어서는 안 된다. 잠파다는 "정욕(情慾)은 사람을 멸망시킨다. 오직 조심스럽고 깨끗한 순결만이 행복한 결과를 안겨 준다."라고 말했다.

여기서 성(sex)을 표현하는 것은 '남녀의 육체적 관계, 또는 그에 관계된 일'로 되어 있다. 다만 성을 이렇게 평가하고 분석하기 이전에 생명과 관련하여 그 밑바탕에 흐르고 있는 사랑과 성(性)의 문제를 인간의 이성적(理性的)인 측면에서 어떻게 보느냐가 중요하지 않을 수 없다.

삶에 있어서 성의 문제는 생명처럼 아끼며 간직해야 하는 것이다. 우리가 꼭 주목해야 할 것은 성(性)을 잘 사용하면 생명을 살릴 수 있는 선(善)이 되고, 잘못 사용하면 생명을 죽일 수 있는 악(惡)이 된다는 점이다.

노인기에 있어서는 인체 기능이 차츰 쇠약해져 간다. 성욕 또한 마찬가지다. 젊은이들은 성관계를 통해서 부부의 정(情)을 느끼게 된다. 노인은 그 이상 성관계는 잘 이루어지지 않는다. 부부의 정(情)은 부드럽고 따뜻한 대화, 사랑하는 눈빛, 마음과 마음으로 느끼는 배려 등 이러한 것으로 성을 대신하여야 할 것이다.

노인기의 성(性)은 성호르몬의 분비가 차츰 약화되어 사춘기 이전

수준으로 되돌아가는 것으로 생각하면 된다. 남성으로서의 노인은 젊은이로서 열정적인 사랑, 난폭한 성질, 격한 분노, 이유 없는 불안, 그칠 줄 모르는 방황 등은 사라지게 된다.

말레이시아의 트렝가누주에 사는 우크 쿤더(108) 할머니는 70세 연하의 모하드 누어 체 무사(38)와 23번째 결혼을 하여 기네스북에 등재되어 전 세계인을 깜짝 놀라게 했다. 엄청난 나이 차이 때문에 결혼 생활이 오래 지속되지 않을 것이라는 예상을 깨고 단단한 부부 생활을 유지했다고 전해진다.

여기서 우크 쿤더 할머니는 금실의 비결로 선조들로부터 배운 전통 마사지를 꼽았다. 실제로 그녀는 하루 1시간 이상 남편을 정성껏 마사지를 해 주어서 남편의 몸을 이완시키고, 부부 사이를 돈독히 했다고 한다. 마사지의 자세한 방법은 비밀에 부쳤다. 아마도 이러한 것들도 하나의 성관계를 대변하는 것이 아니겠는가? 성(性)은 생명의 강(江)이라고 말했듯이, 삶과 유유히 함께 흘러가야만 하기 때문이다.

노인에게도 부부가 해로(偕老)하며 남은 인생을 즐겁게 보내는 것이 최고의 행복이 아닐 수 없다. 인간은 이성적(理性的)인 동물이다. 신(神)이 인간을 탄생시킬 때 성(性)을 생명처럼 아끼며 사용하도록 하였다. 성적인 쾌감은 삶의 어디에서도 느낄 수 없는 자연에서 준 극치(極致)다. 삶에서 오는 고통과 괴로움을 상쇄해 주고 인체의 리듬을 정상적으로 복귀시키는 역할을 한다.

인간이 갖는 사랑에도 유통기한이 있다. 인생도 젊었다가 늙어 가듯이, 사랑도 싹이 트고 무르익게 되며, 시들어 가는 과정을 밟게 된다. 사랑을 하고 즐거움을 만끽하며 자녀를 낳아야 할 시기에, 사랑을 올바르게 하지 못하고 포르노와 같은 비정상적인 방법으로 젊음을 낭비하고 나면 인생의 가을과 겨울을 어떻게 맞이하고 보낼 수 있느냐이다.

여성의 성적 매력이라는 것은 삶의 현장에서 유통 기한이 짧다. 젊음을 탕진(蕩盡)한다면 노인기에 이르러 인체는 쇠약해져 열매를 맺을 수 없을 것이다. 인간이 성숙하는 과정에서 성장 단계에 따른 즉 청년, 중년, 노년에 이르기까지 많은 난관(難關)을 통과하여야 하는데, 이때마다 사랑의 순수한 힘이 새롭게 만들어지고 사용될 때 삶은 순조롭고 회한(悔恨)이 없게 되는 것이다. 성욕이 삶에 미치는 영향은 전부라고 해도 과언이 아니다. 성욕(性慾)의 문제가 해결되고 나면 인간의 기본 욕구가 해결되는 셈이다.

인간이라면 자신이 생각하게 되는 의욕(意欲)의 기저에는 성욕이 자리하고 있다. 그 정도로 인간은 성 문제 해결을 위해서는 자신의 모든 것을 투자해야만 한다. 생명의 특징은 성(性)을 통하여 그 종의 본성이 나타나게 된다. 성은 자신의 생리적인 면과 본능적인 면을 함축하고 있다. 성(性)에 관한 문제는 삶에 지대한 영향을 미치게 한다. 하루살이는 하루살이 목(目)에 속하는 곤충으로, 애벌레로 1년을 지낸 뒤 하루살이로 변태한 후, 적게는 1시간, 많게는 4~5일 정도 산다고 한다. 이들이 그 짧은 일생 동안 비 오는 날을 아랑곳하지 않고 사랑만 나누다가 생명을 잃게 된다. 이들에게 오직 사랑이 전부인 것이다. 살아 있는 동안 먹이는 먹지 않고, 사랑만 나누다가 일생이 끝난다고 전해지고 있다. 그 정도로 생명을 가진 동물들은 사랑이 중요한 것이다. 이것은 인간도 예외일 수는 없다.

학자들에 의하면 과거에는 인간에게 있어서 개화기간은 16~66세로 평균 50년으로 보았는데, 지금에 와서는 과학의 발달과 수명의 연장으로 이보다 더 길어졌다고 본다. 이는 어떠한 동식물보다도 길다. 여기에 인간에 대한 신(神)의 축복이 있지 않은가 생각해 본다.

이태복 전 보건복지가족부 장관의 책『성은 늙지 않는다』를 참고하면 "성(性)은 생명의 강이다. 이것 없이는 결코 자기완성을 이룰 수 없다. 성욕은 부정할 수 없는 인간의 본능, 늙음의 최대 적(敵)인 고독과 외로움을 해결한다."라고 기술하고 있다.

이 중에서 성기(性器)는 식물에 비하면 꽃에 해당함으로써 번식에 관여하는 아름답고 중요한 기관(器官)이다. 모든 동식물이 그러하겠지만, 인간에게 있어서도 생식기는 생명의 주요한 부분이 아닐 수 없다. 성(性)은 삶의 근본을 이룬다. 인간에게 있어서 행복의 열쇠가 성(性)과 관련이 있다는 것과 그 맥락(脈絡)을 같이 한다.

성욕의 속성으로서 성적 해결은 행복의 조건인 동시에 불행의 원인이기도 하다. 삶에 있어서 성(性)의 처리 문제는 어려운 난제이기도 하다. 삶의 목적이 후세를 얻기 위함을 목표로 하고 있기에 올바른 성(性)의 실현은 인생의 최대 과제가 아닐 수 없다. 노인기에 이르러 성욕이 사라진다는 것은 생리적인 큰(大) 변혁(變革)이라고 하지 않을 수 없다. 이것은 모든 면에서 의욕도 함께 감소한다고 할 수 있다. 그러므로 일단 생물로서의 기능적인 가치를 상실하는 것이나 다름없다.

다른 세상의 이야기인 듯 느껴지기도 하지만, 천상에서 살고 있는 천사는 성(性)의 구별이 없다고 전해지기도 한다. 만약에 인간이 사는 세상에 성이 사라진다고 한다면 삶은 어떠한 모습을 유지하게 될 것인지 상상해 보아라. 노인기에 접어들어 성이 없어진다는 자체는 죽음을 준비하라는 신(神)의 메시지가 함께 하는 것이기도 하다. 이제는 죄를 지을 이유도 없고, 큰 욕망도 사라지며, 성(性)에 고뇌할 필요조차 없게 된다. 이제는 편견 없이 사람과 사회를 바라볼 수 있게 되며, 젊은 시절에 있었던 공격적인 태도는 온화함으로 변화해야 하는 시점에 놓이게 된다. 남은 과제는 성욕이 없어진 그 자리를 자비심(慈悲心)으로 채워야 하는 일과 다른 하나는 이제부터는 온전히 정신적인 삶을 추구하며 남은 인생을 보내야 하는 과제만 남게 되는 것이다.

욕심에서 자유롭지 못하다

노인은 오늘이라도 생(生)이 끝날 수 있음에도 욕심은 끝이 없어 그대로 남아 있게 된다. 파스칼은 "정욕(情欲)이 해(害)를 끼치지 않도록 목숨이 일주일밖에 남지 않은 것처럼 행동을 하라"고 조언한다. 이 말은 욕심을 줄이고 생명을 보전하라는 뜻이다. 성철스님은 남자의 인생 후반기에 경계해야 할 일로서 '돈 병, 여자 병, 이름 병'이라고 말한다.

자신에게 있어서 능력의 한계를 아는 것은 무엇보다 중요하다. 인간을 불행하게 만드는 것은 현실과 이상 사이의 거리가 멀리 있는 것이다. 쇼펜하우어의 책『사는 게 다 그래』를 참고하면 "젊은 시절에는 자만(自慢)이라는 함정에 빠지지 않도록 주의해야 한다. 그래야 자신이 실제로 갖고 있지 않은 능력을 과신한 나머지 평생 동안 방향을 잘못 잡는 일이 없게 된다."라고 말한다. 노인에게도 이와 같은 이론이 적용된다. 자신의 능력의 한계를 알지 못하고 과욕을 부리다가 현 상태도 유지하지 못하게 되는 결과를 맞게 되는 것이다. 지나친 욕심은 자제해야 하고 능력 안에서 꿈을 이루기 위해서는 노력해야 하는데, 이러한 과정마저도 노인을 고(苦)되고 불행하게 만든다. 이렇게 불행해지는 이유는 지금과는 다른 삶을 희망하기 때문이다. 즉 보다 나은 미래를 위해 지속적으로 노력하려고 한다는 것이다. 그러나 장벽에 막혀 꿈을 이루지 못하게 되는 경우가 많다.

성경 솔로몬의 인생론(전도서) 12:12에서도 "내 아들아, 이 밖에 조심할 일이 있다. 아무리 책을 많이 써도 끝이 없으니 지나치게 공부하는 것은 몸을 피곤하게 할 뿐이다."라는 기록이 있다. 인간의 욕심은 물질적인 욕심도 있겠지만 정신적인 면에서 학문의 욕구도 제외할 수 없다. 나이가 많아 무엇인가 중요한 기록을 남기기 위해 자신의 체력은 생각하지 않고 집필하는 경우다. 이런 것들이 자신의 생명을 잃을 수도 있기 때문에 적당한 범위에서 욕심을 자제하는 것은 노인기의 삶에서 무엇보다 중요한 일이다.

중국 송나라의 선사(禪師) 원오(圓悟)스님[56]은 스승 오조(五祖) 법연

---

56 중국 송나라의 선사 원오스님(圓悟)은벽암록을 편찬한 인물이다. 그는 12세기 중국 선불교의 중요한 스승 중 한 명으로, 후대에 큰 영향을 미쳤다. 특히, 임제종(臨濟宗)의 맥을 잇는 데 중요한 역할을 했으며, 그의 제자이자 선지식인 대혜종고(大慧宗杲)스님을 통해 임제정맥(臨濟正脈)이 더욱 널리 퍼지는 데 기여했다.

(法演)스님으로부터 법연(法演) 4계(戒)[57]라고 하는 가르침을 받았다. 누구나 이 가르침을 받들고 이행할 때 노인기의 욕심을 자제하여 자신의 생명을 지키는 계기가 될 것으로 본다.

노인기에 있는 사람이 마음은 과거에 머물러 있기 때문에 일에 자신(自信)이 있는 것처럼 생각이 든다. 그러나 사실 몸은 그렇게 따라 주지 않는다. 이러한 점을 알면서 조절하고 통제하지 못하는 것이 또한 노인기의 삶이다.

노인들의 욕심이란 대부분 물욕(物慾), 즉 재산욕이라고 할 수 있다. 노인들에게 필요한 것은 돈이다. 이들에게 있어서는 지식욕(知識慾)이나 명예욕(名譽慾) 등도 있겠지만, 실존을 위해서 최소한의 돈이 필요하기 때문이다. 어떻게 보면 어부(漁夫)가 현재까지 잡은 고기 양(量)이 부족하다고 생각하여 좀 더 잡고자 하는 욕망에서 큰 파도가 몰려옴에도 불구하고 거물을 다시 던지는 현상과 다르지 않다.

쇼펜하우어의 책 『사는 게 다 그래』를 참고하면 "인간은 나이가 들면 들수록 애욕(愛慾)을 맛볼 체력이 고갈되는 대신, 허영심과 오만함이 점점 더 탐욕과 결합해 자아의 중심에 자리 잡게 된다."라고 말하고 있다. 그런데 욕심 하면 동일한 것이지 노탐(老貪), 즉 노욕(老慾)이 있고 다른 욕망이 있느냐는 것이다. 욕심을 단순히 폄하(貶

---

57   법연 4계(戒)란 다음과 같다. 첫째, 세불가사진(勢不可使盡): 힘(勢)을 다 쓰지 마라. 둘째, 복불가수진(福不可受盡): 하늘이 준 복을 다 받지 마라. 셋째, 규구불가행진(規矩不可行盡): 규율을 다 지키지 마라. 넷째, 호어불가설진(好語不可設盡): 좋은 말이라고 다 하지 마라.

下)하거나 나쁘게만 볼 것이 아니라, 욕심은 희망이며 등불이고 생명 그 자체다. 나이가 많아져도 욕망을 갖고 노력한다는 것은 권장해 주어야 할 일이다. 다만 탐욕이나 노욕이 아니라 건전한 욕망이어야만 한다. 일에 조절력을 갖추고 노력한다는 것은 소중한 날 허송세월을 보내는 것보다는 훨씬 나은 삶이다. 즉 욕심은 아직도 희망이 있고, 삶이 계속된다는 의미이기도 하다.

인간의 본성에서 욕심을 빼고 나면 남는 것은 아무것도 없다. 욕구 충족 동물이기 때문이다. 이것을 생각한다면 욕심을 갖는 것은 너무도 당연하다. 부유함은 행복의 원천이다. 부유하기 위해서 욕심을 갖는 것은 지당한 이치임에도 불구하고 욕심을 내려놓으라고 한다면 이 점이 오히려 이상할 정도다.

욕심이 갖는 가장 근본적인 위해(危害)는 이것이 고통과 연결된다는 점이다. 인간은 누구나 고통을 피하고 즐거움을 찾는다. 고통은 불행이고 즐거움은 행복이기 때문이다. 우리는 행복하기 위해 부(富)를 축적하는 과정에서 고통을 맞게 되는 셈이다. 고통을 접하기 싫다면 욕심을 버려야 함은 당연한 이치임에도 노탐(老貪)이 들어 이를 내려놓지 않게 된다.

인간은 건전한 욕망을 소유하기가 쉽지 않다. 생(生)을 유지해 가면서 마음을 조절하기란 어려운 일이다. 마음은 수시로 변화하며, 쉽게 생(生)하고 멸(滅)하는 특성이 있다.

우리는 주변에서 화물차 운전사를 연상해 볼 수 있다. 이러한 직업은 시간을 다투어 횟수에 따라 돈을 버는 직업이다. 같은 행동을 반복함으로써 돈이 불어나게 되는데, 여기에 죽음의 함정(陷穽)이 있게 되는 것이다.

세상에서 가장 어려운 것은 '쉰다, 놓는다, 비운다'다. 그리고 순간순간 고요함을 가지는 일이다. 노인은 인생 후반기 30년이라는 시간을 잘 활용해야만 하는 과제를 안고 있다. 다만 노인기에 꼭 유념하여야 할 것이 노욕(老慾)이 아니라 건전한 욕망이어야 한다.

건전한 욕망이란 어떠한 것인가?

1. 흐름, 즉 시세(時世)를 탈 수 있어야 하고 명분(名分)이 있어야 한다.
2. 일을 해야 할 합목적성(合目的性)이 뚜렷해야 한다.
3. 올바른 정신을 소유하고 인간으로서 지켜야 할 도덕성에 흠결이 없어야 한다.
4. 자기 능력에 비추어 충분히 이를 이룰 수 있는 범위 내에 있어야 한다.

위의 조건이 갖추어질 때 노욕이 아니라 건전한 욕망이 될 것이다. 건전한 욕망이란 신(神)의 뜻에 부합하되 자신이 이루어 낼 수 있는 과업이어야 한다. 앞의 조건의 범위 내에서 노인기에 자신이 수행해야 할 목표를 정하여 이를 실현하도록 노력하는 것은 중요하다. 노인기에는 물질적인 탐욕에서 정신적인 삶으로, 즉 영혼을 심화(深化)시키는 방향으로 바꾸어 가는 것이 보다 더 나은 삶이다.

전도서 3:1-8절을 보면 "범사(凡事)에는 때가 있는 것이다"라고 기록되어 있다. 즉 배워야 할 시기가 있고, 돈을 벌어야 할 시기가 있으며, 출세할 시기가 있는 것이다. 또한 결혼할 나이가 있다. 그러니 모든 것이 아무렇게나 주어지고 이루어지지 않는다는 점을 명심하여야 한다.

생각지도 못한
상황 속으로 흘러간다

인간은 늙어 가는 것을 부정해서는 안 된다. 우주 자연의 법칙이 변화인데, 늙어 가는 과정도 동일한 현상이다. 노화라는 것을 다르게 말한다면 자연의 섭리에 따르게 되는 것이다. 인간으로서 이기심을 버린다면 이를 즐거워해야 할 일이다. 우주 자연의 법칙과 인간의 삶이 함께해야 하는 것이기 때문이다. 갑작스럽게 늙어 가기보다는 순리에 따라 변화와 성숙을 기해야 한다.

노인기의 건전한 삶이란 노화의 속도를 완화하는 생활이라고 말할 수 있다. 젊음을 지속시켜 활력을 유지함으로써 건강하게 오래 살 수 있도록 하는 문제다. 결국은 노화를 늦추어 삶의 목적을 달성하고 세상을 떠나야 한다는 것이다. 늙음의 속도를 완화하기 위해서는 외부적으로 오는 외상을 피해야 함은 물론, 내부적으로 있게 되는 마음의 압박감을 줄이도록 하는 것이 중요하다. 마음을 비우고 자연과 세상의 흐름에 함께해야 한다.

우리나라에서 일 년에 발생하는 실종 노인은 2,800여 명 정도라고 한다. 거의 정신장애자로부터 발생한다는 것이다. 아무튼 노인기는 죽음은 물론 질병에 대한 공포감이 엄습해 온다. 황혼기에 특별한 처지를 제외하고 나면 2~3가지 지병(持病)을 보유하게 되고, 가정(家庭) 형편상으로는 1~2가지는 해결하기 힘든 일에 봉착하게 된다고 한다. 해결하기 어려운 문제들은 본인을 비롯한 가족의 건강, 각종 사건 사고, 형제 간의 갈등, 갑작스러운 재물의 손실, 부부나 자녀들의 이혼, 남과의 관계에서 송사(訟事)에 휘말림 등이라고 생각된다.

강원대학교 권오길 명예교수가 집필한 「공무원연금생활 종합정보지 2013년 12호」에 실린 내용을 살펴보면 "늙음의 원인에 관해 의견이 분분하다. 일반적으로 유전자 시계가설과 핵산마멸가설, 활성산소의 세포산화[58]" 등으로 설명하고 있다. 노인기의 특징 중 하나가

---

58 첫째, 유전자시계가설(유전자(遺傳子時計假說)은 노화와 죽음은 유전적(선천적으로 정해진 시한(時限)이 있다는 것이다. 이것을 뒷받침하는 것으로 태아 세포는 조직배양을 했을 때 70여 번 세포분열을 하는 데 반해 70세 노인 세포는 20~30번 분열을 한다. 둘째, 핵산마멸가설(核酸磨滅假說)은 세포가 분열하려면 염색체가 늘어나면서 그 염색체를 구성하는 핵산(DNA)도 따라서 복제해야 하는데, DNA 복제가 여러 번 연이어 일어나다 보면 가닥 끝자락인 말단소체(텔로미어-Telomere)가 구두끈이 닳듯이 줄어들어 나중에는 복제를 멈추면서 세포가 생명력을 잃는다. 셋째, 활성산소의 세포산화(活性酸素의細胞酸化)다. 활성산소의 세포산화(活性酸素의細胞酸化)는 세포호흡 과정에서 생기는 산소유리기(酸素遊離基)가 세포를 상하게 하거나 죽인다는 주장이다. 불안정상태에 있는 산소유리기인 활성산소는 세포 속(미토콘드리아)의 대사 과정에서

신체적·사회적·심리적으로 퇴행 상태에 놓이며, 젊었을 때 가졌던 능력과 적응력이 떨어지고 생활 기능이 저하된다는 것이다.

노화라고 하면 육체의 쇠퇴, 정신의 상실(喪失), 죽음을 연상한다. 성공적으로 노화에 잘 대처하는 사람은 슬픔, 이별, 패배의 순간에도 의미 있는 가치를 발견하여 삶을 이어 나간다고 한다. 그러함에도 본인의 의지와는 다르게 몸과 정신은 빠르게 쇠퇴해져 감으로써 자신을 세월의 흐름과 주어진 운명에 맡겨야 한다.

이러한 역기능(逆機能)적인 현상을 수용한다는 것이 힘든 과정이기도 하다. 본인이 현재까지 살아오면서 정신 수양을 잘 이룬 사람은 어려운 순간을 순조롭게 받아들여서 천천히 자신을 자연과 동화하게 될 것이다. 이러함이 노인기에 있어서 어려운 일이면서 반드시 극복해야만 하는 삶의 과제다.

70세가 넘게 되면 어떤 문제와 마주쳤을 때 시원스럽고 명확하게 판단을 내릴 수 없어서 우왕좌왕하는 자신의 모습을 발견하게 된다. 결정한 일이 올바른 판단이었는지 자꾸만 의문을 가지게 되어 뒤돌아본다. 나아가야 할 방향이 선명하게 보이지 않아 머뭇거리게 된다. 이것이 노인에게 있게 되는 노화의 현상이다.

나이가 들면 무서운 적(敵)이 기억력이 쇠퇴하는 것보다도 어떤 위기에 봉착했을 때 문제 해결 능력이 떨어지는 것이라고 말한다. 맑

생성된 것으로 산화력이 매우 강하여 어처구니없게도 제 세포의 단백질을 변성시키고 DNA의 염기를 변형시키므로 세포의 기능을 잃거나 변질시켜 암(돌연변이)이 생기고, 생리적 기능이 저하되어 각종 질병과 노화를 촉진시킨다.

은 정신이 유지되고 있을 때 중요한 인생 과업을 서둘러 추진하지 않으면 안 된다. 누구에게나 노화는 피할 수 없는 자연 현상이다. 그러나 준비하는 사람에게는 기대여명(期待餘命)을 35퍼센트 이상 연장할 수 있다는 것이 노화학자들의 견해이기도 하다. 노화를 방지하는 세 가지 특효약은 열량 섭취 제한, 체력 강화, 숙면(熟眠)을 꼽는다.

불교에서는 고통을 우연, 운명, 신(神)의 의지에 따른 결과가 아니라, 본인이 저지른 과거 행위의 반영이라고 말한다. 죽음 너머로까지 자신의 업(業)을 가지고 가기보다는 이 승에서 자기가 지은 죄과(罪科)를 받을 것은 다 받아서 소멸시키고 가는 것이 다음 세상을 위해 현명한 처사(處事)라는 것이다. 어떻게 보면 고통을 무조건 외면한다거나 나쁜 것으로 간주하지 말고, 조용히 참고 수용하는 자세가 필요함이다. 노인기는 노화가 진행되는 과정에 놓이게 되며, 고통이 수반되는 것이니 이를 일상화(日常化)해야 한다.

미국 하버드대학교 조지 베일런트 교수의 책『행복의 조건』을 참고하면 "긍정적인 노화란 사랑하고 일하며 어제까지 알지 못했던 사실을 배우면서 사랑하는 이들과 함께 남은 시간을 소중하게 보내는 것이다. 성공적인 노년과 그러하지 못함의 차이는 바로 즐거움을 누릴 줄 아는 여유가 있는가 없는가에 달려 있다. 우리가 살아가면서 가장 잊지 말아야 할 것이 삶을 즐길 필요가 있다."이다. 물론 사람에 따라 자신이 이루어야 할 중요한 삶의 과제가 있을 것이며, 이것을 추진해야 한다. 성공적인 노화는 사랑하고 일하며 즐기는 것 외에도 신체적·사회적 후퇴에 어떻게 적응해 나가는가에 달려 있다. 이때 노인은 젊어서 이루어 놓은 삶의 실적으로 자신을 달래야 하고, 현재를 담담히 수용하며 자신이 할 수 있는 일을 해야 할 것이다.

왜 인생이란 생각지도 못한 상황과 조건 속으로 흘러가게 되는가?

1. 노쇠하게 되어 자신의 기능을 제대로 수행할 수 없다.

2. 인간으로서 감당하고 해결할 수 있는 일이 한정되어 있다.

3. 세상의 흐름은 자신의 삶과는 다른 방향으로 흐름이다.

성공적인 노화란 불확실한 상황과 조건을 최소화하기 위해 노력해야 한다. 욕심을 버리고 마음을 비우면서 세월 따라 수용할 것은 묵묵히 받아들이며 늙어 가지 않으면 안 된다. 물의 흐름을 위쪽으로 흐르게 할 수는 없는 일과 같음이다.

E. B. 화이트(Elwyn Brooks White)는 "성공적인 노화는 수확을 마치고 겨울에 대비해 꼼꼼하게 월동 채비를 하면서 가을을 알뜰히 보내는 것과 흡사하다."라고 말한다. 이는 곧 자연의 순리에 따라 앞으로 있게 될 죽음의 세계를 맞이할 준비를 철저히 하면서 현재의 삶을 충실히 살아가는 것이다. 인생이란 본의 아니게 때로는 운명에 자신을 맡겨야 한다. 오늘이라는 하루가 아무런 일 없이 그냥 평

온하게 지나갈 것으로 믿고 있는가? 그렇지 않다. 지금 바로 무슨 일이 일어날지 아무도 모르는 일이다. 최선을 다해 준비하고 긴장하는 마음의 자세가 중요하다.

소극적이고 무의미하게 시간을 보낸다

노인기의 가치 있는 삶이란, 누구나 수도승이 되는 것이다. 삶의 끝자락에서 지혜로운 어록을 남겨야 하기 때문이다.

한 번뿐인 저마다 인생에서 후회 없는 삶을 살아가기 위하여 마지막 남은 짧은 시간을 어떻게 보내야 하는가? 이 점이 노인에게 화두(話頭)로 남게 된다. 선각자들은 "자신이 삶을 살아간다는 것은 곧 크게는 우주의 뜻을 실현시키는 일이다."라고 말한다.

삶이란 예사(例事)로운 일인가? 인간으로서 도저히 상상할 수 없는 우주의 신비스러움, 믿을 수 없는 세상의 야속(野俗)함, 꿈결 같은 삶, 자기완성은 물론 자아실현의 문제 등 이와 같은 상황에서 남은 인생을 어떻게 살아가야 하는지? 이에 대한 해답을 아무리 애써도 쉽게 구할 수 있는 문제가 아니다. 이처럼 광대하고 무한한 무대에서 노인기라는 의미를 찾으려고 하니 하늘과 땅이 교체되는 아픔을 맞게 되는 것이다. 주목해야 할 점은 앞에서 말한 우주의 뜻을 실현시킨다는 것은 '사람으로서 도리를 완벽하게 다하는 일이다.'라는 것이다. 이러함은 사막에서 물을 찾는 것처럼 쉬운 일이 아닌지 모른다. 그러나 찾지 않으면 안 되는 것이 노인기의 사명(使命)인 동시에 운명(運命)이다. 오직 마지막 삶의 순간인 시간을 붙잡아 자기를 완성하는 일만 남게 된다.

노인은 두 가지 의무를 완수해야 한다.

첫째, 본인이 건강하고 노련(老鍊)하며 가치 있는 사람이 되는 것이다.
둘째, 우주는 물론 삶은 무엇이며 죽음은 무엇인가 하는 진리를 구현해 내는 일이다.

이는 '자기완성'을 이루어야 하는 것으로 귀결된다.

노인은 필수적으로 건강, 지성(知性), 경제력 등을 갖추고 '우주의 뜻을 실현'시키는 것, 즉 사람으로서 도리를 완벽하게 다하는 일, 이는 '자기완성을 이룸'이다. 인생이란 한순간이라도 시간을 허비한다든지 자기 관리에 대한 소홀함이 없어야 한다. 노인기에 이르면 갑

자기 노쇠하여 세상을 떠나는 사람이 있는가 하면, 나이가 무색할 정도로 건강을 유지하며 자신의 뜻을 펼치는 사람도 있다.

비근한 예를 든다면 다음과 같다.

- 등소평은 1983년 79세에 중국의 최고 지도자에 오르게 되었다.
- 넬슨 만델라는 1994년 76세로 남아프리카 공화국 대통령으로 선출되었다.
- 조 바이든은 2012년 79세로 미국 대통령에 당선되었다.

1940년대 초반기에 우리나라 사람의 평균 수명이 36세에 불과했다. 이것이 2012년은 80.5세로 되었다. 72년 사이에 배(倍)가 더 늘어난 셈이다. 우리나라의 평균 직장에서 은퇴 나이는 60세 전후(현재는 다소 차이가 있음)로, 이러나저러나 우리는 이 시기 이후 제2의 인생을 살지 않으면 안 된다.

미국 하버드대학교의 조지 베일런트 교수가 쓴 책 『행복의 조건』에 따르면 "적어도 80세까지는 활력 면에서 불능(不能)상태가 아닌 건강하게 살아야 한다"는 기준을 설정해 놓고 있다. 대체적으로 60~90세, 약 30년은 제2의 인생을 살아야 한다는 계산이 나오고 보면, 이제 인생에 있어서 중요한 시기도 노인기로 이동해 가는 실정이다.

인간수명이 늘어남에 따라 청소년기부터 인생 설계를 90세로 정하여 이에 따라 계획을 세워 추진해 나아가야 한다. 이제 60세의 사회적 은퇴 시기는 인생의 종착점이 될 수 없다. 제1막(幕)은 31~60세, 2막(幕)은 61~90세로 보아야 할 것이다.

인생에 있어서 1막은 직장 생활과 사회적인 참여 등으로 어느 정도 세속적인 지위를 얻어 명예를 누리고자 한다. 61세 이후 제2막은 사회에서 은퇴한 이후로 과거 직장 생활의 후광에 힘입어 대부분 실속 없이 어중이떠중이로 세월을 보내는 것이 기성세대의 인생 여정이었다.

이제 와서는 인생 시계가 확실히 달라져야 한다. 제2막인 61~90세의 기간은 그야말로 인생의 3분의 1을 차지하는 또 하나의 황금기인 것이다. 이 시기를 잃어버린 세월이 되지 않도록 청소년기부터 새로운 준비를 하지 않으면 안 된다. 제2막이라는 기간이 주어짐으로써 부수적으로 더욱더 따르게 되는 것이 건강관리, 시간 관리, 재산 관리, 시대적인 사명감, 부부 관계 재정립, 확고한 인생관, 내면의 성숙 등의 문제가 대두된다. 이러한 노인기를 얼마나 보람 있게 보낼 수 있느냐에 따라 인생의 성패가 좌우될 것이다. 쟁점은 시간 관리다. 명상에 잠겨서 조용한 시간을 갖도록 해야 한다.

노인기에 나타나는 특징은 무엇인가?

- **잠재워 두었던 상처가 수면 위로 드러난다.**
- **부부의 정(情)이 소원해지기도 한다.**
- **활동은 물론 생활이 차츰 힘들어진다.**

- 호르몬 감소 등으로 인하여 신체적·심리적 변화가 온다.
- 미래가 보이지 않는다.
- 건강상 이상 징후가 감지된다.

통계 조사에 따르면 우리나라의 2024년 65세 이상 노인 인구는 1,000만 정도며, 2025년은 노인 인구가 전체 인구의 20퍼센트를 넘어서는 초고령사회에 진입할 것으로 본다. 이들에게 있어 문제는 일을 할 수 있지만 환경이 열악(劣惡)한 탓으로 그들의 능력이 사장(死藏)되고 있다는 점이다. 노인 인구 중에서도 취업자 비율은 41퍼센트 정도라고 하니, 노인의 60퍼센트 정도가 건강에 따라 알맞은 일을 할 수 있지만 놀고 있는 형편이다. 그러고 보면 은퇴 이후에 각 개인이 보유한 능력이 용도 폐기되는 실정이기도 하다.

젊은 시절은 그렇다고 하더라도 인생의 후반기에도 자신의 능력을 발휘하여 다음 세대에게 유익하고 가치 있는 일을 할 수 있어야 한다. 이렇게 하기 위해서는 자신의 실력을 지속적으로 쌓아 가지 않으면 안 된다. 이 기간을 보람 있고 알차게 보내기 위해서는 기본적인 지식과 역량이 더 필요하다.

한편으로 수명이 늘어나면 가족은 물론 개인에게 있어서도 소득의 창출 문제와 소비에 대한 적절한 안배, 가족 개개인의 인생에 대한 목표 설정과 그에 따른 추진성, 가족과 친척 등과의 새로운 관계 정립, 노인기가 길어짐으로 인하여 초래되는 어려움에 따른 자신의 입장과 태도 변화 등 삶에 따른 인생 문제가 재편성은 물론 재정립이 필요하다.

수명이 길어짐에 따른 삶의 질(質)의 문제가 대두된다. 만약에 국가적인 차원에서 사회복지 정책이 새롭게 정립되지 않고서는 노인기 삶의 근본적인 문제가 해결되기는 어려울 것이다. 개인적인 문제로 대두되는 것은 자존감 문제다. 부모로써 자녀에게 피해를 주지 않기 위해서 독립적인 생활이 요구되는 바다. 또한 다음 세대들로부터 존경을 받아야 하는데, 그 정도로의 신뢰성을 지닌 노인이 될 수 있느냐는 것이다. 이러한 위치에 놓이게 되려면 돈도 돈이지만, 인격을 갖추지 않으면 불가능한 일이다.

그런가 하면 2015년 유엔의 생애 주기별 연령지표[59]에 따르면 66세~79세를 '중년'이라고 한다. 중년이 '중년'인 이유는 청년도, 노년도 아닌 '어중간한 시기'이기 때문이다. 뭔가 새로 시작하자니 늦은 것 같고, 아무것도 안 하자니 불안하고, 그래서 어정쩡하게 시간을 보내게 된다는 것이다. 즉 이 기간이 어떤 사람에게는 무의미한 시간이 될 수도 있고, 어떤 사람에게는 재기(再起)의 시간이 될 수도 있다. 생애 주기별 연령지표의 '중년'을 잘 활용하느냐 그러하지 못하느냐에 따라 인생의 성패가 좌우된다고 볼 수 있게 된다.

연세대학교 김형석 명예교수의 수필 책 『100년을 살다 보니』을 보면 61~75세의 기간이 인생의 황금기라고 규정하고 있다. 황금기란

---

[59] 생애 주기별 연령지표란? 2015년 유엔이 평균수명이 길어진 현실을 반영해 새 생애주기별 연령 지표라는 기준을 발표했다. 이에 따르면 0~17세까지가 미성년, 18~65세는 청년, 66세~79세는 중년, 80~99세를 노년, 100세 이상은 장수 세대라는 것이다.

인생에 있어서 가장 즐겁고 행복하게 살아갈 수 있는 기간만을 의미하는 것이 아니고 중요한 일을 할 수 있다는 뜻이기도 하다. 그래서 이 시기를 놓이지 않고 잘 활용하여 인생을 성공적으로 이끌어야 할 것이다.

고정 관념에서
벗어나지 못한다

노인은 보편적으로 고정 관념에서 벗어나지 못하는 편이다. 이는 본인에게 있어서 장점인 것 같기도 하지만, 단점으로 작용하는 편이 많다. 장점으로 보이는 것은 현재까지 살아오면서 자신만의 성장 환경과 능력, 경험의 세계에서 획득한 삶의 노하우를 갖게 되어 무엇보다도 안정감 있고 자신감 있게 일을 처리할 수 있고, 하는 일에 익숙하여 실수에서 오는 위태로움을 면할 수 있는 것이다. 단점으로는 자기만의 영역에서 헤어나지 못하고 그곳에 안주하여 외길 인생을 걷게 되기도 한다. 이와는 다른 내용이지만 랄프 비너의 책 『유쾌하고 독한 쇼펜하우어』를 참고하면 "분별력은 외연적인 가치가 아니라 내포적(內包的)인 가치다. 여기서는 1명이 당당하게 1만 명과도 겨룰 수 있으며, 바보 1천 명이 모여도 현명한 사람 1명만 같지 못하다."라고 말한다.

여기서 쇼펜하우어의 말은 고정 관념은 아니라고 하더라도 맞는 말이 아닐 수 없다. 고정 관념을 무조건 나쁘다고 단정하는 것은 좋지 않다. 다만 고정 관념을 심리적으로 말한다면 마음속에 늘 자리하여 변하지 않는 생각이나 마음이다. 다르게 표현하면 고착관념(固着觀念)이기도 하다. 고착(固着)이란 말은 상태나 현상이 굳어져 변하지 않는 것이다. 이러한 고정 관념이 젊은이들보다는 늙은이에게 더욱더 심각하다. 노인은 고정 관념이 아니더라도 활동이 어려워 생활에 있어서 운신(運身)의 폭이 좁아지게 되어 정신적으로 위축되는 편이다. 여기에 고정 관념이 일상화되면 창조력은 물론 판단력이 흐릿해져 미래를 발전적으로 열어 가는 데 장애 요소로 작용하는 것은 뻔한 일이다. 특히 노인은 고정 관념에서 벗어나도록 변화와 혁신을 추구하지 않으면 안 된다.

고정 관념은 인간에게 있어서 개인뿐만 아니라 어떤 집단이나 조직에 있어서도 그대로 적용된다. 이들 조직에 있어서 그 성격이나 특수성에 따라 그곳에 근무하는 구성원들의 의식 구조에 의해서 자신들만의 독특한 습관이나 문화가 형성되기 때문이다. 이들만의 조직이나 단체가 외부와의 교류가 잘 이루어지지 않고, 그곳에 근무하는 구성원들이 교체되지 않는 경우에 그러한 고정 관념이 더욱더 심화된다. 이와 같이 고정 관념이란 본인의 의도와는 상관없이 평소의 습관에 의하여 그 사람의 정신세계를 지배하고 행동에까지 영향을 미치게 한다. 이것의 특질은 주로 그것이 존재하게 되는 환경은 물론 과거의 경험이나 지식, 주변 상황 등을 통해 형성되는데, 잘 변하지 않으며 어떤 문제에 있어서 판단과 의사결정에 지대한 영향을 미치게 된다.

이성연 경제학 박사에 따르면 "고정 관념이 의사결정의 오류를 범하게 하는 중요한 요인이다. 즉 인간 뇌의 질량은 몸 전체의 2퍼센트밖에 안 되지만 가장 편안한 자세에서도 에너지의 20퍼센트를 소비한다. 심장은 10퍼센트, 허파 2개는 10퍼센트, 신장 2개는 7퍼센트의 에너지를 소비하므로 이런 주요 장기들보다 무려 2배 이상의 에너지를 소비하는 것이다. 따라서 만일 머리를 쓰게 되면 엄청난 에너지를 소비하게 된다."라고 말한다. 그래서 뇌의 사용에 있어서 에너지를 줄이기 위해서 인체는 자신도 모르게 고정 관념에 빠져들게 된다는 것이다. 그렇다고 보면 고정 관념을 갖는다는 것은 자기를 살리기 위한 방책이면서 또 성실하지 못한 인체의 생리적인 특성으로 보아야 한다. 아무튼 고정 관념이란 인간에게 좋지 못한 습성으로 간주된다. 그래서 최근 스탠퍼드대학교 교수인 클로드 스틸(Claude M. Steele) 박사는 '고정 관념 위협'이라는 사회심리학의 한 개념을 발표하였다. 스틸 박사는 부정적인 고정 관념이 그 집단에 속한 사람들의 성과를 크게 떨어뜨리는 현상이 나타난다는 것을 확인하고, 이를 '고정 관념 위협(stereotype threat)'이라고 명명하였다.

고정 관념의 위협을 줄일 수 있는 길은 무엇인가?

1. 습관의 벽을 허물어야 한다.

2. 발상의 전환을 꾀하여야 한다.

3. 의문을 갖고 문제의식을 가져야 한다.

4. 대화와 타협을 이루어야 한다.

5. 조직 문화의 구조를 바꾸어야 한다.

6. 경쟁을 피하지 말아야 한다.

7. 부정적인 사고의 전환이 필요하다.

8. 정체성을 재조명해 보아야 한다.

9. 편견에서 벗어나야 한다.

일반적으로 고정 관념에서 벗어나는 길을 앞에서 찾아보았다. 노인에게 있어서도 고정 관념은 80 평생을 살아오면서 자신에게 내린 뿌리 깊은 의식의 결과물이다. 이를 깨뜨리기 위해서는 무엇보다도 언제나 가치개념(價値槪念)을 떠올려 보지 않으면 안 된다. 결국은 '이것이 저것보다 더 나은가'다. 어떤 사물이나 대상을 접할 때는 언제나 무엇이 나에게 더 발전적이며 유익하고 이로운가를 따져서 판단과 선택을 통하여 집중적인 노력이 있어야 한다. 한 사람에게 있어서 좋지 못한 고정 관념은 자신을 불행의 늪에서 결코 빠져나오지 못하게 하는 차꼬와 수갑의 역할을 하여 질곡(桎梏)의 세월이 되게 할 것이기 때문이다.

사회적으로 고정 관념이 생기는 원인을 작가 타니아 로이드 치[60]
는 자신이 저술한 책『내 휴대폰 속의 슈퍼스파이』에서 '고정 관념
은 왜 생기는가'를 대변하고 있다. 이것은 성별과 인종, 사회적 계급,
종교적 믿음을 꼽았다. 특히 고정 관념을 또 다른 말로 표현하면 편
견(偏見)이다. 편견이란 공정하지 못하고 한쪽으로 치우친 생각이다.
이것이 본인에게는 물론 사회적으로 미치는 영향을 보면 그 폐해(弊
害)는 이루 말할 수 없을 정도로 크다. 즉, 한 사람은 물론 조직의 발
전을 가로막는 것은 말할 것도 없거니와 우리 사회를 얼마나 편파
적으로 만들고 위험에 빠뜨리는지 모른다. 비근한 예로써 정치적으
로는 좌파냐 우파냐의 이념의 문제를 떠나서 본인이 신봉하는 종교
는 올바르고, 남이 믿는 종교는 사이비라고 하는 식이다. 인종 또한
마찬가지다. 백인 우월주의 사상이 바로 이런 것이다. 그것뿐인가?
사회적으로 화이트칼라에 속한 법조인이나 의료인들을 보아라. 얼
마나 노동자들을 무시하고 냉대하는지를 알 수 있다. 이 작가는 하
루 속히 평등한 세상을 만들어야 할 것이라고 다짐하고 있다.

---

60 작가 타니아 로이드 치는 캐나다 밴쿠버시에서 태어났다. 청소년 시절, 교지에 발표한
시를 읽고 팬이 되어 준 어머니와 친구들 덕분에 작가를 꿈꾸게 되었다. 날마다 '신박
한' 이슈로 세상을 달구는 뉴스의 맛을 알게 되면서 사회와 과학 분야의 경계를 넘나드
는 청소년 교양서를 쓰기 시작했다. 대표작으로『독에 관한 50가지 궁금증』,『청바지의
역사』,『DNA 탐정』 등이 있다.

세상과 사람들로부터
소외(疏外)된다

세상(世上)이란 사실을 알고 보면 참혹(慘酷)함 그 자체다. 온유, 자비(慈悲), 사랑, 동행(同行), 헌신, 양보 등과 같은 마음은 경전에서나 특별한 처지에서나 찾아볼 수 있는 것이지, 현실 사회에서는 어려운 말이기도 하다. 이러한 상황을 비정상적이라고 오판하지 말고 본시 그러한 것이라고 생각해야 옳은 일이다. 그러니 이 시각에도 음(陰)의 세계가 엄연히 진행되고 있음을 망각하지 말아야 한다. 그러함 자체가 자신에게도 적용되고 있는 것이다. 여기서 말하는 음(陰)의 세계란, 쇠퇴(衰退), 기울임, 퇴보, 잠식(蠶食), 부패, 소멸 등과 같은 것을 말한다.

자연의 만상 만물의 정점에는 인간이 존재하고 있다. 인간 그 자체를 쉽게 입에만 떠올릴 것이 아니라 내면의 심리를 분석하고, 이와 함께 세상의 흐름을 직시(直視)해 보아야 한다. 감추어지고 보이지 않는 곳에 변화는 물론 소멸함이 엄연히 존재하고 있다. 이 변화와 소멸의 과정을 어떻게 받아들이고 소화시켜 동화해 나갈 것인지 하는 문제가 자기 앞에 놓여 있다. 이것이 바로 늙음의 과정이다. 다른 말로 표현하면 이 세상에서 자신이 사라진다는 것이고, 바꾸어 말하면 없어진다는 것이다.

이 없어짐을 전제로 자신이 수용해야 할 가장 첫 단계가 사회는 물론 남으로부터 소외(疏外)되는 것이다. 소외 중에서도 두 가지 유형으로 접근해 보아야 한다. 하나는 젊은이가 세상은 물론 사회나 사람들로부터 소외 되는 것이다. 다른 하나는 노인이 되어 사회로부터 소외됨이다. 만약에 젊은이가 직장에서나 조직 사회에서 소외당하고 있다면 예외는 있겠지만, 이는 심각하게 받아들이지 않으면 안 된다. 스스로 지속적으로 숙고하고 변화해 나가야 할 것이다. 정상적인 삶이란 자신과 사회와의 관계가 언제나 교류를 이루며 균형은 물론 조화롭게 진행되어야 하기 때문이다. 노인의 경우는 그 성질 면에서 젊은이와 사뭇 다르다. 노인은 생애 주기별로 거쳐야 할 삶의 과정들을 충실히 살아서 이제 마지막 삶을 살아가고 있다. 노인기는 소외(疏外), 쇠퇴, 소멸의 과정을 밟는 것이 정상적인 삶인 것이다.

노인에게 있어서 이렇게 소외를 당할 경우에도 원망이나 안타까움은 보이지 말아야 한다. 자신은 이미 세상을 원(願)도 한(恨)도 없이 다 살았기 때문이다. 노인의 소외 과정은 바람직한 자연 현상으로 받아들이고 서서히 무대 뒤편으로 물러나지 않으면 안 된다. 모든 것을 다음 세대에게 물려주기 위하여 노인으로서의 경험과 지혜를 총동원하여 아낌없이 후손들에게 지원해야 하는 것이 도리다.

소외감이란 어떠함인가? '남에게 따돌림을 당하거나 멀어진 듯한 느낌'이다. 이것의 철학적인 의미는 '인간이 자기의 본질을 상실하여 비인간적(非人間的)인 상태에 놓임'이다. 그러하다면 노인의 소외는 앞의 소외보다는 뒤의 철학적인 소외가 더 맞을 것으로 본다. 여기서 젊은이들이 받는 소외는 일반 개인과 그 개인이 귀속된 사회와의 관계가 일치를 이루지 못하거나 거리가 있는 상태를 말한다. 앞에서 기술한 노인의 소외와 젊은이의 소외는 본질적으로 비교해 보면 그 성질 면에서 그 양상이 사뭇 다르다.

문제는 소외감을 느끼게 되면 외로움을 느끼게 되고, 외로움은 또 우울함으로 연결되어 마지막으로는 노인에게 있어서 정신의 황폐화로 이어지게 됨으로써 심각하게 받아들여야 한다. 자기애가 부족하거나 자존감이 낮은 경우에 소외감을 느끼는 경우가 많으며, 자신이 기대하는 바의 욕구와 그것의 대상인 현실이 불일치하여 충분한 충족 상태가 되지 않아서 생기는 불만이 원인으로 작용하게 된다. 이러한 소외감과 외로움을 해결하기 위해서는 자아 존중감을 키우고 자신의 고유한 가치를 더 높은 단계로 향상시키려는 노력을 기울이지 않으면 안 된다.

몸이 정상적이지
않게 된다(非正常的)

　노인을 슬프게 하는 것은 몸이 부자연스러워지는 것이다. 이는 자연적인 현상이지만, 자신에게 있어서는 비참하면서 불행한 일이 아닐 수 없다. 이제 살아야 할 날이 얼마 남지 않았음을 나타내며, 죽음이 엄습해 오고 있음을 예고 하는 것이기 때문이다. 인간이란 똑똑하고 잘났으며, 돈이 많고 명성을 얻었다고 해도 몸이 정상적이지 않고 병약하여 노쇠해진다면 그 이상 사회적인 활동은 물론 사람들의 중심에서 제외된다.

　인간은 갑작스럽게 만나게 되는 불행한 사고가 아닌 자연적인 노화는 순리이고 아름다움이니, 이것을 후회한다든지 뒤돌아보며 안타까워해서는 안 되고, 즐겁게 수용할 수 있어야 한다. 이 세상 모든 것이 변화이기 때문에 마냥 과거에 머물면서 미련을 두는 것은 바람직한 일이 아니다. 다만 젊어서 활동할 수 있을 때 자신의 뜻을 관철시키고 삶을 최대한 끌어올릴 수 있어야 한다. 이 시기에 넓은 무대를 중심으로 꿈을 펼치고 살았다면, 늙어도 그 정신은 없어지지 않는 혼(魂)을 간직할 것이기 때문이다.

인생의 꽃을 활짝 피우고 계절의 뒤안길로 시들어 간다면 이는 실패가 아닌 성공이라고 보아야 한다. 문제는 자신의 꽃을 아름답게 피웠느냐다. 그러함으로 인간은 후손을 길러서 훌륭한 후계자를 양성(養成)하는 것이 중요한 일이다. 자신이 부모님이나 선배들로부터 중요한 인생 과업을 물려받아 이를 수행하며 현재까지 열심히 살아왔다면, 본인도 숭고한 삶의 철학을 후손에게 물려주어야 하는 것이 당연한 이치다. 나이가 많아 세월의 뒤안길로 물러나야 할 시기에, 그렇게 하지 않을 것이라고 안달하는 것은 자연의 순리에 역행하는 것이 된다.

문제는 최대한 자신의 몸을 잘 관리하여야 한다. 인체의 특성이란 현재까지 큰 문제 없이 살아왔다면 갑작스럽게 크게 아프지 않을 것이다. 또 어느 정도는 회복력이 있고 건강을 되찾을 수 있게 된다. 오직 80세까지는 몸이 불능 상태가 되지 않도록 최선을 다해야 할 것이다. 자신이 차츰 쇠퇴해 가고 활동이 부자연스러워도 언제나 존재감을 유지하도록 노력하는 일이 무엇보다 중요하다. 80세가 넘어가면 건강을 위해서 모든 시간을 투자하지 않으면 안 된다.

건강은 일반적으로 가족력에 의해서 좌우되는 편이다. 건강한 선조를 두었다면 본인도 크게 걱정하지 않아도 되는 편인데, 그러하지 못하다면 부모들의 유전력을 감안하여 평소에 그에 따라 몸 관리를 잘하여야 할 것이다. 이러한 말이 있다. '약보(藥補)보다는 식보(食補)가 낫고, 식보(食補)보다는 행보(行補)가 나으며, 행보(行補)보다는 심보(心補)가 낫다'라는 말도 있다. 마음이 편한 것이 노인들의 건강에 가장 중요하다. 아무리 약(藥)을 먹고 건강을 돌본다고 해도 마음이 편안함만은 못하다는 뜻이다.

야생(野生) 동물들의 삶을 보아라. 어떻게 태어나고 또 죽어 가는지? 이들의 생(生)은 자연 그 자체다. 세상에 태어나고 떠나는 것이 자연 그대로다. 겨울이 가고 봄이 오듯이, 여름이 가고 가을을 맞이하듯이 변화한다. 동물들이 늙어 죽음을 맞이하게 되면 차츰 활동이 적어지고, 모습을 감추게 되어 마지막에는 완전히 외부와 차단된 상태에서 생(生)의 최후를 맞게 된다. 인간 또한 결국 이와 다르지 않다. 다만 인간은 이성적인 동물로서 생각을 하게 되고, 유종(有終)의 미(美)를 장식(裝飾)하여야 하는 과제를 안고 있다. 여기에서 대두되는 것이 삶의 질(質)의 문제고 자아실현(自我實現)의 문제며, 후회 없는 죽음의 문제다. 비록 몸이 부자연스럽게 된다고 하더라도 무엇이 그렇게 안타까울 수가 있겠는가? 이는 바람직한 삶의 과정이기 때문이다. 인간이 정상적으로 생(生)을 유지하다가 자연적인 죽음을 맞이하게 된다면, 찬양할 일이며 아름다운 삶의 종결이 아닐 수 없다. 그렇게 되도록 최대한 서서(徐徐)히 노쇠함을 늦추어서 삶의 결실을 얻도록 하는 것이 무엇보다 중요한 일이다.

노인은 개인차가 생긴다

삶이란 저마다 살아남기 위해서 고군분투(孤軍奮鬪)하지 않으면 안 되는 고달픈 여정이다. 그리고 생활의 도처에 생명을 위협하는 장애물이 널려 있기도 하다. 재난(災難)이 인간이 살아가고 있는 세상 지천에 산재(散在)해 있다. 가정은 물론 본인의 마음속에도 화(禍)의 원인은 잠재해 있는 것이다.

삶은 처절하듯이 누구나 가정을 이루게 되면 열심히 살아가야 한다. 그러함에도 전 생애를 살아오는 동안 잘사는 사람과 못사는 사람으로 차이가 생기게 된다. 이것은 인간에게 피할 수 없는 하나의 숙명이기도 하다.

성경의 말씀이 아니더라도 사람이 무엇으로 심게 되던지 그대로 거두게 된다. 노인기는 이 말이 현실로 나타나게 되는 시기다. 젊은 시절을 노력하지 않고 헛되이 보낸 사람에게는 노인기의 결실은 요원하다. 젊음을 헛되이 보내지 않고 성실히 살아왔다면 자신의 기대가 이루어지는 시기가 바로 노인기다. 이 시기에 접어들면 삶을 살아온 실적 면에서 개인차가 생기게 된다.

부모님으로부터 물려받은 유산은 없을지라도, 서럽게 태어나 변변한 교육을 받지 못하였더라도, 재능과 소질이 특별히 뛰어나지 않았더라도, 생애 찾아오는 한두 번의 좋은 기회를 놓였더라도, 남으로부터 멸시와 모욕을 받고 살아왔더라도, 정신만 똑바로 차리고 70년 세월을 부지런히 살아왔으며, 좋지 못한 운명을 만나지 않았다면 노인기는 어느 정도 뿌린 대로 성과를 거둘 수 있게 된다. 신(神)은 다행스럽게도 그 정도의 시간과 여유를 주어 실적을 낼 수 있도록 인간을 창조하셨다.

노인기는 풍족함과 부족함으로 삶이 나누어진다. 욕심이 많아지게 됨에 따라 시간, 돈, 인격 면에서는 모자람을 더 느끼게 된다. 남이 자신과 다르면 비판하기도 한다. 노인기는 어쩌면 겉으로 표현은 잘하지 않는데도 마음속으로는 여태까지 살아온 실적 면에서 자녀의 성공 정도, 명예, 권력, 부(富) 등을 간직하고, 그것을 자랑과 위안으로 삼아 자존감을 갖고 살아간다. 바르고 옳게 살아오지 못한 삶이라면 과거의 잘못을 마음속에서 지우지 못하고, 지속적으로 후회와 아픔을 간직하게 된다.

노인기의 삶은 과거 자신이 살아온 방식대로 인생을 살아가려고 한다. 돈이 많은 사람은 돈을 추구하게 되고, 지식이 높은 사람은 이를 추구하게 된다. 시간이 흐를수록 활동 범위가 줄어든다. 동창생 중에서도 출세한 사람은 두각이 드러나고, 출세하지 못한 사람은 모임에서 자연적으로 모습을 감추게 된다. 돈과 지식이 있으면 자존감을 갖게 되지만, 그러하지 못하면 추(醜)해진다. 젊을 때의 온갖 추억들이 되살아나 꿈인지 생시인지 구분하기조차 힘들게 된다. 삶을 후회 없이 잘 살아온 사람은 죽음의 두려움이 적게 느껴지지만, 젊음을 헛되이 보낸 사람은 죽음에 대한 공포와 두려움을 더 느끼게 된다. 이해심도 차츰 부족해지고 자기 생각에 안주하게 되며, 남으로부터 존경받고 싶어 한다. 이중적 성격이 되어 겉으로는 인격적인 사람처럼 행동하지만, 안으로는 본능에 좌우되기도 한다. 자식과 재산에 의지하게 되고 병들어 가는 것을 제일 두려워한다. 돈 많은 여자는 비싼 옷으로 치장하는가 하면 가난한 여인은 그러하지 못하여 개별적으로 차별화된다. 남자보다 여자에게서 이러한 현상이 더욱더 두드러지게 나타난다.

후손들이 얼마나 잘사느냐에 따라 부모의 얼굴에 화색이 달라진다. 자식 농사를 잘 지은 사람은 노인기의 삶은 안정된다. 그러하지 못한 사람은 삶은 불행하다. 80세가 넘어서 어떤 사람이 한동안 보이지 않으면 그 뒤에 세상을 떠났다는 소식이 들려오기도 한다. 노인기는 세상을 하직해야 하는데 이점에 대하여 언제나 공포와 두려움에서 헤어나오지 못한다. 자신의 부모가 그랬듯이 그 모습을 재연하며 본인도 그렇게 늙어가게 된다. 부인과도 서로가 개성을 보이며, 80세가 지나면 귀찮아하기도 하고 동정해 주기도 하면서 이별을 생각하며 아쉬워한다. 형제간에는 후의가 없어지는 것은 아니지만 자신이 뿌린 후손 때문에 여러 가지 면에서 두터운 정(情)이 약해지며 서로가 다른 길을 걷게 된다. 이런 것들이 노인기의 특성이기도 하다.

노인기에 있어서 개인차가 있게 되면 이 문제로 인하여 서로가 불신과 갈등으로 이어지기도 하고 매사를 보는 눈이 부정적이고 불만감을 표시하기도 한다. 사회가 불건전하여 부정과 비리가 난무(亂舞)할 때 이러한 현상이 심화된다. 불법을 저지르고도 법망을 피하여 부(富)를 축적한 사람도 있기 때문이다. 인생이라는 것은 결국은 남과의 경쟁의 장(場)인 동시에 자신과의 처절한 싸움이기도 한 것이다.

잘사는 사람이나 그러하지 못한 사람이나 그리고 돈과 지식의 유무를 떠나 명예가 있든 없든 인간은 인간이기에 그 존엄성을 훼손할 수는 없는 일인데도, 이렇게 차이가 생기게 되는 문제를 오직 개인적인 자질과 능력이라고만 할 수는 없다. 여기에는 각자 태어난 가정 형편과 사회적인 배경, 그 시대를 살아오는 과정, 운명의 만남 등에서 편차가 발생할 수도 있기 때문이다. 잘살고 못사는 것은 본인에 따른 인연과 운명이라고 생각하고, 자신의 처지를 기꺼이 수용하는 자세가 필요하다.

노인기 특징은 새롭게 시작하여 실적을 끌어낼 수 있다고 하기보다는 유년기, 청년기, 장년기의 전 기간이 누적되어 오는 연장선상에 놓이게 된다는 점이다. 노인기가 다른 기간의 삶과 차이가 나는 것은 인생의 끝자락에 와 있기 때문에 실패한 인생은 다시 시작하여 만회하기 어려운 점이다. 자신의 삶이 실패하였다고 인정되더라도, 모든 상황을 기꺼이 수용해야 하는 아픔을 간직하게 된다.

젊은이들이나 일부 사람들은 갑작스러운 벼락부자를 꿈꾸기도 한다. 노인기의 실적은 그것과는 성질 면에서 아주 다르다. 이 시기의 결과물은 행운으로 얻을 수 있는 것이 아니라 눈물로 한 발짝씩 고통을 이겨 내고 살아온 삶의 성과이다. 노인기의 개인차는 그 이상 승부가 뒤바뀌지 않는다는 특성을 지니고 있다. 현재의 실정이 곧바로 죽음으로 연결되는 마지막 종착점이라는 데 큰 의미가 주어지기도 한다.

다만 노인기에 이르러 성공한 사람들의 삶의 형태를 살펴보면 즐거움을 선택하기보다는 오히려 고통과 함께하였음을 알게 된다. 인기영합이 아닌 홀로 인고(忍苦)의 길을 걸어온 사람들이다. 세속적인 출세는 명예와 부(富), 지성과 인격, 자녀의 성공, 자아실현 등이라고 할 수 있다. 그러나 이외에도 가족의 건강과 안녕, 정신적인 수양의 정도, 높은 행복감, 영적인 삶, 자기완성 등 가치관에 따라 성공의 기준이 다르다고 보아야 할 것이다.

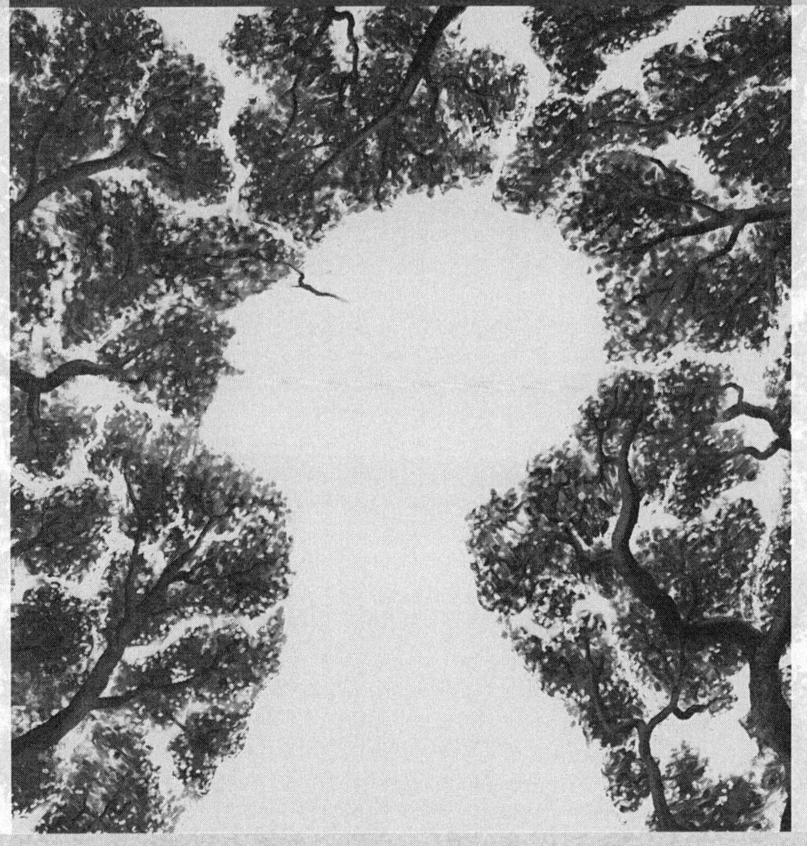

7장

노인기의 성공적인 삶

변화를 수용하라

"스스로 그 변화가 되어라(Be the Change)."

– 마하트마 간디

노인이 되어 변화의 물결을 받아들이는 것만큼 어려운 과제는 없다. 노년의 시작을 70세로 본다면 이 나이는 인생 주기에서 매우 중요한 전환점을 맞이하게 되는 셈이다. 우주의 원리가 변화이며 순환인데도, 노인은 이를 쉽게 받아들이지 못한다. 변화란 현재까지 자신의 고정 관념을 바꾸는 것이고, 안정을 추구하는 것에 반(反)하는 것이며, 또한 위험이 동반될 수도 있기 때문이다.

그러면 변화란 무엇인가? 정이천 주해 책『주역』을 참고하면 '生生之謂易(생생지위역)'이라는 말이 나온다. 즉 "생성(生成)하고 다시 생성(生成)하는 것, 그것을 일컬어 변화라고 한다."라는 것이다. 변화란 쉬운 것이 아니다. 다르게 표현하면 창조를 말한다. 이는 노인으로서 어려운 일이 아닐 수 없다. 삶에 있어서 변화가 중요하다. 왜냐하면 삶이란 곧 시세(時勢)의 흐름을 타야 하기 때문이다. 위기를 맞이할 때마다. 그때 그 상황에 따라 변화하며 적응하지 않으면 안 된다. 여기에서 변화하기 위해서는 사전에 갖추어야 할 하나의 조건이 주어진다. 그것이 무엇이냐 하면 어떤 현실적인 일들의 이치 구조(事理)를 분명하게 알고 있어야 한다는 것이다. 즉 사리(事理)를 분명하게 파악할 수 있는 능력이나 자질을 갖추어야 하고 그 이후에 변화해야 한다. 말하자면 격물치지(格物致知)와 같은 맥락으로 해석된다.

몽골의 유명한 톤유쿠크 장군의 비문(碑文)에는 "성(城)을 쌓고 사는 자는 반드시 망할 것이며 끊임없이 이동하는 자만이 살아남을 것이다."라고 쓰여 있다고 한다. 이것은 곧 변화를 싫어하고 삶을 고착화할 때 발전이 없음을 나타내는 말이다.

우리나라의 경우에도 조선시대 흥성대원군의 쇄국정책이 나라를 망하게 한 것은 기정사실이다. 역사적으로 볼 때 도로를 만들고 문호를 개방하여 외국과 소통하는 나라는 그 시대의 흐름과 함께 발전하였다. 박정희 대통령도 1967년 11월 7일 처음으로 경부고속도로 건설을 지시하게 되었고, 그때부터 우리나라가 융성하게 되는 계기를 마련하게 되었던 것이다.

노인으로서 순리대로 늙어 가는 것이 한편으로 쉬운 듯 생각된다. 사실은 전혀 그렇지 않다. 아동기의 소년 소녀가 호르몬의 증가로 질풍노도(疾風怒濤)의 격동적인 감정변화를 맞이하게 되듯이, 노인기는 호르몬의 감소로 모든 기능이 쇠퇴하고 쇠락해 가는 변화의 과정을 밟게 된다. 성장하는 것이나 쇠퇴함이나 그 시기의 특성을 잘 파악하고 변화의 흐름을 수용하며 적응해 가는 것은 대단히 어려운 일이다.

정옥분의 책『성인·노인심리학』을 참고하면 "전환기의 발달과제는 현재의 인생 구조를 재평가하고 자신과 세계 안에 있는 새로운 가능성을 탐색하며, 새로운 인생 구조를 형성하는 데 기초가 되는 선택을 위해 노력하는 것이다."라고 말한다. 인간이란 밀려오는 새로운 파고를 넘으면서 변화를 수용해야 한다는 것을 강조하는 대목이다.

노인은 대체적으로 고정 관념에 사로잡혀 기존 생각에 안주하게 된다. 지금은 그 구조의 틀이 구(舊)시대의 유물이 되었는데도 그 낡은 옷을 벗지 않으려고 고집한다. 사람이 바뀌고, 시대가 변화하였으며, 새로운 문화가 형성되었는데도 그것을 인정하고 수용하지 않으려는 데에 문제기 있는 것이다.

고정 관념이란 그 시대와 그 나이에 맞는 자신의 옷과 같은 것이지만, 지금은 변화하여 새롭게 불어오는 바람을 맞고 쐬어야 함에도, 그것을 거절하고 고수하려는 것과 다르지 않다. 만나는 사람도 그 사람이며 친구도 똑같다. 그러니 그 이상 성장이나 변화는 어렵게 된다.

장기 복역한 죄수(罪囚)가 일정 기간 동안 폐쇄된 장소에서 오랫동안 살다 보니 변화된 바깥세상을 전혀 모르는 것과 다르지 않다. 하지만 복역 기간 동안만은 빼앗긴 세월이라는 것을 깨닫지 않으면 안 된다. 이들이 복역을 마치고 풀려 나와도 변화된 세상에 적응하지 못하는 이유가 바로 여기에 있는 것이다.

물이 흐르고 바람이 분다. 꽃잎이 피는가 하면 또 시든다.
세상은 어제와는 다른 오늘이며, 인간도 새로운 국면을 맞는다.
오늘도 하루가 지나가고 세상은 변화하고 있다.

인간으로서 생(生)을 충실히 살아보려고 한다면 노인기의 삶은 어떻게 변화해야 하는가?

노인기는 자연히 찾아오지만 이 시기의 삶은 철저히 준비되어 있지 않으면 안 된다. 무엇으로 준비되어 있어야 하는가? 지성, 돈, 낭만으로 무장되어 있어야 한다. 먼저 갖추어야 할 것이 지성이고, 다음이 돈이며 낭만이다. 지성을 갖추지 못하고 돈만 갖추었다면 삶이 허영에 가깝기 때문이다. 여행 같으면 소모적이고 생산적이지 않다. 우리나라의 노인들은 어떻게 보면 지성보다는 돈이 먼저인 것 같은 느낌마저 든다. 돈이 조금 있는 사람들이 더욱더 그러한 편이다. 메이커 옷을 입고 신발을 신었지만 말의 내용과 목소리의 톤을 보면 아직까지 세련되고 원숙한 미(美)는 보이지 않는다. 다음으로 노인은 낭만이 있어야 한다. 희망적이고 즐길 수 있기 때문이다.

그런가 하면 명확한 인생철학이 결여(缺如)되어 있다. 나이가 들어 죽을 날이 가까이 오고 있는데도 자신이 가야 할 방향을 옳게 잡지 못하고 방황하게 된다. 이 점을 갖추지 못하면 지성이고 돈이고 낭만도 없는 것이다. 왜 그러하느냐 하면 철학이 없기 때문이다. 이러한 사람은 자신의 영혼의 그릇에 지성을 더 채워야 한다. 이는 사물을 정확히 꿰뚫어 보고 현명한 판단을 내릴 수 있도록 하기 위해서다.

또한 죽음이 가까이 오고 있는데 시간이 아까운 줄을 모르고 있다. 대체적으로 보면 노인기의 사람은 돈은 아까운 것을 아는데, 시간의 중요성을 갖지 못한다. 이것은 주객이 전도되어 있는 상태다. 이러한 사람은 인생관에 문제가 있다. 돈도 아깝지만, 시간은 더 아까운 것이다. 그렇다고 노인만이 새로운 변화를 받아들여야 하는가? 그것은 아니다. 우주 자연이 고정된 것이 아니고 변화하는 것이 본래 모습이다. 노인은 더욱더 새로운 변화에 민감하게 순응해야 한다. 그러하지 않으면 노인은 쓸모없는 구시대의 유물로 전락(轉落)하게 될 것이다.

오늘 일은 오늘 완수하여야 한다. 내일은 또 새로운 바람이 불 것이다. 노인도 변화하기 위해서는 오늘 일은 내일로 미루지 말아야 한다. 그렇게 하지 않으면 고정 관념에 젖어 새로운 물결을 받아들이지 못할 것이다. 자신이 변화의 중심에 있기를 원한다면 한 걸음 더 빨리 나아가지 않으면 안 된다.

사마천의 책 『사기열전 1』을 참고하면 조고(趙高)[61]가 한 말이 나온다. "성인은 변하여 정해진 태도가 없으며, 변화에 따르고 시대에 호응하며 끝을 보고 근본을 알며 지향하는 바를 보고 귀착되는 바를 안다."라고 말했다. 세상이란 본래 이런 것이다. 변하지 않고 잘 살아가는 길은 없다. 이러한 법칙을 보더라도 변화는 생명의 근본이다. 변화하는 자(者)만이 살아남게 된다는 것은 맞는 말이며, 변화야말로 우주 자연의 원리인 동시에 생명의 법칙인 것이다. 그러한데 어찌 노인은 변화하지 않고 그대로 남아 있어야 하는가? 세상이 하루가 다르게 변화하고 있는데 자신만이 옛날의 모습을 간직한 채 그 마음을 간직하려고 고집한다면 어떻게 되겠는가? 이는 바로 죽음과 다르지 않다. 변화에 민감하게 따라야 함은 삶의 기본자세다.

---

61 조고(趙高): 중국 진(秦)나라 때의 환관(宦官). 지록위마(指鹿爲馬)의 주인공. 시황제(始皇帝)가 죽자 승상(丞相) 이사(李斯)와 공모하여 조서(詔書)를 고쳐서 장자인 부소(扶蘇)를 자살하게 하고, 막내 아들인 우둔한 호해(胡亥)를 이세 황제(二世皇帝)로 삼았다. 뒤에 승상 이사(李斯)를 죽이고 스스로 승상이 되어 온갖 횡포한 짓을 많이 하였다.

조고의 초상

시간을 아껴 사용하라

노인이 되었을 때 안타까운 심정은 아침에 잠에서 깨어 보아야 자신이 오늘도 존재하고 있음을 확인하게 된다. 노인기에 접어들면 만물이 봄에 소생하고, 가을이 되면 결실을 맺고 스스로 생(生)을 마감한다는 것을 새삼스럽게 느낀다. 자연은 추(醜)한 사람도, 가난한 이도, 신분이 낮으며 늙은이도 모두를 포용한다. 의지할 곳 없고 갈 곳 없는 사람도 자신의 품 안으로 감싼다.

오래된 일이다. 내 나이 50대 초반이었을 것이다. 어느 일요일날 나는 혼자 마을 뒷산으로 산책을 하게 되었다. 등산로 입구에서 약 50m쯤 떨어진 곳 양지바른 기슭에 몇 개의 무덤이 있는 가족 묘원(墓園)이 있었는데 그 주변에는 드물게 볼 수 있는 큰 왕 벚꽃 나무가 있었다. 꽃이 너무나도 아름다워 나도 모르게 그 나무 아래에 가게 되었다. 그곳에는 휴식을 취하도록 잘 다듬어진 대리석이 놓여 있었고, 뜻밖에도 어느 한 노인이 그곳에 앉아 있었다. 자연스럽게 나도 그 노인 곁에 앉게 되었다. 시간은 오후 2시쯤 되었을 것이다. 80대 초반으로 보이는 늙은이는 얼굴이 고운 편이었고, 옷차림도 깨끗했다. 머리를 손질한 모습을 보더라도 수준이 낮아 보이지는 않은 듯했다. 이야기를 나누게 되었는데, 그 노인은 2년 전에 부인과 사별하고 지금은 딸이 살고 있는 같은 아파트 옆 동(洞)에 혼자 살고 있으며, 딸이 자기를 돌보아 준다고 말했다. 점심때는 집에서 식사를 하지 않고 밖으로 나와 혼자 이러한 곳에서 시간을 보내고 늦은 오후에 집으로 돌아간다는 것이었다. 친구도 있지만 자주 만나지 않고 많은 시간을 혼자 보내는데, 오늘처럼 이렇게 하루를 지내는 것이 오히려 마음이 편안하다고 말하면서 머리를 떨구었다. 겉으로 보기에 슬퍼하지도, 외로워하지도 않고, 그냥 현실을 담담하게 수용하는 모습이었다. 그 노인은 나에게 무슨 질문이라도 할 만도 한데, 아무 말도 하지 않고 나의 물음에 대답만 진솔하게 해 주었다. 나와 같은 젊은 사람의 마음을 속속들이 꿰뚫어 보고 있기 때문일 것이다. 점심은 언제나 먹지 않고 집에 가만히 혼자 있으면 딸 보기에도 좋지 않아 이처럼 밖에서 보낸다고 하였다. 젊어서는 교사가 아닌 교육행정직 공무원으로 근무했다고만 말했다. 묵묵히 앉아 있는 모습을 보니 얼마 지나지 않아 맞게 될 자신의 죽음에 대해 깊이 고뇌(苦惱)하고 있는 것 같았다.

인간의 마음은 수시로 변하며 욕망을 향해 질주한다. 인간만큼

사사(邪私)하고 변덕스러운 종(種)은 없을 것이다. 자신의 이익과 즐거움을 위해서는 끊임없이 변화하며 삶을 추구한다. 어제까지만 해도 가까운 사람이 하룻밤 사이에 마음이 변하여 돌아서고 자신의 곁을 떠난다. 인심(人心)은 깃털처럼 바람에 휘날려 여기저기를 배회한다. 사소(些少)하고 조그마한 일에 분개하는가 하면 배신하고, 조그마한 물질의 손실과 이익에 울고 웃는다. 남의 잘못은 한 치(値)도 용서를 하지 않으면서 자신의 잘못은 아주 대수롭지 않게 지나친다.

젊음은 자신에게 오래 머물지 않는다. 그러나 이는 가난은 물론 모욕, 비난을 뛰어넘어 미래의 꿈을 향해 나아갈 수 있는 힘을 지니고 있다. 젊음은 용기와 희망은 물론 꿈과 낭만과 함께한다. 태양은 중천 하늘에 못 미쳐 그 열기를 점점 더해 가고 있으며, 젊음 하나만으로도 온 몸에 뜨거운 정기를 품어 내기에는 모자람이 없다. 내일은 어떠할망정 오늘만은 힘차다. 수탉처럼 목소리가 우렁차고 얼굴과 머리에 윤기가 흐른다. 당당하면서도 힘이 넘친다. 자신이 무슨 기사(騎士)인 양 불의를 보면 참지 못하고 고개를 들어 눈을 크게 부릅뜨기도 한다. 무엇 하나 못 이룰 것이 없어 보인다. 그러다 보니 젊음은 순식간에 지나가고 중년에 이르게 된다. 이것이 온통 젊음이기도 하다.

늙음은 어떠한가? 한창 바쁘게 살다가 정신을 차려 보니 어느덧 노인이 되어 있다. 몸을 간추려 보니 이미 젊음은 지나가고, 태양은 서쪽 하늘에 기울여 있다. 이것이 자신에게 찾아온 늙음이다. 이제

다시 시작하려고 몸부림쳐 보아도 젊음은 지나가고, 남은 것은 쇠퇴함은 물론 적막과 허무함뿐이다. 지나온 과거는 순식간에 흘러갔으며, 앞으로 가야 할 길은 얼마 남지 않았다. 눈은 어둡고 귀는 잘 들리지 않는다. 정신은 오락가락 무엇이 무엇인지 분간하기 힘들다. 이렇게 하여 인생은 강물처럼 흘러가는 것이다. 일찍이 루이스 캐롤은 "시간은 바로 인간인 것이다."라고 말했다. 가만히 생각해 보면 시간의 투자 없이 중요한 것은 이룰 수 없다. 성공도, 자아실현도, 자기완성도 전부 긴 시간을 투자하여 이룰 수 있는 중요한 가치(價値)이기 때문이다.

더욱이 노인기의 시간은 황금보다도 더 귀중하다. 삶과 결실은 그 뜻을 두 가지로 나누어 생각해 볼 수 있다. 하나는 기본적인 측면이고, 다른 하나는 결과적인 측면이다.

기본적인 측면에서 보면 다음과 같다.

- 삶이란 무엇인가를 알아야 한다.
- 자기의 책임과 의무를 완수해야 한다.
- 회한(悔恨)과 아픔을 치유해야 한다.
- 성숙한 인간이 되어야 한다.
- 세상과 후회 없이 이별할 수 있도록 준비해야 한다.

결과적인 측면에서 보면 또 두 부류로 나누어 볼 수 있다.

- 자아실현(self actualization)을 이루어야 한다.

  이것은 철학적·사회학적·심리학적·신학적인 면에서 그 의미와 내용은 제각기 다르다.

  다만 여기서는 아리스토텔레스의 목적적 존재로서 인간이 자신의 잠재력과 가능성을 최대한 유감없이 발휘하는 것이다. 즉 이것은 매슬로우의 욕구 위계설에서 최상층에 해당하는 자기의 목표를 이루는 것과 같은 맥락이라고 할 수 있다.

- 자기완성이다. 이것은 영국의 철학자 T. H. Green의 신학적 관점에서 인간이 신(神)의 성품과 같은 최고의 선(善)을 실현하는 것이다. 도덕적으로 높은 인격을 갖추는 것을 말한다.

상기와 같이 기본적인 측면은 물론 결과적인 측면에서도 이러한 과제를 완수하기 위해서는 젊어서부터 시간을 아껴야 하는 것이다.

수양으로 심신을 단련하라

인간이란 미래에 닥쳐올 줄도 모르는 불행을 사전에 차단하는 데 중점을 두고 오늘을 살아가야 한다. 조심하고 피하려고 해도 운명적으로 만나게 되는 것이 삶이기도 하다. 노인은 평소 마음이 쇠약(衰弱)한 상태에서 갑작스러운 충격, 즉 자녀의 사고, 가족 내의 갈등, 재산의 손실, 무서운 질병 등이 발생하게 되면 여기에서 헤어 나오지 못하고 생의 종말을 맞을 수 있다. 평소에 수양을 통하여 어떠한 고난이 닥쳐와도 마음을 잃지 않고 흔들림 없이 살아갈 수 있도록 만반의 준비를 갖추어야 한다. 삶이란 이러한 모든 현실을 포괄적으로 수용하는 것이다. 생명이 있는 한 누구나 자기 관리를 잘 해야 한다. 노인기에 접어들면 더욱더 그러하다. 자기관리를 소홀히 하면 자신은 그 이상 존재할 수 없게 된다.

통계 조사에 의하면 우리나라에서 한 해 동안 인재(人災)로 인하여 목숨을 잃는 사람이 7천 명 정도라고 한다. 많은 사람이 인간의 잘못으로 목숨을 잃게 되는 셈이다. 의료 사고만 하더라도 한해 1만 건(件)이 발생한다고 한다. 이러한 의료 사고는 신경마비는 물론 식물인간, 사망, 불구 등인데, 실제로는 이보다 3배는 더 많을 것으로 추정하고 있다. 또 한 해 평균 전국적으로 건설사업장에서 추락하여 생명을 잃는 사고를 당하는 근로자는 300명 정도라고 한다.

우리나라의 평균 수명은 81세지만 건강 수명은 72세로, 결국 병치레로 8~9년 정도를 힘든 세월을 보내야 하는 것으로 나타났다. 그러함에도 불구하고 노인은 날마다 엄습해 오는 죽음에 대한 두려움, 우울감을 극복하고 새롭게 피어나야 한다. 이러한 점이 노인기에 있어서 자기 관리를 잘해야 하는 이유다.

인간은 우주에서 생명을 전수받은 이상 스스로가 자신의 몸을 아끼고 잘 사용하여야 함은 당연한 이치다. 한순간을 살아가도 양생(養生)을 잊지 말아야 한다. 노인기의 삶에서 가장 필요하다고 느껴지는 것으로 노자의 『장생구시(張生久視)』와 장자의 『양생주(養生主)』[62]를 빼놓을 수 없다. 장생구시란 문자 그대로 오래도록 살고 오

---

[62] 장자의 양생주편(養生主篇)의 포정해우(庖丁解牛)에서 설명이 있었듯이 '양생주'란 오직 생(生)을 보존해 가는 근본적인 도(道)를 말한다. 그러나 양생주란 정확한 언어와 눈으로 말하고 볼 수 없다. 무엇이라고 말할 수 없고, 말해서도 안 되는 그 무엇이다. 무애(無涯, 무제(無際), 넓고 넓어서 끝이 없음)를 구하는 유애(有涯: 불(佛), 끊임없이 변하여 그대로 머물지 않는 세계, 곧 이승)의 마음이 이라고도 한다. '제물론'이 앎을 부정한 형이상학적 탐구였다면, 안다는 의식과 생각을 버리고 해체(解體)의 소요(逍遙)로 나아간 길이 '양생주'의 현시(顯示)라는 것이다. … 해우(解牛)와 양생(養生)이 하나로 이어진 생명의 노래고 끈이다. '제물론'이 도(道)의 줄거리라면 '양생주'는 뜻밖에도 유물적 육체의 줄기를 찾는 탐구다. 장자의 『칠원서』 한 구 한 구가 시(詩)고 시행(詩行)이다.

래도록 보는 것이요 양생(養生)이란 뜻은 몸과 마음을 건강하게 해
서 오래 살기를 꾀하는 것이다. 다른 말로 바꾸면 병에 걸리지 않도
록 건강 관리를 잘하는 것, 곧 섭생(攝生)을 뜻한다. 노인에게 필수
적으로 행해야 할 것이 양생(養生)이다. 어떠한 방법과 수단을 사용
하더라도 스스로 이를 수행하여 자신의 건강을 지켜야 하는 것이
노인기의 삶에서 가장 필수 조건이다.

장자의 꿈

몽테뉴의 책 『몽테뉴 수상록』에서도 호라테우스는 "만일 그대의 위장, 폐장, 수족이 건전하다면 제왕의 부(富)를 통틀어도 그대의 행복에 보탤 것이 없다."라고 기록하고 있다. 이 말은 삶에서 행복이란 건강이 전부를 차지한다는 말과 일맥상통한다.

이와 관련하여 장자는 "언제부터인가 세상의 모든 길에서 포정이 잡은 소가 서 있는 것을 본다."라고 말하였다. 장자에게 비친 눈에는 삶이라는 그 넓고 험한 세상에서 포정(庖丁)의 해우(解牛)[63]라는 양생(養生)의 법칙이 자신의 정신세계에 녹아 있다는 뜻이다.

장자(莊子) 역시 양생(養生)을 하늘의 도(道)로 받아들이고 있는 것이다. 진정한 양생은 자유(自由)에서 나온다고 한다. 자유의 뜻은 '남에게 구속을 받거나 무엇에 얽매이지 않고 자기 마음대로 행동함'이다. 삶이란 아주 미묘하고 섬세하기도 하기 때문에 자유 없이는 양생의 도에 접근하기 어렵다. 우리는 자유(自由)라는 고귀함을 다시 한번 되새겨 볼 수 있어야 할 것이다.

이 책에서 누누이 강조하는 것은, 노인이라면 다음 계절에도 자신이 살아남아 꽃피고 새(鳥)우는 봄의 향기를 맡고 볼 수 있을 것인가 하는 점이다. 이 점이 노인기에 갖는 삶의 자신감에 따른 의문이다. 무엇보다 중요한 것은 이러나저러나 건강이다.

---

63 포정(庖丁)의 해우(解牛)와 양생주와의 관련 뜻은 포정이 소를 해체함에도 도(道)를 따라야 순조롭게 진행되는 것과 같이, 인간도 몸을 잘 관리하려면 도(道)를 따라야 한다는 뜻이다.

현진 스님은 말하기를 "이 거룩한 봄날에 서로 안부를 전할 수 있어서 그지없이 반갑다. 지금까지 우리가 많은 일을 하고 살아왔지만 가장 잘한 일은 우리가 죽지 않고 살아 있는 일이다."라고 말한다. 살아 있기 때문에 이 봄날에 다시 볼 수 있고, 반가움을 나눌 수 있다는 것이다. 앞에서 언급한 노자의 『장생구시(長生久視)』와 통하는 말이다. 뭐니 뭐니 해도 행복은 건강하게 오랫동안 살아 있는 것이다. 그래서 건강은 중요하기만 하다.

노인의 경우에는 잠자는 시간을 제외하고 70대는 1/3의 시간을, 80대는 1/2의 시간을, 90대는 거의 전부를 건강을 위해서 시간을 보내야 한다고 전문가는 말한다.

윌리엄 버틀리 예이츠의 책 『비잔티움 항행』에서 보면 "노인기는 영혼이 손뼉 치고 노래하지 않으면 한낱 막대기에 걸린 누더기처럼 보잘것없는 존재에 지나지 않으니……"라고 표현한다. 노인은 인생의 마지막 나날을 잘 마무리 짓기 위해, 성공적인 노화는 삶의 쇠퇴 과정에서 철저하게 자신을 관리하지 않으면 안 된다는 것이다.

자기 관리는 광범위하다. 마음과 육체 관리는 말할 것도 없거니와 인간 관리, 시간 관리, 돈 관리, 자녀 관리 등이 포함된다. 건강 관리가 가장 중요하다. 육체적인 건강을 위해서 매시간마다 몸을 움직여야 하고, 마음 관리를 위해서 매시간마다 마음을 텅 비워 고요함을 유지해야 한다. 지속적인 도전과 열정으로 날마다 쇠약해지고 소멸해 가는 자기의 몸을 불굴의 정신으로 살려 나가지 않으면 안 된다.

희망을 가져라

희망과 관련하여 절처봉생(絶處奉生)이라는 용어가 있다. '막다른 곳에서 새 길이 열린다'는 뜻이다. 노인이 되면 주변의 젊은이들은 물론 가족들조차도 아버지의 노쇠함을 이유로 거리를 두는가 하면 중요한 말은 감추어 버린다. 정답게 대화하는 것을 거부한다. 자녀들은 아버지에게 진실을 이야기하면 지나치게 걱정한다는 것이다. 정확한 상황 판단을 하지 못하고 올바른 정답도 도출해 내지 못한다는 점도 있다. 이러함이 노인들을 피하는 이유다. 그리할수록 노인들은 생활이 절망적이고 우울해지며 외로워진다. 아이러니하게도 희망을 가져야 한다는 것이 너무도 이치에 맞지 않는 말처럼 들린다.

어디 삶이 그렇게 호락호락하던가? 노인뿐만이 아니라 젊은이조차도 희망이 없으면 절망적인 삶이 된다. 그 정도로 희망은 바로 생명줄이다. 어떻게 보면 삶이란 희망을 찾아 살아가는 과정(過程)이 아닌가? 참답고 올바르게 희망을 갖는다는 것은 결코 쉬운 일이 아니며 인생에서 전부인 것이다. 인간이란 누구나 실패와 좌절을 겪고 어려움 속에서 고통의 눈물을 흘려 보아야만 희망의 진실을 알게 된다. 자신의 모든 지식은 물론 지혜를 동원하여 희망을 찾아야 한다.

인간은 어떠한 일이 있어도 좌절하거나 절망에 이르지 않아야 하고 부정적이거나 죽음을 생각해서 안 되며 언제나 희망을 가져야 한다.

만약에 노인기가 절망적이라면 남은 기간이라도 착하게 살아서 천당에 가는 희망이라도 가져야 하는 것이다.

어떤 사람들을 보면 현 처지에서 '자기는 복(福)이 지지리도 없다느니' 등 말을 하게 된다. 사실은 그때가 복이 없는 것이 아니고, 이 시기를 잘 극복하면 행운이 찾아올 수 있는 기회인데도 말이다. 그런데도 자기에게 행운이 오지 않는다고 한탄만 하고 있는 것이다. 이들은 잡을 수 있는 복을 놓치는 것이다. 정작 복이 없는 사람은 '복이 없다.'라고 말할 수 없는 처지에 놓인다. 자신의 위치를 제대로 알고 자중(自重)하며 인내와 성실로써 살아간다고 하면 좋은 길이 열릴 수 있다는 것을 모르고 있는 셈이다.

노인의 삶이란 앞이 보이지 않는데 어떻게 희망을 가질 수 있느냐는 것이다. 이러함에도 성경에서는 베드로의 편지 1의 3:15에서 보면 "마음에 주님이신 그리스도를 거룩하게 모십시오. 그리고 여러분이 간직한 희망에 대해서 그 이유를 묻는 사람에게 언제나 부드럽고 공손하게 대답할 준비를 하고 선(善)한 양심으로 생활하십시오."라고 기록하고 있다. 즉 이 가르침의 뜻은 예수님을 마음의 주인으로 모시고 선(善)하게 살아가면 예전에는 없었던 희망이 생겨나게 된다는 점이다.

그렇게 되면 주위 사람들이 "당신이 희망을 가지게 된 이유가 무엇인가?"를 물어볼 것이다. 그런 물음에 대한 답변을 미리 자신이 준비하여서 대답을 할 수 있게 되면 좌절과 시련을 극복할 수 있는 길이 열리게 됨이다.

노인들이 예수님을 믿지 않는다고 하더라도 스스로 마음을 경건하게 갖고 거룩하게 하여서 어렵더라도 착하게 살아갈 때 고통과 어려움을 극복할 수 있는 길이 자연히 열리게 됨을 믿어야 한다.

희망을 잃지 않는다는 것은 삶의 푸른 청사진을 항상 생각하고 있으며, 이를 간직하게 되어 언젠가는 꽃이 피어 열매를 맺을 수 있다는 기대감을 버리지 않는 것이다. 비록 노일일지라도 희망을 가지고 이를 꽃 피우도록 노력하지 않으면 안 된다.

현대에서는 의학이 발달되어 자신을 보다 잘 관리한다면 앞으로는 100세까지도 무난히 살아갈 수 있을 것으로 본다. 문제는 자아실현을 이룰 수 있는 꿈을 설정하고 죽을 때까지 그 일에 매진하여야 한다. 생명이라는 것 자체가 지닌 뜻이 자기에게 주어진 천수(天壽)를 누려야 하는 것이다. 희망은 생명줄이 아닐 수 없다. 이러한 희망의 꿈을 놓아 버리면 삶은 끝나게 된다. 사람이 40일간 굶어도 살 수 있으며 8분 동안 숨을 쉬지 않아도 살 수 있으나 단 2초만이라도 꿈이 없다면 살아갈 수 없다는 말이 있다. 끝까지 희망이라는 생명줄을 붙잡고 있어야 함을 암시하는 대목이다. 이 세상은 그저 형성되고 만들어진 것이 아니다. 인간이 인식할 수 없는 절대자의 주도하에 세상은 열리게 되었으며, 그렇게 흘러가고 있다. 죽음이 삶의 끝이 아니라는 점도 굳게 믿어야 한다. 이 점이 노인이 믿어야 할 최대의 희망인 것이다.

노인은 자꾸만 슬퍼지는 마음을 즐거움으로 바꾸는 일이 중요하다. 한 올의 희망 줄이라도 붙들고 살아가야 하는 것이다. 손자, 손녀들이 잘 자랄 것이라는 기대감, 죽음이 끝이 아니고 새로운 탄생이라는 점. 어려움을 참고 착실하게 살아가면 나날이 성숙해진다는 점, 겨울이 가면 봄이 오듯이 계절의 변화와 힘께 자연의 순리대로 늙어 가는 점 등이 전부 기쁨이다. 그리고 정원을 가꾸는 즐거움은 물론 독서를 하는 것도 잊지 말아야 한다.

희망에 대하여 만델라 어록집을 참고하면 1970년 애들레이드 탐보에게 보낸 그의 편지에서 "희망은 다른 아무것도 남아 있지 않을 때에도 강력한 무기입니다."라는 내용이 있으며,. 그 외에도 "죽음은 피할 수 없다. 난 의무를 다했다고 믿고 그래서 영원히 잠들 수 있을 것이다.”라는 기록이 있다.

넬슨 만델라는 1918년 부족장의 아들로 태어났다. 27년간 감옥 생활을 하였고, 72세 때 교도소에서 석방된다. 보통 사람 같으면 27년간 감옥 생활을 하고 출소하여 76세에 대통령에 당선될 수 있겠는가? 하지만 그에게는 앞에서 기술했듯이 아무것도 남아 있지 않을 때 단 하나 희망이 있었기에 가능한 일이었을 것이다. 즉 희망을 잃지 않는 거룩한 정신이 있었기 때문이다.

노인에게 있어서 희망을 잃지 않는다는 것은 참으로 어려우면서 중요한 일이 아닐 수 없다. 만델라는 “나는 대단한 인간이 아니다. 단지 노력하는 노인일 뿐이다.”라고 말하였다. 이러한 것을 볼 때 누구나 노력할 수 있는 여력이 남아 있다면, 아니, 노력할 수 있는 여력이 남아 있지 않는 경우에도 희망은 가져야 한다. 희망은 모든 것을 잃었을 때에도 마지막 삶의 보루(堡壘)로서 자기를 지켜 줄 수 있을 것이다.

차동엽의 책『김수환 추기경의 친전』을 참고하면 “벼랑 끝에 희망이 있다. 희망이 있는 곳에만 희망이 있는 것이 아니란다. 희망이 없는 곳에도 희망을 걸어야 해. 젊어서나 늙어서나 갖는 것은 희망이다. 가장 어두운 것은 삶의 희망이 완전히 없어졌을 때이다. 즉 삶의 의미가 없고, 보람이 없고, 미래가 전혀 없을 때이다. 그것은 곧 죽음이다.”라고 기록되어 있다. 이 말의 뜻을 살펴보면 죽음이 아니라면 희망이 있어야 한다. 그러니 희망이 없는 곳에도 희망을 가져야 하는 것이다.

그러하다고 보면 희망이 아니라면 절망이고 죽음뿐이다. 모든 생명체는 언젠가 죽게 마련이다. 조물주가 생명을 갖도록 만들어 놓고 죽음으로 헛되고 무의미하게 끝나도록 하지는 않았을 것이라고 믿어야 한다.

희망을 갖게 할 수 있는 요건을 다음과 같은 공식으로 도출해 낼 수 있다.

희망= 지성+믿음+창의력이다.

- **지성을 갖추고 있어야 한다.** 지성을 갖추게 됨으로써 정확한 사유는 물론 삶의 방향을 잡을 수 있다.
- **믿음이 없으면 불안하고 방황하게 되며 미래가 없게 된다.** 희망을 갖게 되려면 반드시 믿음이 있어야 한다. 믿음이 미래를 안정적이고 긍정적으로 이끌어 주기 때문이다.
- **창의력이 없다는 것은 아무것도 도출해 낼 수 없다.** 창의력이 있어야 무엇이든 긍정적이고, 발전적이며, 새로운 것을 고안해 낼 수 있게 된다.

죽음으로 가는 길 역시 희망적이어야 한다. 천당과 지옥이 있고 없고를 떠나서 생(生)의 마지막 과정인 죽음에서 이제 모든 것은 끝이다. 나는 썩게 되고 부패할 것이며 없어질 것이라고 생각하기보다는 나의 죽음은 새로운 탄생을 의미한다. 이 세상의 모든 죄악은 내가 짓고 내가 받았으며, 다음 세상에서의 탄생은 이 세상과는 전혀 다른 모습으로 새롭게 태어날 것이다. 비록 몇천 년 이후에 아니면 몇만 년 이후에 탄생할지는 모르지만, 이 우주의 원리가 순환이고 보면 나의 영혼은 우주의 기운으로 화(化)해서 또 다른 탄생을 기약할 것이기 때문이다.

이것뿐인가? 자기의 생명이 꺼져 갈 때도 희망을 가져야 한다. 이 세상이 끝나는 마지막 순간까지도 가장 선(善)하고 도덕적인 사람이 되어서 하나의 악(惡)이라도 남기지 않을 것이라는 희망을 말한다.

근심으로부터 자유로워라

근심의 뜻은 '해결하기 어려운 문제에 대해 답답해하고 괴로워하는 것, 그 어려운 문제'다. 인생은 근심 그 자체다. 불안은 인간 존재의 근원이며 생명이 있는 한 근심을 하는 것은 너무나 당연하다. 근심을 한다고 문제가 해결되는 것은 아니다. 근심에 대하여 예수께서는 인간에게 "걱정하지 말라"는 말을 무려 550번에 걸쳐 하셨다. 그럼에도 불구하고 인간은 언제나 근심으로 가득 차 있다.

오세균의 책 『매일 묵상공부』를 참고하면 "근심을 적게 가지려고 하면 삶에서 일어나는 모든 일들을 다 중요한 것으로 생각하지 않는 것이라고 한다. 즉 세상사 모든 것이 다 사소한 것이기에 여기에 걱정을 하여 삶을 낭비하지 말라."이다. 정말 중요한 것을 알고, 그것만 걱정을 하라는 말이다.

근심을 다음과 같이 마음을 바꾸어야 한다.

- 자기 잘못을 깊이 반성하고, 진심 어린 기도를 한다.
- 중요하고 어려운 일은 평소에 철저히 준비한다.
- 죗(罪)값으로 받을 것은 받고, 치러야 할 것은 치른다는 각오로 살아간다.
- 전문가와 상의하여 해결책을 강구한다.

인간 세상에서 하고자 하는 일이 자신의 뜻과 욕심대로는 이루어질 수 있다면 얼마나 좋으랴만! 삶은 본래 그렇게 뜻대로 되지 않게 되어 있다. 인간은 욕심 덩어리로써 어떤 한계점을 둘 수 없어 지속적으로 원하는 것을 추구하기 때문이다. 그럼에도 불구하고 인간의 삶이란 근심에서 벗어나 행복하게 살아야만 하는 과제를 안고 있다.

쇼펜하우어의 책 『사는 게 다 그래』를 참고하면 "행복론의 위대한 교사인 에피쿠로스는 인간의 욕구를 세 가지로 나누었다.

첫째, 자연적이며 없어서는 안 될 욕구다. 이 욕구가 만족되지 못하면 고통이 생긴다. 의식주에 대한 욕구가 여기에 해당하며 그만큼 만족하기도 쉽다.

둘째, 자연적이기는 하지만 없어도 되는 욕구다. 성욕이 여기에 해당하며 만족하기도 조금 힘이 든다.

셋째, 자연적인 것도 필수적인 것도 아닌 욕구다. 사치, 낭비, 화려함 등의 추구가 여기에 해당하며, 이것은 한(限)이 없을 뿐 아니라 만족하기도 매우 힘들다."라고 말하고 있다.

여기서 중요한 점은 근심은 욕심에서 생기게 된다. 인간이 살아가면서 자신의 마음에서 생성되는 욕구를 자제(自制)하는 일이 중요하다. 그 욕심을 자제하지 못하면 한평생을 고생하며 근심 속에서 벗어나지 못할 것이다. 앞에서 언급이 있었듯이 첫째의 의식주 해결을 위한 욕심은 어쩔 수 없다. 그러나 이것마저도 적당한 선(線)에서 그쳐야 한다. 둘째의 성욕은 최대한 자제하되 최소한 부부(夫婦)에 한해서 이루어져야 한다. 셋째의 사치, 낭비, 화려함은 완전히 멀어져야 한다. 특히 노인에게 첫째는 어쩔 수 없이 해결하도록 노력하되, 이미 젊어서 이루어 놓은 재산으로 살아가야 한다. 둘째와 셋째는 이것에서부터 자유로워야 할 것이다.

일찍이 그리스의 철학자 제논이 창시자로 하는 스토아학파[64]들은 아예 이성(理性)에 안주하여 금욕주의를 주장하였다. 그러나 노인들은 이렇게는 하지 못해도 적어도 에피쿠로스[65]의 쾌락주의를 따르도록 하되, 육체적인 쾌락보다는 정신적인 쾌락을 갖도록 노력하여야 할 것이다. 정신적 쾌락을 '아타락시아'라고 하는데, 이는 마음이 안정되고 평온해진 상태를 말한다. 이러한 욕심에도 불구하고 훌륭한 사람들은 근심에서 벗어나 아름답고 참되게 한평생을 살다가 세

64　(철) 기원전 3세기 초에 제논(Zenon)이 창시한 그리스 철학의 한 학파, 윤리학을 중시하고, 금욕과 극기를 통하여 자연에 순종하는 생활을 이상으로 삼았다. 극기파(克己派).

65　(철) 개인적·정신적 쾌락의 추구를 인생 최대의 목적으로 하는 주의, 에피큐리어니즘.

상을 떠났었다. 평범한 우리도 이들의 발자취를 더듬어 추종하며 살아가야 할 것이다.

성경 고린도 후서에서 보면 "하나님의 뜻대로 하는 근심은 회개를 이루어 다시 돌이킬 수 없는 구원에 이르게 하거니와 세상의 근심은 사망에 이루느니라."라고 하신다. 여기서 주목해야 할 것은 '세상의 근심은 사망에 이루느니라'다.

보통 근심을 하게 되면 정신에 나쁜 영향을 미친다. 쉽게 말해서, 우울증에도 걸릴 수 있고, 더 크게는 육체적인 암도 발생할 수 있다. 종국에 가서는 사망에 이르게 된다. 여기서 말하는 성경에서처럼 "하나님의 뜻대로 하는 근심은 회개를 이루어 다시 돌이킬 수 없는 구원에 이르게 하거니" 하는 것이다.

이 말은 기독교 신자들이 하나님의 가르침을 받아 그 뜻대로 하는 근심은 구원을 받을 수 있다는 가르침이다. 이러함은 세상의 근심처럼 함부로 하는 것이 아니라, 하나님의 눈으로 세상을 보고 바르게 살아가면 대부분의 근심은 하지 않아도 되고, 또 한다고 하더라도 이치에 맞게 하여 인간에게 구원의 손길이 있게 된다는 뜻이기도 하다.

세상의 근심은 어떠한 것인가?

- 자신을 탓하기도 하고 미워하기도 하면서 한탄(恨歎)을 한다.
- 단시간에 근심을 해결할 것이라고 안달한다.

- 누군가를 원망하면서 가슴 아파 한다.
- 인간 이기심으로 고민한다.
- 근심을 해결할 수 없다고 생각하면서 자포자기한다.

하나님의 뜻대로 하는 근심은 어떠한 것인가?

- 인생이란 마음대로 되는 것이 아니라는 것을 알고 근심을 하나님께 맡긴다.
- 자신을 반성하고 회개와 참회로 속죄한다.
- 기도로써 자신이 원하는 것을 간절히 소망한다.
- 하나님에게 의지하고 경전의 가르침에 의존하며 평화와 안정을 찾는다.
- 착하게 살아가면 문제가 해결될 수 있다고 믿으며 바르게 살아간다.
- 근본적인 문제로 접근한다.

근심을 우리는 대수롭지 않게 생각하는 경우가 많은데, 그냥 그대로 두면 큰 문제가 발생할 수 있다. 전문가에 의하면 우울증은 마음을 싱(傷)하게 하고 세성을 미관하게 되며 양극성(兩極性)을 띠어 수동적이거나 공격적으로 변화한다는 것이다. 또한 사색의 폭이 좁아지고, 충동적이고 고집을 부리게 되며, 정상적인 판단 능력이 떨어지고, 균형 감각을 잃어버리며 성급하게 문제를 더 키운다는 점이다. 이것이 근심에서 오는 결과이다.

문제는 근심을 하더라도 세속에 젖어 인간 이기심에서 할 것이 아니라, 성경 빌립보서 4:6-7에서처럼 "아무것도 염려하지 말고 모든 일에 기도와 간구(干求)로서 여러분이 필요로 하는 것을 감사하는 마음으로 하나님께 말씀드리십시오. 그러면 도저히 상상할 수도 없는 하나님의 놀라운 평안이 그리스도 예수님 안에서 여러분의 마음과 생각을 지켜 주실 것입니다."이다.

하나님의 뜻과 같이 성경의 가르침에 따라 근심을 함으로써 회개하여 구원을 얻도록 해야 한다. 하나님의 뜻대로 하는 근심은 아주 심오한 우주 철학이 깃들어 있어서 인간으로서 해결할 수 없는 일도 이루어 낼 수 있으며, 자연적으로 해결의 길도 열리게 될 것이라는 점이다. 다만 근심에서 자유롭기 전에 하나님에 대한 믿음이 있어야 한다.

세상의 근심은 아무런 믿음도 계시도 없이 근심함으로써 위험에 처해질 수 있다. 하나님의 뜻에 따라 근심을 하게 되면 일단은 모든 것을 하나님께 맡기게 되고, 훨씬 이치에 맞으며 순조롭게 근심이 진행되어 자신은 여기에서 해방되어 안정된 마음을 갖게 된다는 것이다. 근심 역시 종교적인 믿음을 갖고 풀어 나가는 것이 좋은 해결의 방법이 아닌가 하고 생각해 본다. 노인기에 접어들게 되면 이러한 믿음을 갖는 것이 바람직한 삶인 것이다.

중생(衆生)이란 갖가지 고통을 참고 견뎌야 하는 세상에 살고 있다. 인간으로서 고통과 근심에서 해방된다는 것은 불가능하다. 그러하기 때문에 아예 근심은 말할 것도 없거니와 고통과 함께할 것이라는 각오로 살아가지 않으면 안 된다. 여기서 강조하고 싶은 것은 인간으로서 최선을 다하여 은인자중(隱忍自重) 하면서 살

아가고, 나머지는 하늘에 맡기는 수밖에 없다. 그렇게 하기 위해
서 최대한 경전의 가르침을 본받아 도덕적으로 삶을 이어 가야 할
것이다.

홀로 살아갈 수 있어야 한다

우리는 과학 문명의 발달로 100세 시대에서 살게 되었다. 이와 맞물려 고독사 역시 증가하게 된다. 일본에서 65세 이상 노인의 고독사가 연간 7만 명에 육박한다는 보고가 있다. 우리나라의 경우, 1인 가구의 수는 2022년 기준 750만 명으로, 전체가구의 34.5퍼센트에 해당한다고 하며, 한국도 이미 고독사(孤獨死) 사회로 접어들었다는 분석이 나온다. 우리나라에서 현재 이에 대한 정확한 통계 조사는 이루어지지 않고 있으나, 고독사(孤獨死) 하는 경우는 대략 한해 500~1,000명 정도로 추정하고 있는 실정이다. 이에 대한 정부의 시급한 대책이 있어야 할 것으로 본다.

성공적인 노인기를 보내려면 무엇보다도 외로움을 스스로 달랠 수 있는 역량을 키워야 한다. 쇼펜하우어의 책 『사는 게 다 그래』를 참고하면 "저마다 고독 속에서 '참된 자아'를 알게 된다. 우리가 세상

에서 어느 정도 확신을 갖고 의지할 수 있는 대상은 오직 나 자신뿐
이며, 다른 사람과의 교제나 접촉은 반드시 여러 가지 손실, 위험,
혐오감, 불쾌감 등을 가져다주기 때문이다."라고 말한다. 고독이 인
간에게 보내는 메시지는 그 의미하는 바가 크고 깊다.

현대는 개인적인 성향이 짙은 사회가 되었다. 개개인의 철학은 물
론 가치관이 다른 사람들이 아우러져 살아간다. 문제는 상대방에
대하여 배타적이다. 여기에서 살아남으려고 한다면 자기 사랑을 기
본으로 하여 외로움을 스스로 달랠 수 있는 인생관을 갖추는 것이
무엇보다 중요하다. 스스로 귀하다고 자존감을 갖는 사람이 고독을
견딜 수 있으며, 스스로 보잘것없으며 불쌍하다고 생각하는 사람은
고독을 극복할 수 없다.

사찰의 스님들은 외로워서 고독사하는 경우는 어디에서도 찾아볼
수 없다. 이분들은 고독사가 없는 것인가? 물론 종교관이 뚜렷하고
신앙심이 굳건하여 미래에 대한 믿음이 있기 때문일 것이다. 그리고
이로 인하여 마음의 안정과 평온함을 유지할 수 있는데, 이는 신앙
심의 결과고, 오히려 고독함으로써 얻게 되는 보배로움이다. 이러한
경지에 놓여 있을 때 인간은 참다운 자신을 바라볼 수 있게 된다.

문제는 홀로 있지 못한다는 것은 독립적이고 자주적이며, 스스로
외로움을 달랠 수 없고, 위로하며 살아갈 수 없다는 점이다. 그러함
에도 진정 성숙한 노인이라면 사찰의 스님들처럼 전혀 외롭지 않아
야 할 것이다. 홀로 있어도 고독(孤獨)하지 않으며, 정신 질환에 걸리
지 않고, 자신의 미래를 열어 갈 수 있어야 한다.

노인기에 밀려오는 고통과 슬픔을 어떻게 이겨 내어야 하는가?

- 우주는 물론 세상과 인간의 실재(實在)[66]를 알고 수용한다.

- 자연의 아름다움과 함께한다.

- 내면의 지성의 세계를 활용한다.

- 도덕적이고 인격적인 베풂으로 살아간다.

- 종교적인 신앙생활을 갖는다.

- 자아실현의 꿈을 이루게 한다.

- 다(茶) 한잔의 여유로움으로 인생을 즐길 줄 안다.

인생은 홀로 왔다 홀로 가는 것이다. 가면(假面)을 벗고 진정성 있게 자신을 성찰하여 우주 원리는 물론 세상과 인생을 알고, 담담하게 모든 것을 수용하고 살아가야만 한다. 그렇게 될 때 진정 성숙한 노인이 되는 것이다.

이와 같이 노인은 저마다 삶을 살아왔기에 이마에는 삶의 성적표가 붙게 된다. 본인의 건강은 말할 것도 없거니와 돈과 명예, 자녀의 성공, 이 외에도 현재까지 이루어 놓은 삶의 실적 등이 그러한 것들이다. 이것으로 말은 없어도 어느 정도 인생에 대한 성공 여부가 나타나게 된다. 이제는 더 이상 어떻게 할 수가 없다. 모든 것을 자기의 탓으로 여기고 현실을 수용해야 하는 운명 앞에 놓이게 된다. 그

---

66 실재(實在): (철) 인간의 의식에서 독립해서 객관적으로 존재하는 것.

러니 새롭게 출발할 수 없는 끝자락에 와 있는 것이다.

왜 노인은 침묵을 생활화해야 하며 홀로 살아가야만 하는가? 친구들과 어울려 떠들며 시간을 보내야 하는 것이 생리적인 현상이기도 하지 않는가? 하지만 침묵 이상의 말을 하기 위해서라도 침묵을 배워야 할 것이다. 이제 노인들은 스스로 자신을 돌보아야 하며 여생을 홀로 살아가야 하기 때문이다. 그러면서도 인생을 즐거움과 보람, 행복을 느끼며 최대한 잘 살아야 하는 과제를 안게 된다.

여기서 말하는 것은 굳이 혼자 살아가려고 고집을 부리는 것이 아니라, 인연과 운명에 따라 사람을 만나게 되고 사귀며 자연스럽게 헤어지는 것이다. 만약 혼자가 되었다면 홀로 살아가야만 한다. 성숙한 인간이라면 현재까지 젊은 시절을 통하여 자신이 갖추어야 할 지식과 인격은 물론 이루어야 할 과업도 이룬 사람이다. 이제는 묵묵히 뒤돌아보지 않고 현재까지 쌓아 온 자양분을 소모하며 남은 인생을 살아가야 하기 때문이다. 남들 앞에 나서서 자신이 잘난 사람이라고 우기지 말고, 조용히 무대 뒤로 사라지지 않으면 안 된다.

니체는 다음과 같이 탄식했다고 한다. "언제나 나는 나의 입이 노래하면 나의 귀가 들을 뿐이로다."라고 말이다. 노인이란 남에게 피해도 주지 않고, 악(惡)을 행하지도 않으면서, 좋은 죽음을 맞기 위해서 마음을 수양해 가는 과정에 놓여 있다. 그런가 하면 신(神)이 자신에게 부여한 사명감을 이행하기 위하여 근신(謹愼)하며 노력하는 등 성결(聖潔)한 마음으로 살아가야 한다.

다음과 같은 일을 생활화해야 할 것이다.

- 성공적인 삶의 조각들을 마음에 담고 있어야 한다.
- 독서를 통하여 경전의 잠언들을 기억하며, 이것을 삶의 좌우명으로 살아
  간다.
- 자신을 보호할 수 있는 약간의 돈을 갖추고 있어야 한다.
- 건강은 물론 용모를 단정히 해야 한다.
- 몰두할 수 있는 한 가지 일이 있어야 한다.
- 편안하고 자유로운 생활이 될 수 있도록 여건을 만들어 가야 한다.
- 신(神)을 공경하고 매일 기도하며 감사한 마음으로 살아간다.

노인이 홀로 살아갈 수 있다는 것은 무엇을 의미하는가? 이것은 인격은 물론 지혜로움을 비롯한 성숙함을 이미 갖추고 있다는 것이다.

영적인 삶을 살아가라

영적인 삶이란 어떠함을 말하는 것인가? 우리가 생각할 때 이 뜻은 석가모니는 물론 그리스도의 사상(思想)과 정신을 받들고 그분들의 가르침을 따라 착하게 살아가는 것이 아닐까? 성경은 하나님이 계시하시고 성령의 영감과 감동을 받은 40여 명의 선지자(先知者)와 사도(使徒)들에 의해 약 1,600년에 걸쳐서 기록된 책이다. 이 정도의 내용을 가진 책이라면 최고의 가치를 지녔다고 할 수 있다. 성경의 내용처럼 진리의 말씀을 따르며 살아가는 것을 여기서 영적인 삶이라고 생각하겠다.

'영적(靈的)'이라는 개념은 신앙생활을 하는 가운데에서 많이 사용되고 있는 말 중 하나다. 실제로 영적인 삶을 어떻게 사는 것인지에 대해서는 의견이 분분하다. 성경에서 가르치고 있는 영적이라는 말의 내용은 '땅에서 하늘로가 아니라 하늘로부터 땅'으로다. 예수님께서는 친히 제자들에게 가르쳐 주신 기도문 '주기도문'을 통하여 이를 증명해 준다. 그것은 곧 "뜻이 하늘에서 이루어진 것같이 땅에서도 이루어지다"라는 것이다. 성경적으로 영적인 삶을 살아가려고 한다면 먼저 땅 위에서 이루고자 하는 하느님의 뜻을 알아야 한다.

영성(靈性)부터 살펴보기로 하자. 책을 읽다 보면 성경이나 불경에 관한 글을 접하기도 한다. 영성의 의미는 실제적으로 대단히 어려운 말이다. 인간이 육체 중심의 삶이 아닌 영적 삶에 따르는 성품이 영성일 것이다. 영성이란, 인간 이기심을 초월하여 우주적이고 신적(神的)인 영역에서 얻을 수 있는 순수하고 깨끗하며 맑은 성품을 말하는 것이 아닐까? 이 성품으로 인간은 최고의 경지에서 수준 높은 삶을 추구할 수 있을 것이다.

영성이라고 하면 대체적으로 종교적인 측면으로 접근해야 한다. 인간은 영(靈)을 깨끗하게 하기 위해서 우선 죄짓는 것을 금해야 하기 때문이다. 즉 생각이나 행동을 해야 함과 하지 말아야 함, 어떤 장소에 가야 함과 가지 말아야 함, 누구를 만나야 함과 만나지 말아야 함 등의 선택이 있어야 한다. 이러함은 선과 악의 영역을 구분 짓는 것이 된다. 참선, 명상, 기도 등은 영성을 기르는 데 꼭 행해야 할 필수 사항이다. 교회 같으면 십계명(十誡命)을 지키는 일이다.

영(靈)의 가치를 계산한다면 살아 있는 사람에게 있어서 전부라고 해도 과언이 아니다. 영이 깨끗하고 맑냐와 탁하고 어둡냐는 개인에 있어서 삶의 질을 좌우한다. 영(靈)은 영혼(靈魂)의 준말이다. 영(靈)과 상반되는 것은 육체다. 생(生)을 유지하는 동안 영(靈)은 육체에 머물러 있게 된다.

그런데 과학적인 실제를 좀 벗어난 일이긴 하지만, 비정상적으로 영혼의 유체이탈(遺體離脫)을 생각해 볼 수 있다. 이 문제는 인간 사회에서 끊이지 않고 회자(膾炙)되곤 한다. 왜 이러한 일이 생기는 것일까? 바로 죽었다가 깨어난 사람들의 이야기는 우리 주변에서 있어 왔다. 저승의 문턱까지 갔다가 살아난 사람들이 겪은 체험담이다. 이 사실을 믿어야 옳을지 의구심이 가는 대목인데, 그 이야기를 들어 보면 전혀 거짓으로만 느껴지지 않는다.

유체이탈이란 영(靈)이 자신의 육체를 떠나 잠시(暫時) 다른 곳에 있다는 말이다. 영(靈)이 자신의 육체를 떠나서 영원히 돌아오지 않으면 죽음으로 끝나는 것이요, 다행히 떠난 영이 다시 돌아온다면 회생(回生)하는 것이다. 그래서 삶과 죽음의 기로에서 영은 육체와 잠시(暫時) 따로 놓여 있을 수 있다. 이것이 사실이라면 죽음의 실체가 더욱더 명확히 밝혀지는 것이 아닐까? 이는 영적인 측면에서 인간의 영은 사후(死後)에 우주의 보이지 않는 큰 실체(혹은 신(神))와 합일을 이루는 과정으로 볼 수 있기 때문이다. 이 문제는 과학적으로 증명하기 힘든 것으로 인간의 이성으로 판단하기 어려운 문제가 아닐 수 없다.

무당(巫堂)은 왜 있게 되는가? 이를 완전히 미신이라고만 할 수 있는 일인가? 실제로 건전한 사람이 자신의 몸에 신(神)이 내리면 이 신은 돌아가신 부모일 수도 있고, 남편이나 아내 등일 수도 있다. 정작 본인에게 신이 내리면 정신적인 병을 앓게 되어, 그 고통은 말로써 도저히 표현할 수 없을 정도로 심각한 아픔을 겪게 된다고 한다. 그것은 과학적으로 어떤 병명을 붙일 수 있는 질환이 아니다. 그야말로 정신과 어떤 신(神)적인 문제기 때문에 당사자는 이 신의 내림을 부정하고 이를 받아들이지 않으려고 몸부림쳐 보지만, 그 한계를 벗어날 수 없어 결국은 무당을 불러 신을 받게 된다. 그 이후에는 자신의 영(靈)을 지배하는 것은 신이 되는 것이다. 무당은 이승과 저승의 세계를 넘나들면서 죽은 자와 대화를 하게 된다. 이것은 과학적으로 증명하기 어려운 부분이 아니겠는가? 이 외에도 신비스러운 일은 인간이 살아가는 도처에서 일어나기도 한다.

종교인이 아닌 일반인들이 생각할 때 영적(靈的)인 삶이라고 생각하면 쉽게 이해가 되지 않는다. 영적인 것과 다른 개념은 어떤 삶인가? 평범한 삶을 떠올리게 될 것이다. 그러면 이는 어떠한가? 삶이면 누구나 똑같은 삶이지 영적인 삶이 있고, 평범한 삶이 있는가 하느냐는 것이다.

이 문제에 대해서 쉽게 생각해 보면 이렇게 구분 지어 볼 수 있다. 영적인 삶은 교회의 목사나 장로 그리고 불교의 스님이나 보살들을 연상할 수 있다. 이분들은 비종교인보다는 그들 종교의 교리를 따라 계율을 지키며, 절대자인 그리스도나 부처의 정신을 믿으며(이어받아) 신봉하고, 이들 성현의 발자취를 따르면서 그들의 가르침을 삶의 지침으로 삼고 살아간다. 이러한 사람들의 삶을 일반 사람들(비종교인)과 비교하여 영적인 삶이라고 말할 수 있을 것이다.

특히 이슬람교에서의 라마단 기간에서나 기독교의 사순절 기간처럼 교인들은 기도와 회개(悔改), 절제(節制)와 훈련을 통해 깊은 영성을 얻기 위하여 금식을 하고 금욕적인 생활을 하며 자신의 내면을 성찰한다. 이와 같이 절대자의 가르침을 따르면서 그들의 정신, 즉 영(靈)을 계승하며 살아가는 사람들을 우리는 비종교인에 비하여 영적인 삶을 살아간다고 말할 수 있는 것이다.

그러나 이와는 거리가 있는 사람들, 즉 종교적이면서 어떤 정신적인 계율을 지키는 것에서 멀어질수록 평범한 삶을 살아가는 사람으로 간주된다. 맹목적으로 살아간다고 하기보다는 종교적인 믿음은 물론 이의 가르침과 계율(戒律)에 얽매이지 않고, 자연스럽게 본능대로 욕망을 충족하며 살아가는 삶이다. 즉 종교적인 가르침으로부터 제약(制約)을 적게 받고, 육체적 욕망에 쉽게 이끌리며, 이것을 추구하며 살아가는 사람들을 말한다. 인간이 영성을 얻기 위해서는 이를 저해하는 육적(肉的)인 생활들을 줄이는 일부터 시작해야 할 것이다.

그렇다면 영적인 삶과 육적인 삶이 어떻게 다른가를 구분하기 이전에, 영(靈)에 대한 개념부터 한 번 더 정리해 보았으면 한다. 우리가 영(靈)이라는 말을 많이 하기도 하고, 듣기도 한다. 영(靈)이란 어떤 것인가 하고 물어본다면 너 나 할 것 없이 머뭇거리게 된다. 그 정도로 영(靈)에 대한 개념을 표현하고 설명하기가 쉽지 않다. 나 역시 책을 집필하는 가운데 영(靈)에 대한 기록을 많이 하게 된다. 하지만 영(靈)에 대하여 말하라고 한다면 주저하지 않을 수 없다. 영(靈)이라는 글자를 사용하면서도 이에 대한 명확한 개념 정리를 할 수 없기 때문이다.

억지로라도 영(靈)에 대한 개념을 살펴본다면, 이는 나라마다 각기 다르다고 할 수 있으며, 종교에 따라서도 차이가 있다. 살아 있는 인간에게는 누구에게나 영(靈)은 무형으로 생명의 주인 역할을 하지만 보이지 않는다. 영(靈)은 시대와 나라에 따라 정신과 같은 개념으로 여기기도 하고, 이와 다른 뜻으로 사용되기도 한다. 다만 정신은 육체에서 생겨나 이곳에서 머물게 되지만, 영(靈)은 우주의 기(氣, 靈界로부터)가 생명의 탄생과 더불어 육체에 깃드는 것으로 본다. 어떤 사람이 정신을 잃어도 한 사람이 살아 있다면 그 사람의 영(靈)은 존재한다고 보아야 할 것이다.

그런데 불교에서의 영(靈)은 성경과는 사뭇 다르게 인식된다. 즉 불교에서는 영(靈)이라는 개념을 사용하지 않는다. 불교에서는 공(空)은 있을 지라도 영(靈)이라는 개념이 아예 없다. 기독교에서는 영을 말할 때 목사 등 신자들이 교리를 받들고 믿게 됨으로써 그리스도의 영(얼)이 자신의 마음에 형성(탄생)하게 된다고 말한다. 성경에 기록되어 있는 것처럼 고린도전 6:17 "주와 합하는 자는 한 영이니라."이다.

왜 영적인 삶을 살아야 하는가? 그리스도교의 입장에서 볼 때 하느님의 가르침을 받들고 영원을 추구하며 올바르게 살아가기 위해서일 것이다. 요한복음 4:24를 참고하면 "하나님은 영이시니 그분께 경배하는 자들이 반드시 영과 진리로 그 분께 경배할지니라, 하시니라.”라고 기록되어 있다. 그리스도의 영(靈)이 곧 하나님이니, 우리는 그 영을 찾고 영적인 삶을 살아감으로써 하나님에게 가까이 갈 수 있게 된다. 왜냐하면 하나님은 죽지 않고 영원하기 때문이다.

자연은 인간에게 무언의 가르침을 준다. 바로 진리가 무엇인가를 알게 한다. 진리는 인정(人情)이 아니며, 자연의 법칙이다. 인간은 자연과 함께 그 흐름에 소속되어야 한다. 이것은 진리다. 여기에서부터 인간은 자연의 법칙을 따르는 삶을 살지 않으면 안 된다. 자연의 법칙은 진리며, 그 속에 영성이 내재하고 있는 것이다.

학문적으로는 영성이란 무엇인가? 영성지수(SQ)는 아직까지 완전하게 개발하지 못하고 있는 것으로 알려져 있다. 성덕(聖德)의 빛(성덕도의 회보 참조)에서는 “영성이란 신, 우주, 하느님 등 초자연적인 존재에 대한 믿음이자 사랑, 자비, 헌신 등 이타주의적(利他主義的) 윤리 규범으로 되어 있다. 즉 ‘성스러운 덕화(德化)의 길을 본받는 것’이며, 수양의 궁극적인 목표를 인간심을 버리고 내 안에 내재한 영심(靈心)을 찾는 영육합덕(靈肉合德)에 두고 있다.”라는 것이다.

인간에게는 마음의 밝음, 즉 명심(明心)이 있는데, 이 명심이 바로 영심(靈心)으로 통하는 것이다. 이 영성이 있는가 없는가는 짐승인가 사람인가를 확연히 구분 지어 준다. 그러한 뜻에서 영성(靈性)은 인성(人性)보다는 한 차원 높은 상위의 개념이고, 신성(神性)보다는 한 차원 낮은 하위의 개념으로 보며, 육성(肉性)은 인성보다 한 차원 낮은 하위의 개념이며, 수성(獸性)보다는 한 차원 높은 상위의 개념으로 생각해 볼 수 있다.

도표로 기록하면 다음과 같다.

신성(神性) 〉 영성(靈性) 〉 인성(人性) 〉 육성(肉性)[67] 〉 수성(獸性)

여기서 영성(靈性)은 인성(人性)의 부분 중에서도 상위 개념이며, 육성(肉性)은 인성(人性)의 부분 중에서도 하위 개념이라고 볼 수 있을 것이다. 다만 이 용어들의 개념은 단정적으로 구분하기는 쉽지 않다. 아무튼 영성(靈性)이 살아야 인성(人性)도 따라 사는 것이며, 인성(人性)이 무너지는 것은 육성(肉性) 쪽에 가깝게 되어 그다음 하위 단계인 수성으로까지 추락할 수 있을 것으로 본다. 영성을 다른 뜻으로 표현하면 신성(神性)보다는 하위의 수준으로 우주의 신명함에서 관조(觀照)되고, 자연의 섭리에서 투영된 하나의 심성(心性)일 것이다.

이를 다르게 표현하면 인간이 행하는 도(道)가 자연의 이치를 깨닫고 그것에 일치하려고 하는 의도에서 생겨난 것처럼, 영성은 자연을 운행하는 보이지 않는 생명력의 원천이 되는 신명(神明)함에서 오는 밝음의 일부(一部)인 것으로 느껴지기도 한다. 영성(靈性)은 우주 만물의 본성을 일부나마 갖추고 있는 것으로 추론해 본다.

영성을 중요시하여 삶을 영위한다면 자연의 섭리에 합당하는 것

---

67 여기서 육성(肉性)은 좀 애매한 개념이지만, 인간으로서 육적(肉的)인 욕망에 지나칠 정도로 이끌려 살아가는 성품을 말한다.

이요, 만약에 육체적인 쾌락에 이끌리는 육성(肉性)으로 살아가게 되면, 이것은 인성(人性)이 타락하는 결과를 가져올 것이다. 어떻게 해서라도 정신을 맑고 깨끗하게 유지하여 세상을 자세히 관찰하고 위험 요소를 피하며 안전한 길을 찾아 살아가는 것이 중요하다. 인간이 몸과 마음을 정결(貞潔)히 가꾸는 것은 자신을 꽃피울 수 있는 최대의 가치 있는 삶이다. 이러함이 영적인 삶을 살아야 할 이유다.

세네카의 책 『세네카의 인생론』에 의하면 "최고선(最高善)이 있는 곳이 어디냐고? 바로 영혼이네. 영혼이 순수하고 신성하지 않으면 신(神)이 머무르게 할 수 없다네."라고 기술하고 있다. 여기서 영혼의 순수한 성품이 바로 영성(靈性)이 아닐까 하고 생각해 본다.

그렇다면 육적(肉的)인 삶을 산다는 것은 육체의 욕구에 이끌리는 삶을 말한다. 육적인 욕망은 맛이 있는 음식을 많이 먹고 싶어 하는 것, 육체적인 쾌락에 더욱더 젖고 싶어 하는 것, 물질을 많이 보유하고 싶어 하는 것, 사치스러운 마음, 교만한 마음, 악행(惡行)을 저지름, 술에 취하여 방탕함, 시기하고 성내는 것, 원수를 맺는 것 등과 같은 생활을 말할 것이다.

그런가 하면 프랑스 작가며, 의사고, 인문주의 학자인 프랑수아 라블레는 소설 제1권의 『가르강튀아』의 서문에서 인간의 특권인 웃음에 대하여 언급하고 있다. 여기서 보면 "중세(5~15세기경) 천년은 인간이 웃음을 잃어버린 시기이다. 경건한 승려들은 웃지 않는다. 권위에 둘러싸여 있는 왕은 웃지 않는다. 하인 앞에 군림하는 귀족들은 웃지 않는다. 어두운 방안에서 고정 관념을 지키고 앉아 있는 편협한 학자들은 웃지 않는다. 초상집의 사람들은 웃지 않는다. 그러면 대체 누가 웃는가? 호탕한 저 웃음은 얼굴이 붉은 서민들의 것이며, 부끄럼 없이 육체를 드러내고 있는 야인들의 것이며, 생의 호흡을 가슴으로 들어 마시는 자(者), 욕망을 배로 충족시키는 튼튼한 위장을 가진 자들의 것이다."라고 기술하고 있다. 여기서 기술한 내용을 보면 아마도 욕망을 충족하며 호탕하게 웃고 있는 사람들의 삶이 육적인 삶의 한 단편이 아닌가 하고 조심스럽게 생각해 본다.

인생을 즐겨야 한다

　황혼기는 왜 그토록 아름다울까? 이것은 자신의 생명이 얼마 남지 않았기 때문일 것이다. 70대에 들어서면 이러한 심정으로 늙어 가게 된다. 선조들 역시 인생을 조심스럽고 소중하게 살다가 간 사람이라면, 나의 마음에 비추어 볼 때 그렇게 느꼈을 것임에 틀림없다. 삶이란 어떠한가? 앞이 보이지 않는 어렵고 속절없는 세상, 차가운 현실 속에서 부부가 얼마나 부둥켜안고 안정을 추구하며 행복을 창출하고, 이를 온전히 느끼며 살려고 몸부림쳤겠는가?

　노인은 편안한 상태에서 살아 있음을 음미해야 함에도 삶이란 그 무게만큼이나 괴로움과 고통으로 점철(點綴)된다. 한 인간이 세상에 태어나서 생명을 영위하며 순조롭게 살아가기란 무척 어려운 일이다. 개인적으로는 자존심과 인격을 유지하여야 하며, 저마다 생(生)의 목적을 달성하여야 하기 때문이다. 그래서 즐겁고 행복하게 살아간다는 것이 실제적으로는 현실과 동떨어져 있기도 하다. 남보다 뒤지지 않으려고 벌이는 경쟁은 참담하고 처절하리만큼 그 도(度)를 넘어서고 있다.

솔로몬의 인생론 2:24를 참고하면 "사람이 먹고 마시며 자기 일에 만족을 느끼는 것보다 더 좋은 것이 없으니 내가 이것도 하나님이 주시는 것을 깨달았다."라고 기록하고 있다. 이것을 보면 즐거움이 특별한 것에 있는 것이 아니라 생명을 얻어 살아가는 가운데 일상생활에서 먹고 마시며 일로서 수고(受苦)하는 가운데 보람을 갖는 것이다. 이것이 인생에서 솔로몬이 찾은 행복한 삶이다.

나는 즐거움을 방법 면(面)에서 두 부류로 나누어 생각해 본다. 하나는 순수한 즐거움이다. 다른 하나는 남과 비교하여 자신이 우월하다는 심정에서 얻게 되는 즐거움이다. 쇼펜하우어의 책『사는 게 다 그래』를 참고하면 영국의 철학자 홉스도 "마음의 모든 즐거움과 만족은 자신을 타인과 비교한 뒤의 자부심에서 비롯된다."라고 말하였다. 그러나 내가 말하고자 하는 것은 남과 비교하여 우월감에서 얻는 즐거움을 말하는 것이 아니라 스스로 자신이 순수하게 즐길 수 있는 것을 말한다.

즐기는 것 역시 하나의 기술이다. 아무나 즐거움을 갖게 되는 것이 아니다. 마냥 즐기려고 하면 남에게 마음의 빚진 것이 없어야 한다. 즐거움은 슬픔과 비례한다. 진실로 고통과 슬픔을 겪은 자(者)만이 즐거움의 가치를 알게 됨이다.

권오돈 역해 책『예기(禮記)』를 보면 사람이 "음식과 남녀 간의 사랑은 크게 탐내는 것이다. 사망(死亡)과 빈고(貧苦)는 사람이 크게 싫어하는 것이다."라고 기록하고 있다. 아마도 맛있는 음식과 남녀 간의 사랑은 인간을 가장 즐겁게 하는 것에는 틀림이 없다.

'즐겁다'의 뜻은'(어떤 일이나 상황, 활동 등이) 쾌감이나 만족을 주어 기분이 좋은 느낌이나 마음'이다. 이 말에 비하여 '기쁘다'는 '일이 바라는 쪽으로 이루어져 기분이 좋다'다. '즐겁다'와 '기쁘다'는 기분이 좋은 면에서는 같지만, 이루어지는 성질 면에서는 다소 차이가 있다. 하지만 대부분 유사한 쪽으로 사용된다.

즐거움이 행복과 어떤 상관(相關)이 있는가? 행복의 뜻은 '사람이 생활 속에서 기쁘고 즐겁고 만족을 느끼는 상태에 있는 것'이다. 즐거움과 행복은 내용 면에서 거의 비슷하나, 깊이 따져 본다면 행복은 즐거움보다 더 종합적이고 폭이 넓으며, 길게 만족한 상태에 도달함을 말한다. 그러한 의미에서 보면 생활 속에서 즐거움과 기쁨을 얻을 수 있는 것은 행복의 요건이니 이것들은 우리의 생활에서 중요한 의미를 갖는다.

불교에서의 고통은 주로 욕망심(慾望心), 즉 나(I)라는 집착에서 오는 아집(我執)과 욕심(慾心)으로부터 기인된다고 말한다. 욕망. 집착, 증오(憎惡), 자만(自慢), 질투, 무분별함, 몽매(蒙昧)라고 불리는 부정적인 요소들이 우리의 정신을 어둡게 하고 혼란과 불안에 빠뜨리기 때문에 고통의 원인이 된다. 다만 자신이 고통과 어려움을 받아들이는 과정에서 균형과 조화 등 긍정적인 자세를 갖도록 하는 것이 바람직한 삶을 위한 자세다.

현자는 고통과 불행을 피하기보다는 오히려 자신의 의지로 정확히 맞서라고 말한다. 왜 맞서야 하는가를 곰곰이 생각해 보면 고통과 불행을 피한다고 하여 영원히 이것으로부터 해방되는 것이 아니기 때문이다. 고통과 불행을 더 증폭시킨다고 할 수 있다. 어떻게 보면 고통과 아픔이 행복으로 통하며 즐거움과 쾌락이 불행으로 연결되기도 한다. 하지만 인간이라면 어느 누가 즐거움을 피하고 고통과 괴로움을 바라겠는가? 쾌락(快樂)이 인간에게 있어서 삶의 목적이며 희망인 것을 아무도 부인할 수 없기 때문이다.

특히 앞(379p 3단락 첫째줄)에서 논한 방법 면에서 즐거움과 달리 실질적인 측면에서 즐거움을 두 부류로 생각해 보기로 하겠다. 하나는 즐거움 그 자체를 목적으로 하는 것이다. 즉 '인생은 별것 아니다. 죽으면 모든 것이 끝난다. 뭐 그렇게 힘들게 살 필요가 있느냐? 살아 있을 때 즐기며 살아야지' 하는 낙관주의적 즐거움이다. 다른 하나는 일과 삶을 목적으로 삼고, 그 과정에 따른 일부분으로 일속에서 즐거움을 발견하고 고통을 잊고 살아가는 방식이다. 즉 일을 즐거움으로 받아들여서 그것과 함께 살아가는 것이다.

인생을 즐기는 것은 삶의 문제와 동등한 차원에서 접근해야 한다. 나는 그리스에 여행을 다녀온 적이 있다. 그리스를 택한 이유는 고대 그리스 철학자들이 살았던 아테네 거리를 한번 걸어 보고 싶어서였다.

아테네 거리의 저자 모습

6월이라 일찍 저녁을 먹으면 어두워질 때까지 두 시간 정도 시간적으로 여유가 있다. 호텔에서 저녁 식사를 하고 있는데, 뒤뜰에서 박수 소리와 함께 함성(喊聲)이 들려왔다. 알고 보니 프랑스에서 온 단체 관광객 약 200명 정도가 호텔에서 제공한 다과를 마주하며 시간을 내어 노래와 춤을 비롯하여 장기자랑을 하면서 한때를 즐기고 있었다. 그들은 하나같이 흰 색깔의 옷을 입고 있어서 특별하게 보였다. 이들 역시 어찌 삶에 어려움과 고달픔이 없었겠는가? 모처럼 시간을 내어 여행을 왔으니 어차피 즐거운 시간을 갖게 되었을 것이다. 이와 같은 즐거움은 그 자체가 목적이 아니라 일을 위한 휴식의 차원에서 즐기고 있는 것으로 생각된다. 분명히 이들은

프랑스 관광객들의 즐기는 모습

소유는 물론 존재의 가치를 알고 있는 사람임에 틀림없다.

최효선 역해 책『장자』[68]를 보면 지락(至樂)은 지극한 즐거움이란 뜻으로 자연에 순응하며, 사심을 갖지 않고 홀로 즐기며 살아갈 수 있는 것을 말하며, 그에 따른 상황적 논리를 설명하고 있다. 즉 "지극한 즐거움은 즐거움이 없는 것으로써 하고 지극한 명예는 명예가 없음으로써 명예로 여긴다."라는 것이다.

이 옛말은 지극한 즐거움을 비롯하여 몸을 살리는 길은 무위(無爲)[69]에 있다는 뜻이다. 모든 개념을 초월하여 삶과 죽음을 하나로 보고, 천지의 무위를 본받아 무락(無樂)의 경지에 들어가야 지락(至樂)을 이룰 수 있다는 가르침이다. 인간이 자연 속에 귀일함으로써 도(道)에 이르게 되어 몸을 보전하는 것이 최고의 즐거움이라는 뜻이다.

즐거움을 맞이하는 자세는 어떠해야 하는가? 특히 방탕으로 가는 즐거움은 자제하여야 함을 설명하는 내용이 있다.

---

68 장자의 고향은 중국전국시대의 몽종 지역이다. 장자의 이름은 주라고 알려져 있다. 장자는 기원전 369년에 태어나서 기원전 286년에 세상을 떠났다. 장자는 유가사상을 대표하는 맹자와 같은 시대를 산 것으로 알려져 있다. 유년 시절에는 너무 가난한 생활을 하였는데, 쌀을 빌리려 다녀야 할 때가 많았고, 생계 유지를 위해서 막일도 해야만 했다. 가난 때문이었는지는 모르지만 평소에도 의관에 별로 신경을 쓰지 않고 생활하였다. 위나라의 왕을 만날 때에도 많이 낡고 해진 옷을 입고 갔다고 한다. 중국의 사상사는 유가사상과 도가 사상으로 나누어져 있다. 유가사상은 공자와 맹자가 대표적인 인물이고, 도가사상은 노자와 장자가 대표적인 인물이다. 장자는 도가 사상의 대표적인 인물인 노자의 사상을 이어받았지만, 진나라와 한나라 시대에 와서야 '노장사상'의 대표적인 인물로 알려지게 되었다. 장자의 사상에는 아주 힘이 넘치는 언어가 많이 사용되었으며, 비유와 은유를 통해서 사상을 전파하였다.

69 여기서 무위의 뜻은 자연 그대로 두어 인위를 가하지 않는 것이다.

세네카의 책 『세네카 인생론』[70]에서 보면 "현자의 쾌락(pleasure of life)은 침착하고 조용하며 신중하면서, 오히려 무력(無力)에 가깝고, 또 조심스러워 거의 눈에 띄지 않을 정도이다."라고 말한다. 현자의 쾌락은 도(道)를 지키지 않으면 안 되고, 덕(德)을 앞세워야 하며, 쾌락을

세네카

부수적인 산물로 느껴야 한다는 것이다. 만약에 덕을 지키지 못하고 쾌락에 자신을 빼앗긴다면, 즉 쾌락에 주도권을 잃은 자에게는 도리어 쾌락이 그들을 소유하게 되어 마음대로 그들을 조종하게 되고, 그렇게 되면 그 사람은 자기가 자신을 지키지 못하고 인간으로서의 올바른 행위를 할 수 없게 된다는 뜻이다. 그것이 바로 인간이

---

70 루키우스 안나이우스 세네카(Lucius Annaeus Seneca)는 기원전 4년(또는 서기 1년)에 스페인의 코르도바에서 부유한 이태리 기사 가문의 세네카와 헬비아의 둘째 아들로 태어났다. 세네카는 16년부터 31년까지 이집트 총독으로 있었던 갈레리우스의 부인님 누나를 따라 로마로 왔다. 세네카가 41년 이전까지 어떻게 살았는지에 대한 자료는 많지만, 로마에서 문법과 수사학을 배웠고 어려서부터 철학에 이끌려 다양한 철학을 섭렵한 것으로 전해진다. 세네카는 일종의 스토아주의라고 여겼으며, 세네카는 네로를 위해 쓴 글에서 견유철학자 데메트리우스(Demetrius)에 관해 언급했지만, 그가 데메트리우스를 언제 만났는지는 알 수 없다. 세네카는 로마에서 25세라는 제한 연령을 넘겨 검찰관(quastor)에 선출되었으며, 가이우스(Gaius)황제가 통치할 때 웅변가와 문필가로서 대단한 명성을 날렸다. 세네카는 후기 스토아 철학을 대표하는 로마 제정 시대 정치가다. 네로(Nero) 황제의 스승으로 그리고 황제를 암살하려는 음모가 발각되어 네로에게 자살을 명령받은 일로 그의 이름은 비교적 널리 알려져 있다. 그러나 세네카가 군주 아래에서 자유를 향유할 수 있다는 논지를 전개함으로써, 제정 체제의 이념적 좌표를 마련했다는 사실은 별반 주목받지 못한다. 그 이유는 어쩌면 네로 황제의 폭정이 세네카 사상보다 더 극적이었기에 그런 것일지도 모른다.

아닌 금수(禽獸)로 추락하는 삶이 되는 것이다.

노인들에게는 성질 면에서 또 다르게 즐거움에 접근할 필요가 있다. 이것이 무엇이냐 하면 삶을 즐기는 것을 욕망을 채우기 위하여 이에 따르는 것이 아니라, 오히려 욕망을 잠재우고 간결하게 살아감으로써 이것으로 만족하는 즐거움이다. 물질적인 풍요를 누리기 위하여 안달하기보다는 절제하는 삶을 통하여 소박하게 살아감으로써 즐거움을 갖는 것이다. 이처럼 인간이라는 자격을 갖추기 위해서는 이성(理性)이 자신을 지배하는 도덕과 인격의 소유자여야 하는데, 쾌락에 자신을 빼앗긴 자가 어떻게 인간의 자격을 갖추었다고 할 수 있겠는가?

앞의 문장과는 다소 다르지만 인간 주변에서 회자(膾炙)되는 말로 '역마살(驛馬煞)'이라는 용어가 있다. 역마살(驛馬煞)을 글자 그대로 풀이하면 역마(驛馬)+살(煞), 즉 두 가지 용어로 된 합성어다. 앞의 용어인 역마(驛馬)는 옛날에 교통 수단으로 이역에서 저역으로 이동하는 데 사용되던 말을 말한다. 이 역마(驛馬)는 조금도 쉬시 못하고 늘 이동해야 하는 운명을 지닌다. 즉 죽도록 일을 해야 하는 운명임을 나타내는 말(馬)을 말(言語)한다. 그리고 뒤의 용어인 살(煞)이 있다. 이 단어의 한자의 뜻은 '죽일 살(煞)' 이다. 즉 역마살의 용어에서 이 '살(煞)'을 다른 의미의 말로 바꾸면 '사람을 해치거나 물건을 깨뜨리는 독(毒)하고 모진 기운(惡鬼)이 있다'다. 세속적으로 말하면 '살이 끼다' 인데, 즉 어떤 사람에게 살이 끼었다고 하면 '그 사람에게 불길

한 기운이 들러붙다'라는 것이다. 이 '살(煞)'에 숨어 있는 뜻은 함부로 무엇이든 사용하고 즐기다가 큰 액운을 만날 수 있다는 말과 상통한다. 그래서 역마살(驛馬煞)이란 용어에서 함축된 의미는 '조금도 쉬지 못하고 운명적으로 일을 해야만 하는 역마(驛馬)에 나쁜 기운(煞)이 항상 붙어 있음'이다.

이것과 관련하여 한 발 더 나아가 좀 과(過)한 표현을 한다면 인간의 인체에 있는 성기(性器), 즉 생식기에 해당하는 부분이나 갑각류인 바닷게의 집게 발가락은 '살(煞)'의 성질을 지니고 있다. 왜? 가만히 있지 못하고 항상 제 기능을 다하려고 움직이려고 함이다. 즉 인간의 성기는 움직이려고 하고 게의 집게 발가락은 꽉 물려고 하기 때문이다. 성욕을 추구하기 위해 사용되는 인간의 생식기에는 물론, 바닷게의 집게발에는 나쁜 기운인 살(煞)이 붙어 있으니 항상 조심하라는 뜻에서 이 말이 사용되는 것 같다. 한편으로는 어디에 가든 역(驛) 주변에는 성매매(性買賣)가 이루어지는 곳이기도 하기에, 이러한 역마살의 용어가 탄생되었지 않았나 하고 생각해 보기도 한다.

법정스님의 책 『살아 있는 것은 다 행복하라』를 보면 "삶에는 즐거움이 따라야 한다. 즐거움이 없으면 그곳에는 삶이 정착되지 않는다. 즐거움은 밖에서 누가 가져다주는 것이 아니라. 긍정적인 인생관을 지니고 스스로 만들어가야 하는 것이다. 부분적인 자아가 아니라 전체적인 자기일 때, 순간순간 생기와 탄력과 삶의 건강함이 배어 나온다. 여기서 비로소 홀로 사는 즐거움이 움튼다.”라고 기록하고 있다. 이 글귀에서 알 수 있는 것은, 즐거움이란 누구나 원한다고 쉽게 얻을 수 있는 것이 아니며 그에 대한 대가를 치러야 얻을 수 있는 가치며, 또한 얼마나 깨끗한 영혼에서 흘러나오는 생명의 감격이고 환희인가를 알게 하는 대목이다.

하지만 꼭 놀이가 아니더라도 인간은 아마도 진정한 자유를 얻을 수 있을 때 즐거움을 갖게 될 것이다. 자유에 대해서는 장자의 소요유(逍遙遊)[71]를 연상할 수 있다. 소요유(逍遙遊)에서 진정한 자유의 경지란 외부 조건에 구애받지 않은 절대 자유를 일컫는다. 장자가 생각한 절대 자유의 경지는 “우주의 도(道)를 타고 상하 전후좌우에 가득한 육기(六氣)의 변화를 꿰뚫어 무한 경지에서 노닐 때며, 이때에야 비로소 근본적으로 외부 조건에 구애받지 않은 자유 ‘소요유’를 얻을 수 있다”는 것이다. 하지만 장자는 무위도식(無爲徒食)한 사람은 전혀 아니며, 최고의 경지에 오를 수 있도록 자신을 갈고닦아 어느 누구보다도 열심히 독서하고, 안으로 수양하며, 철저하게 자신을 관리한 사람이다.

이외에도 권오민의 책 『인도 철학과 불교』를 참고하면 “원효대사(元曉大師)는 스스로 소성거사(小姓居士, 보잘것없는 사람)라 칭하고서 방방곡곡을 떠돌며 춤추고 노래하며 뭇대중들과 함께 한 무애(無

---

71   소요유(逍遙遊)란 ‘거닐며 노닐다’라는 뜻으로, 인간이 태어나서 진정한 자유를 얻기 위해서 어떻게 해야 하는가? 무기(無己: 아집이 없음), 무공(無功: 업적이나 성과에 대한 욕심이 없음), 무명(無名: 명예에 대한 욕심이 없음)의 경지에 도달해야 한다고 주장한다.

礙) 자재인(自在人)이었다."라는 기록이 있다. 여기서 원효대사는 실제적(實際的)으로 실속이 없이 떠드는 스님이 아니라 깨달으신 분이시며 자유인이었고, 그는 무엇에도 걸림이 없었을 정도로 세상 물정에 달인(達人)이었다. 그래서 모든 것을 뛰어넘어 춤추고 노래하며 군중과 즐겼을 것으로 추정된다. 왜냐하면 원효대사 역시 인생에서 어쩌면 가장 필요하고 중요한 것이 근심과 걱정을 내려놓고 현재의 삶을 마냥 즐기는 것이라고 생각했을 것이기 때문이다.

위에서 언급한 유명한 인물인 장자나 원효대사(元曉大師)처럼 범부(凡夫)들은 그렇게 위대한 경지에 올라 인생을 즐길 수는 없다. 여기서 장자나 원효대사, 즉 이분들 역시 어느 누구보다도 인생의 고통을 겪으며 힘들게 살아왔을 것임에는 틀림없다.

그렇다면 문제는 어떻게 즐길 것인가? 쇼펜하우어의 책 『사는 게 다 그래』를 참고하면 "호화로운 생활은 우리를 행복에서 멀어지게 만든다. 즉 호화로운 생활은 삶의 '고뇌와 생존'을 희열, 쾌락, 유흥으로 변모시키려 하지만, 이런 부당한 계획은 실재와 진실에 눌려 영원히 절망의 도가니에 빠지고 만다."라고 말하고 있다. 그러니 즐거움을 육체적인 쾌락은 물론 호화로움이니 사치, 유흥업소 출입을 일삼는 것으로서 획득해서는 안 된다.

인간의 삶이란 즐거운 것보다는 오히려 고통과 괴로움이 더 많은 부분을 차지하고 있음에도 불구하고 자신의 마음속에서 진실로 즐거움을 만들어 낼 수 있느냐 하는 것이다. 그렇게 하려면 여기에는 세상을 더욱더 깊고 넓게 볼 수 있는 혜안이 필요하다. 즉 마음이

각성(覺醒)된 상태에 놓여 있어야 한다. 여기에는 삶을 즐기기 이전에 불행한 삶이란 어떠한 것인지 이것의 청사진을 기저에 깔고 있어야 한다. 어떠한 처지에 놓여 있는 것이 인간에게 가장 불행한 삶인가? 예를 든다면 자신이 건강하지 못하여 신체적으로나 정신적으로 불능의 상태라든가, 죄를 지어서 남으로부터 쫓기고 있는 신세가 되었다든가, 너무나 가난하여 끼니를 해결할 수 없는 형편에 놓여 있다든가, 사회적으로 아주 나쁜 평판의 이름표가 붙어 도저히 자신의 자존감을 회복할 수 없는 처지에 있다든가, 지식이 너무나 부족하여 무지몽매에서 벗어날 수 없는 경우라든가 등을 생각해 볼 수 있을 것이다. 즉 도저히 희망이 없는 상태를 말한다. 우리는 주변을 살펴보면 너무나 불행한 이웃이 많이 있다는 것을 알 수 있다. 인간은 이러한 삶 자체를 부정할 것이 아니라 수용해야 함이 바람직한 것이다. 특히 노인은 이러한 와중에서도 행복과 불행 사이를 오가며 최선을 다하여 불행을 최소화하도록 노력하면서, 나름대로 소망과 보람을 갖고, 여유와 자유를 얻어 여생을 즐길 줄 알아야 하기 때문이다.

8장

후회 없는 죽음을
맞이하기 위하여

노인으로서 각오와 다짐

　노인은 자신의 앞날에 어떠한 상황이 전개될지라도 삶의 자세는 흔들림이 없어야 한다. 법정스님의 책 『살아 있는 것은 다 행복해라』를 보면 "살 때는 삶에 철저해 그 전부를 살아야 하고 죽을 때는 죽음에 철저해 그 전부가 죽어야 한다."라고 기록되어 있다.

　자신이 이 세상에서 없어진다고 생각하면 두려움이 앞서게 된다. 선각자들은 "죽음 그 자체보다도 죽음에 대한 두려움이 우리를 공포 속으로 이끈다."라고 말한다. 노인기에는 죽음에 대한 공포를 어떻게 해서든지 극복하고 남은 삶을 충실히 사느냐가 삶의 핵심 사안이 아닐 수 없다.

그 머나먼 나라로

그 먼 나라로 떠나야 할 시간이 다가오고 있다.

영원히 돌아오지 못할 머나먼 곳으로

누구와도 동행할 수 없는 혼자만이 가야만 하는 길이다.

가파른 오솔길을 지나고 파도치는 먼바다를 건너면

그곳에 도착하게 된다.

이곳에는 하얀 소복을 입은 천사가 웃으며 반겨 주고

사계절이 아름다운 꽃으로 만발하다

조용한 음악이 흐르고

모두가 흥겨워 춤을 춘다.

아~ 나는 그곳으로 떠나야만 할 것이다.

노인은 죽음에 대한 새로운 각오와 다짐을 해야 한다. 창세기 12:1을 보면 하나님이 아브람을 부르심에 따라 여호와께서 아브람에게 "너는 내 고향과 친척과 집을 떠나 내가 지시할 땅으로 가거라."라고 말씀하셨다. 이때 아브람의 나이는 75세, 지금 상황으로 보면 100세는 넘긴 정도로 추정된다. 아브라함은 이 말씀에 순종하며 떠나갔다.

여기서 강조하고 있는 점은 '떠나~가거라'다. 이 말을 성경적인 차원에서 풀이해 보면 4가지 의미가 주어진다고 한다. 즉 "결단하여 가라. 스스로 가라. 본질로 가라. 미래로 가라."다.

이 성경의 말씀처럼 노인 역시 이 세상을 떠나 저세상으로 가야만 하는 것이다. 죽음은 자연스럽게 맞이해야 한다. 나이가 들어 노인이 되었는데도 세상을 떠나지 않을 것이라고 우길 것인가? 이제는 이 세상을 하직하여야 할 시기가 되었으니 때가 오면 누구나 언제든지 모든 것을 훌훌 털고 가볍게 떠날 수 있어야 한다.

자신이 자연과 하나가 되려고 하면 이 세상에 대한 애착은 이제 버려야 한다. 완전히 마음을 비우고 또 비우는 과정을 밟아야 가능하다. 현재까지는 자신이 주변의 동료들을 저세상으로 먼저 보내는 이별을 거의 매일 접하였다. 이번에는 이러한 일이 남의 일이 아니고 바로 자신의 일이라는 것을 깨닫게 된다면 자연과의 통합, 즉 모든 것을 비우고 근본으로 돌아가는 것이 본인이 맞이해야 할 몫으로 남게 된다. 특히 70대가 넘어가면 남과의 인간관계에서 오는 배신감, 모욕감 등 모든 문제를 수용하고 마무리함이 필요하다. 오직 신(神)의 명령에 순종해야 하기 때문이다.

부처님의 말을 인용해 보면 "세상은 마음에 의해 인도되고, 마음이 세상을 이끌고 있으며 모든 것이 마음이란 한 가지 법(法)의 지배하에 있느니라."라고 말씀하셨다. 즉 마음을 단단히 먹어야 함이다. 이것이 노인의 각오와 다짐이다. 즉 품위 있고 좋은 죽음을 맞이하는 것이 노인의 마지막 바람이다. 이와 관련된 부처님의 가르침으로 윤회를 떠올릴 수 있다. 그런데 이 윤회와 연관된 것이 바로 업(業)이다. 업이란 '존재의 운명을 모양 지우고 다시 태어남을 초래하는 도덕적 인과율'이다. 우리가 주목해야 할 부처님의 가르침은 '자신의 의지 작용이 업(業)임을 강조한다. 의지를 지녔기에 사람은 행위, 말, 생각으로 행동을 하는 것이니라'다.

결론은 마음이라는 의지 작용이 죽음을 앞둔 노인에게 대단히 중요하다. 업(業)이란 '자기 마음의 역동적 흐름'이다. 나쁜 업을 짓게 하는 원인으로 번뇌와 괴로움이 있겠지만, 그중에서도 부처님은 "욕망, 증오, 악의, 미혹과 무지에서 벗어나"라고 가르친다. 마음을 비우고 평화로운 마음으로 자연과 통합하여야 하는 것이다.

이 외에도 노인의 각오 및 다짐과 관련하여 살펴보면 기도를 저버릴 수 없다. 기도는 마음의 기대 심리인데, 이것 역시 중요하다. 히브리스[72] 11:1에 보면 "믿음은 바라는 것들에 대한 보증된 기대이며 보이지 않는 실체에 대한 명백한 실증이다."라고 말한다. 삶에서 겪는 불안은 건강을 잠식하는데, 믿음은 이것을 불식시키며 깨끗하고 고요한 마음을 만들어 몸을 치유해 준다. 이것이 곧 기도라고 하는

72　히브리스(Hebrews): AD 80년. 서간문으로서 신약성서 중의 서간문(書簡文)에 속하는 한 책. 『히브리서』라고도 한다. 80년경 이름이 밝혀지지 않은 신도가 신앙을 권면하기 위해 편지투로 쓴 것이다. 사도 바울로가 로마 교회의 어떤 단체에 보낸 글이라는 설도 있다. 13장으로 이루어진 편지라기보다는 설교집인 동시에 권고문이다. 박해가 장기화함에 따라 신앙생활에 지쳐 있거나, 박해를 당하고 있는 사람에게 용기를 주기 위해 심오한 그리스도론(論)을 전개하며 그리스도교의 훌륭한 점을 제시하고 있다. 그리스도는 하느님의 계시자(啓示者)로서, 하느님은 마지막 날에 아들인 예수 그리스도를 통하여 그 뜻을 알려 구원의 길을 편 것이다. 이 편지에서는 그리스도를 '대사제(大司祭)'라 불렀고, 그의 십자가는 오직 한 번, 영원히 인류를 대신하여 스스로 피를 흘려 속죄한 것이라 하였다. 구약시대에 행해지던 제사의식·사제제도 등은 이로 말미암아 완전히 지양되었으며, '구약'에서의 계약은 그리스도를 통한 새로운 구원의 계약(신약)으로 바뀌었음을 설파하고 있다.

기대의 효과다. 기도는 노인이 현재의 삶은 물론 죽음 이후의 후생 (後生)을 위해서라도 반드시 필요한 마음의 작용이며 안식처다. 이 기대에 대한 기도야말로 흔들리지 않는 확고한 노인기의 삶에 대한 굳건한 정신적인 토대를 마련할 수 있는 것이다.

그러면 윤회라는 의미에 대하여 살펴보기로 하자. 장 프랑수아 르벨, 마티유 리카르의 책 『승려와 철학자』를 보면 윤회와 관련하여 사후 의식의 연속성에 대하여 논하고 있다. 여기서 보면 "불교에서 환생(還生)이라 부르는 것이, 그 어떤 '실체'의 전생(轉生), 윤회(輪廻)와 아무런 관련이 없다. … 계속적인 윤회를 통과하는 것은 동일한 '인격'이 아닌 조건으로 제약(制約)된 의식이다."라는 말로 표현하고 있다. 여기서 제약된 의식이란 한 존재에서 다른 존재로 윤회하고 한 육체에서 다른 육체로 옮겨 가는 실체로서 이해되는 개별적 자아를 부정한다는 것이다.

이 기록을 한 번 더 정리해 보면 사후에 있어서 윤회라는 것은 동일한 인격이 아닌 제약(制約)된 의식의 흐름이라는 것이다. 의식의 실체가 연속성(連續性)을 가지고 이어지는 것이 아니라 '의식(意識)의 여파로 이어지는 흐름'으로 설명되고 있다.

의식의 실체는 무엇인가? 이것의 뜻은 불교적인 의미로서 육식(六識) 또는 팔식(八識)의 하나로, 의식[73]은 '분별하여 생각하는 마음'이

73 　의식(意識)은 '자신의 마음 관리에 대하여' 단원을 참조, 즉, p.116 주해 21), 22) 부분
　　참조. 여기서 '연기설(緣起說)'에 주목해야 한다.

다. 즉 생각이나 마음이라고 할 수 있다. 이 의식도 연속성이 아닌 흐름이다. 여기서의 흐름에 주목해야 한다. 흐름이란? '물(강물) 따위가 흐르는 것'으로 비유적으로 생각해 볼 수 있는데, 물은 실체가 있지만 의식은 실체가 없다. 즉 생각이나 마음이다. 또한 비물질적 (非物質的)이다. 이 부분을 이해하기에는 수도자가 아닌 일반 사람으로서는 이해하기가 무척 힘들다. 그리고 감히 사후세계까지 함부로 논하는 것도 일반사람에게는 마땅한 도리가 아닐 것이다.

불교적인 측면에서 풀이한다면 '연기설(緣起說)'[74]에 주목하기 바란다는 것이다. 문제는 당장 죽을 수 있는 마음의 자세다. 조지 베일런트의 책 『행복의 조건』에서는 "깊은 믿음과 영성(靈性) 속에서 생(生)의 마지막을 보내는 것 역시 사랑 속에서 생을 마감하는 것만큼이나 소중한 일이다."라고 말한다. 그래서 노인기에는 반드시 영성으로 믿음을 갖고 기도를 행하며 살아가야 할 것이다.

노인은 어떠한 각오를 가져야 하는가?

- 한 점의 잘못이나 오점을 남기지 않는다.
- 이기심에서 벗어나 자연심으로 돌아간다.
- 절대자인 신(神)을 신봉(信奉)한다.

---

74 연기설(緣起說)이란 불교적인 용어로서 '모든 현상은 무수한 원인이나 조건이 상호 연관하여 성립하는 것'으로, '독립된 실체가 있는 것도 아니고 창조신에 의해 만들어진 것도 아니라는 설(說)'이다.

• 새로운 탄생을 기대한다.

　노인은 이 세상의 벼랑 끝에서 마지막을 향해 나아가는 것인 만큼 뒤돌아보며 여운(餘韻)과 미련(未練)을 남기지 말고 모든 것은 신에게 맡기고 단호(斷乎)하게 떠나야 할 것이다.

건강을 유지하라

당신이 위대한 노인으로 남으려고 한다면 건강을 유지하여야 한다. 노년기에도 훈련과 절제를 통하여 이전의 체력을 상당히 유지할 수 있다. 노인은 자연적인 현상으로 모든 기관의 기능이 쇠퇴해져 가는 과정에 놓이게 된다. 그러나 저마다 관리를 잘하고 올바르게 살아온 노인은 죽을 때까지 그런대로 건강을 유지하면서 일상적인 생활을 지속한다. 일부 노인들에 한하여 망령과 같이 정신이 황폐화되어 정상적인 삶을 수행하지 못할 수 있다. 노인기에 접어들면 일반적으로 이해심이 부족하고, 자신의 입장에서 남을 재단(裁斷)하게 된다. 한계를 뛰어넘지 못하고 주어진 환경에 갇히게 되어 인간으로서의 기능을 점점 잃어 간다.

우리는 삶을 살아갈 때 정신의 중요성을 인식하고 있어야 한다. 즉 정신의 특성은 대체적으로 다른 기능에 비하여 약한 편이다. 조그마한 충격이나 자극, 압박감에 의해서 상처를 입게 된다. 그래서 평소에 수양을 하여 정신력을 강인하게 키워야 하는 것이다. 정신이란 삶에 있어서 꼭 필요할 때만 사용해도 모자라게 되어 있는데, 너무나도 쓸데없는 곳에 정신을 빼앗기는 것이 문제다. 정신은 한곳에 집중하여야 제대로 힘을 발휘할 수 있게 된다. 정신을 하나로 모으는 것이 이를 강하게 하는 것이고, 제 기능을 다하게 하는 것이다.

삶은 에너지다. 삶에 도움이 되도록 에너지를 보존하고 있어야 한다. 잡념에 사용하는 에너지는 쓸데없는 곳에 사용하는 것이다. 잡념이 전체 생각의 90-95퍼센트 이상을 차지한다는 통계 자료도 있다. 참된 생각은 아마도 5-10퍼센트에 불과하다는 내용이다.

일찍이 살다가 세상을 떠난 현인(賢人)들을 보면 쓸데없는 생각을 줄여 정신을 맑게 유지한 사람들이다. 정신을 건강하게 유지하려면 최대한 고요한 마음을 간직해야 하고, 욕심을 적게 가져야 하며 이치와 순리에 따르고 자연과 함께해야 한다. 진리와 정의에 입각하여 도덕적인 삶을 살아가야 하는 것이다. 삶의 방식을 긍정적으로 변화시키는 것이 중요하다.

우리가 알아야 할 것이 정신의 속성(屬性)이다. 정신이란 정말 묘(妙)하다. 묘하다는 것은 허약한 면이 있는가 하면 가변성(可變性)이 있으며 강할 수도 있다. 또한 지조(志操)를 지키면서 높은 곳에 위치할 수 있는가 하면 다른 것에 종속되어 아래에 놓일 수도 있다. 정신은 이성(理性)의 지시를 받아야 한다. 그러하지 않으면 감정이나 욕망에 휘둘리게 되어 선(善)보다는 악(惡)으로 변질될 수 있다. 육체의 욕망에 사로잡혀 쾌락의 소유물이 되기도 한다.

정신은 의지(意志)를 필요로 한다. 한시라도 의지와 따로 떨어져 있으면 그냥 허약하여 주저앉게 되고 정신이 의지의 힘을 얻게 된다면 최고의 강인(强忍)함으로 변신하게 될 것이다. 흔들림 없는 자세를 취하며, 주변 환경에도 굴하지 않고 자신의 본모습을 견지할 수 있다. 정신이 자신의 의무와 책임을 다하려면 이성과 의지의 도움을 필요로 한다.

정신을 건강하게 유지하기 위해서는 심리적인 압박을 줄여야 한다. 정신은 고무줄과 같아서 어느 한계점 이상으로 늘어나게 되면 원상회복이 불가능하다. 그렇게 되면 정신은 탄력성을 잃고, 임계점(臨界點)을 넘게 되어 제 역할과 기능을 상실하게 된다. 그러니 정신 건강에 가장 위험한 것이 과부하(過負荷)가 걸리는 것이다.

인간이 살아가면서 꼭 선택적으로 이행해야 할 것이 있다. 그것은 삶에 불필요한 생각은 머리에서 지우는 일이다.

교육사상가 에라스무스는 "인간의 삶이 얼마나 빨리 지나가는가를 아는가? 그리고 노년기가 얼마나 황폐하고 공허한지 아는가?" 하고 반문하기도 한다. 노인기의 특징 중 하나가 자신이 살아온 과거를 회상하는 것이다. 과거에 있었던 자기의 잘못을 지속적으로 생각하게 된다. 자신의 잘한 점은 잘못한 점에 덮어서 잘 생각나지 않는다. 노인기는 자꾸만 과거가 후회스러우며 한(恨)스러워진다. 이와 같은 노인의 특성 때문에 정신은 희미해지고, 기억력은 점점 더 쇠퇴해 가는 것이다.

그 외에도 노인기에 이르러 정신이 황폐화되는 원인을 찾아보면 다음과 같다.

- 성장기 때부터 교육을 받을 기회를 일실하여 무지(無知)한 상태로 나이가 많아져서 뇌의 활동이 점점 퇴화됨이다.
- 오랜 기간 알코올 및 약물중독 등으로 뇌세포가 파괴되는 상태다.
- 가난과 고립된 생활로 우울증 등 정신병을 앓고 있으면서도 방치된 경우다.
- 자신의 운명을 개척하지 못하고 좋지 못한 환경에 삶이 노출되어 회생할 수 없는 경우 등이다.

이와 같은 이유로 노인기에 정신이 황폐함에 이르게 된다.

이러함을 예방하기 위해서는 평소에 좋은 습관을 갖고, 긍정적이며 적극적인 자세로 사람은 물론 자연과의 원활한 관계를 유지해야 한다. 노인기의 정신력에도 역시 적자생존의 법칙은 물론, 라마르크의 용불용설이론이 적용된다. 육체도 마찬가지이지만 정신 또한 지속적으로 잘 사용하고 관리하지 않으면 성장이 멈추어지고 발달이 정지된다. 새뮤얼 스마일스의 책 『자조론 인격론』을 참고하면 "세상을 다스리는 것은 주로 정신의 힘이다. 나폴레옹은 전쟁에서도 승패를 가르는데 정신과 물질이 기여하는 비율을 10:1이다."라고까지 말하였다.

노인기의 잡념은 곧 망령이 되어 정신을 병들게 하기 때문에 정신은 비어 있어야 한다. 옛 성현들은 번뇌 망상과 자신과의 싸움을 한평생 벌여 왔다. 이것이 하나의 수양의 방법이다. 참선을 하는 스님들은 한 조각의 잡념이 떠오르려면 "이게 뭣고?", "무슨 연유인고?" 하면서 즉시 제거했다.

범인(凡人)들은 스님들처럼 그렇게 하지는 못해도, 잡념이 일어나면 최소한 그것을 통찰(洞察)하여 '왜 그러한 생각을 하게 되었는지? 이 문제가 나와 무슨 관계가 있는지?' 살펴서 없애도록 노력하여야 하며, 쓸데없는 곳에 에너지를 낭비하지 않도록 힘써야 할 것이다.

의무(義務)를 완수하라

"잠이 들어 아름다운 삶을 꿈꾸었다.
깨어나서는 삶이 의무임을 깨달았다."

- 스페인 남작 묘비명

　삶에 있어서 의무 그리고 자유는 어떠한 관계와 의미를 부여(附與)하는가? 인간이 생(生)을 유지 하려고 한다면 특히 성공적인 삶을 위해서는 반드시 자신의 의무를 잘 수행해야 한다. 삶이란 의무를 수행하는 것이다. 의무(義務)란 '사람으로서 마땅히 해야 할 일'이다. 의무를 잘 수행하지 않음은 삶을 훌륭하게 살아가지 않는 것이다. 삶이란 자유를 향유하며 행복을 추구하는 과정이다. 그러한 의미에서 볼 때 우리는 각자 자신의 자유는 물론 의무에 대하여 새로운 시각을 갖지 않으면 안 된다.

의무에는 법적(法的) 의무, 도덕적 의무, 양심의 의무, 신(神)에 대한 의무 등이 있다. 법적 의무는 외부 사회와 관계되는 의무로서 규제(規制) 대상이 될 수 있으나, 도덕적 의무는 물론 양심과 신에 대한 의무는 자기 자신의 내부적인 의무이기 때문에 규제 대상에서 벗어난다. 도덕적 의무는 사회와 관계되는 것으로 어느 정도 사람들로부터 지탄의 대상이 될 수 있다. 양심적이고 신(神)에 대한 의무 사항은 전적으로 자신의 내부적인 문제인 만큼 남들의 간섭이나 비난의 대상은 되지 않는다. 그러나 이들 의무 사항을 이행하지 않는다면 심적(心的)으로 스스로 고통을 받게 된다.

노인이라면 양심과 신(神)의 의무 사항을 잘 준수해야 한다. 이는 곧 우주의 이치며 동시에 자연의 섭리다. 노인이 삶에 있어서 의무 사항을 지키고 이행한다는 것은 성인(成人)으로서 자격을 획득하는 것이고 인간으로서의 도리를 다하는 것이기 때문이다.

삶은 의무 사항의 이행에서부터 시작된다. 그 이후 이차적으로 교양이니 지성이니 하는 등 인격이라는 수준 높은 과제를 습득하고 이행해야 한다. 아무리 돈이 많고 권력이 있으며 명예가 높다고 하더라도 자신에게 주어진 의무 사항을 이행하지 못하면 훌륭한 사람의 반열에 들어서지 못할 것이다.

문제는 양심적이면서 신에 대한 의무 사항을 이행함이다. 이것은 또한 본인이 이행하여도 되고, 그렇게 하지 않아도 되는 자신에게 따르는 재량(裁量) 사항이다. 그럴수록 그 의무 사항의 이행은 가치가 있게 된다. 이와 같은 의무 사항을 이행한다는 것은 착함이요,

자유로움이며 아름다움이다. 매일 자신에게 주어진 의무 사항이 무엇인지 살핀 후, 그것부터 수행함을 생활화할 수 있도록 습관화해야 한다.

부모는 자식에 대하여 양육이라는 의무 사항이 있게 되고 스승은 제자에 대하여 가르쳐야 하는 책임이 주어진다. 그리고 형제는 형제로서, 의사는 의사로서 그들에게 제각기 의무 사항이 따르게 된다. 각 분야에서 일하는 개인이 자신의 책임과 의무 사항을 잘 완수하고 이행할 때 사회는 온전히 발전하고 번영의 길로 나아가게 된다. 권리의 이면에는 의무 사항이 있게 되고, 의무 사항이 완벽하게 이행된 이후에는 자연히 권리를 내 세울 수 있게 되는 것이다.

그러면 남편이 자신의 사랑스러운 아내에 대한 양심적인 의무감에 대하여 예를 들어 보기로 하겠다. 이상태, 김종록의 책『독서와 작문의 길잡이』를 참고하면 의인(義人) 장기려(張起呂) 박사에 대한 글이 나오는데, "…… 그는 성탄절날 하늘의 부름을 받았다. 의사인 그에게도 조국분단의 애달픈 사연을 담고 있다. '1951년 1·4후퇴 때 아내 김봉숙(金鳳淑)과 다섯 남매를 남겨둔 채 둘째 아들의 손을 잡고 월남한 이후 그는 북녘 아내를 그리워하면서 평생을 수절(守節)했다. '북녘에 아내가 살아있는데 어떻게 또 결혼을 하느냐고 주위의 재혼 권유를 물리쳤다.' 그는 결혼 60주년을 맞은 1992년 북녘 아내를 생각하며 '얼마나 많은 밤을 하얗게 지새웠는지 모른다'는 애절한 망향 편지를 써 세인(世人)의 심금을 울린 적도 있다. 45년 망향의 한(恨)을 남긴 채 이승을 떠났다."라는 내용이다. 앞에서의 장기려 박사에 대한 글은 순수한 남편이 아내에 대한 양심적이고 신(神)에 대한 의무 사항을 이행(移行)한 아름다운 사례다.

인생을 다 살아온 노인이 이제까지 자신에게 주어진 의무 사항을 이행하지 않고 현재까지 살아왔다면 어떻게 되겠는가? 이는 도적(盜賊)이요, 사기꾼이며 빚쟁이다. 인간으로서 마땅히 지켜야 할 의무 사항은 반드시 이행해야만 하는 것이 삶의 길이며, 이는 곧 자연의 법칙이다.

독일의 신비 사상가인 토마스 아 캠피스(Thomas a kempis)는 "인생은 짧고 불확실한 일들의 연속이다. 오늘 인간은 활기차다. 그러나 내일 그는 베어지고 말라비틀어지고 사라진다."라는 말을 남겼다. 젊어서 에너지가 충만해 있을 때 자신이 이루어야 할 의무를 완수하는 데 최선을 다하지 않으면 안 된다.

이러한 의미에서 볼 때 자신에게 주어진 의무를 그런대로 완수했다면 이제는 영원히 돌아오지 못할 먼 길을 떠나도 아무런 미련도 후회도 없을 것이다. 그 정도로 의무 사항은 인생에 있어서 자신이 생명을 다 바쳐 수행해야 할 신(神)의 명령이다.

인생에 있어서 의무 사항은 큰 틀에서 이루어져야 한다.

• 신(神)을 공경하고 자연의 섭리에 순응하는 일

- 사회와 국가에 헌신하는 일

- 부모의 과업을 이어 받는 일

- 자녀를 인격과 지성인으로 키우는 일

- 자기완성은 물론 자아실현을 이루는 일

위와 같이 하여 자신의 의무를 완수하게 되며, 인생의 마지막 종착점에 안착하게 될 수 있을 것이다.

인생은 나그네인가

삶은 대단히 중요한 의미를 갖는다. 그러함에도 대부분 노인들은 자기의 인생에 대하여 만족하지 못하고 회한(悔恨)의 눈물을 흘리며 세상을 떠나게 된다. 지금이라도 과거의 삶을 만회하기 위하여 최선을 다하여 노력해 보지만 이를 되돌리는 데는 역부족하다. 이럴 때마다 자신의 삶을 달래야 하는데, 여기서 생각나는 것이 바로 '나그네'와 '여행'이다. 인생은 나그네이며 여행이기 때문이다. 나그네의 사전적인 뜻은 '자기 집을 떠나 낯선 곳에서 묵으며 꽤 먼 길을 가거나 이곳저곳을 방황하는 사람'을 일컫는다. 여행(旅行)은 어떠한가? 이는 '자기가 사는 곳을 떠나 객지나 외국에 가는 일'이다.

왜 인생을 나그네와 여행에 비유하게 되는가? 생(生)의 본원지는 태어나기 전(前)인 상태, 즉 무형의 세계다. 인간 또한 나그네처럼 이 세상에 와서 떠돌아다니다가 온 곳으로 되돌아가야만 하는 처량(凄

涼)한 신세다. 또한 인생은 여행과 다르지 않게 특별함이 없이 그냥 즐기거나 세상을 보는 일이나 별반 다르지 않다.

새(鳥)에 있어서도 특별히 나그네새가 있다. 이는 북쪽 번식지로부터 남쪽 월동지로 이동하는 도중, 봄·가을 두 차례 한 한 지방을 스쳐 지나가는 철새다. 나그네새로 이름이 붙게 된 이유는 아마도 어느 지방에 잠시 머물렀다가 또 다른 곳으로 향하게 되기 때문이다. 사람이든 새든 나그네라면 머리에 떠오르는 것이 한곳에 머물지 않고 어디론가 떠나는 것을 연상케 한다. 인간 역시 태어나기 전의 곳이 자신의 본향이라면, 이 세상에 태어나 살아가는 것은 나그네처럼 이곳저곳 낯선 곳에서 방황하며 잠시 머물다가 본거지로 돌아가야 한다. 그래서 인간을 나그네에 비유하게 된다.

또한 인간을 여행에 비유해 보면 일정함이 없이 떠돌아다니다가 정처 없이 어디론가 또 떠나야 하기 때문이다. 그래서 인생을 여행에 비유하지 않았는가? 삶도 한편으로 생각해 보면 배회(徘徊)고 방황이며, 결국은 이별인 것이다.

법정스님의 책『무소유』의 소(小)제목「나그네 길에서」를 보면 여행과 관계되는 글귀가 나온다. "예전부터 선가(禪家)에서는 석 달 동안 한 군데에서 안거(安居)하고 나면, 그다음 석 달 동안은 행각(行脚)을 하도록 되어 있다. 그러니까 안거는 혼자서 공부하는 시간이고 행각은 관광의 의미가 아니라 유동(流動)하면서 교화(敎化)하고 정진(精進)할 수 있는 기회인 것이다. 말하자면 덧없는 세상 물정을 알면서 수행(修行)하라.”라는 뜻에서 비롯된 말이다. 여기에는 이러한 글귀가 나오는데, “나그네 길에 오르면 자기 영혼의 무게를 느끼게 된다. 그렇다면 여행이 단순한 취미일 수만은 없을 것 같다. 자기정리(自己整理)의 엄숙한 도정(道程)이요, 인생의 의미를 새롭게 하는 그러한 계기가 될 것이다. 그리고 이 세상을 하직하는 연습이 될 수도 있을 것이다.”라고 기록하고 있다.

나는 여기에서 여행의 중요한 목적이 마지막 부분에서 기술하고 있는 이 세상을 하직하는 연습이 될 수 있을 것이라는 차원에서 나그네로서의 여행을 중요시한다.

또 법정스님의 책 『살아 있는 것은 다 행복하라』에서 “사람은 저마다 업(業)이 다르기 때문에 생각을 따로 해야 되고 행동도 같이 할 수 없다. 인연(因緣)에 따라 모였다가 그 인연이 다하면 흩어지게 마련이다. 물론 인연의 주재자(主宰者)는 그 누구도 아닌 자기 자신이다.”라고 기술한다.

인연

푸른 잎 새 사이로 하얗게 드러난 작은 꽃잎
인적 드문 들녘에 외롭게 피었구나!
수많은 아픔과 고통을 얼마나 달래며 참아 왔는가?
풀벌레 소리 들으며 꿈을 키워온 들꽃아!
이제는 숨겨온 그 자태를 보란 듯이 곱게도 피었네.

너의 수줍은 미소도 한낱 꿈이 되리니

순수한 네 영혼을 나는 닮고 싶구나.

시끄러운 세상 싫어 홀로 숨어 피었는가?

인연 따라 바람에 날려 계절이 오면 다시 피어다오.

그렇다면 영혼의 입장에서 볼 때도 삶이든 여행이든 업(業)을 짓는 과정이 아닐 수 없다.

여행을 왜 하느냐를 삶에 연관하여 생각해 볼 때 이는 대단히 중요한 의미를 지닌다. 파울로 코엘료의 책 『연금술사』에서도 기술하고 있는 내용이 마음에 들어서 여기에 소개하고자 한다. "낙타몰이꾼이 얘기한 대로 내일 죽는 것이나 다른 날 죽는 것이나 매한가지였다. 하루하루를 살거나 이 세상을 뜨거나 어느 한쪽을 위해 있는 것이었다. 하지만 내일 죽는다 해도 해협을 건너고 크리스털 가게에서 일하고, 사막을 알고, 파티마의 두 눈을 보고 난 후의 죽음이었다. 집을 떠나온 후로 그는 하루하루를 치열하게 살았다. 내일 죽게 될지라도 그의 두 눈은 다른 양치기들이 본 것 〈에스파냐의 안달루시안 지방만 보는 것〉보다 훨씬 더 많은 것들을 보지 않았는가? 그는 그게 자랑스러웠다."라고 기록하고 있다. 왜 자랑스럽냐 하면 아마도 앞에서처럼 여행을 많이 하고 치열하게 하루하루의 삶을 살았기 때문이다. 여기에서 『연금술사』의 주인공으로 나오는 '산티아고'처럼, 나 역시 이 세상을 넓게 그리고 깊게 보는 것이 삶에 있어서 중요한 한 부분이라고 생각한다. 그래서 동류라고 할 수 있는 삶과 나그네 그리고 여행에 관하여 여기에 그 내용을 기술해 보았다.

그렇다면 노인기는 어떠한가? 이제는 나그네로서 먼 여행을 마무리하는 여정(旅程)에서 본래의 거주지로 돌아가야만 하는 시점에 와 있다. 본래의 거주지는 바로 죽음이다. 인생이라는 여행을 즐겨서 만끽했다면 후회는 없어야 한다. 그러나 만약 여행에서 크게 미련이 남아 있고 후회스럽다면 이는 슬프고 애달픈 일이 아닐 수 없다. 이제는 나그네로서 여행을 마치고 본원지로 돌아갈 시점에 와 있다면 안타깝지만 하는 수 없이 모든 것을 수용하고 조용히 눈을 감아야 한다. 그러니 인생의 주인공으로서 나그네라면 어떻게 해서라도 여행을 하는 기간 동안만은 후회 없도록 최선을 다하여 목적을 이루어야 한다. 이것이 바로 나그네고, 여행이며, 인생인 것이다.

유신론자(有神論者)가 되어라

세상은 어떻게 시작되어 어디를 향하고 있는가

이와 같은 흐름을 주도하는 실체가 존재하는가

그 물음에 대한 해답은 이러하다

이 세상에 수많은 생명들이 태어났다가

세상을 떠나게 됨으로써 현재의 생명들이 또 있게 된다

그러하지 않다면 현재의 세상은 존재하지 않았을 것이다

이 흐름의 주관자를 인간은 절대자라고 부른다

노인기에 이르러서는 신(神)을 만나야 한다. 이성적인 인간이라고 하더라도 삶의 마무리는 인간심으로 해결하기 어렵기 때문이다. 인간은 육체적인 생명으로서 한계에 직면하게 되며 이때에는 신(神)에 의존하여야 할 것이다. 신에 대한 믿음은 영원성을 뜻함이다. 종교적인 신(神)의 만남이 이루어져야 현세를 뛰어넘어 죽음 이후로 나아갈 수 있게 된다. 이 점은 삶에 있어서 대단히 중요한 문제다.

유신론자라고 하면 신(神)이 있다고 믿는 사람이다. 신이 존재한다는 '믿음'이 왜 삶에 대한 구원인가? 나쁜 행위를 하는 사람에게 저절로 신으로부터 구원의 손길이 있는 것이 아니다. 반드시 선(善)을 행하고 바르게 살아가는 사람에게 신에 대한 믿음이 있게 되고 구원의 손길이 주어진다.

그렇게 하기 위해서는 어떻게 살아가야 하는가?

- 종교의 가르침에 따라 살아간다.
- 몸을 성결이 하고 신을 공경한다.
- 나에서부터 상대방을 중심으로 변화한다.
- 자신의 잘못을 반성하고 회개한다.
- 선(善)하게 살아간다.

한경직의 책 『기독교란 무엇인가』를 참고하면 "본능이 있으면 거기에 반드시 대상이 있다. 대상이 있기 때문에 본능이 생겨난 것이다. 나는 무엇이기에 '영원성'을 동경하는가? 왜 한없는 사랑을 찾고 진실을 찾는가?"라고 말하고 있다. 기독교적으로 설명한다면 인간은 생물적 생명으로만 따를 것이 아니라 사람은 종교적인 동물이라는 점이다. 회유성 어류나 기러기와 같은 철새 또는 미물(微物)을 보면 본능에 의해서 살아가는데, 이러한 삶의 방법이 잘못되고 틀림이 아니라 옳고 바른 삶이라는 것이다. 이는 곧 진리며 진실이기 때문이다. 인간도 예외 없이 본능적으로 신을 찾게 된다. 이 점은 신(神)의 의도성(意圖性)으로 보아야 한다. 본능적인 행위는 하나님의 뜻이 그 속에 숨겨져 있다. 하나님이 존재하고 있으니 우리는 하나님을 믿는 유신론자가 되어야 한다.

또한 불교적인 측면에서 보면 사람이 죽은 후 49일 동안 바르도[75]를 지나게 된다. 이때를 준비하기 위해서 어떻게 자신이 처신해야 할지 살아생전에 연구해 놓는 것이 중요하다. 이 기간 동안 조용한 기도의 시간이 필요하게 된다. 기도를 함으로써 무사히 바르도를 지나갈 수 있기 때문이다. 그렇게 됨으로써 무사하게 또 다른 세상에 태어날 수 있다고 믿는 것이다. 이것만은 개인 스스로 각자의 몫으로 남게 된다. 인간이 종교를 갖는 것은 삶에 있어서 중요한 일이다. 죽음이 가까이 오면 더욱더 경건히 경전을 읽는 등 신(神)을 공경해야 하며 죽음을 준비해야 할 것이다.

불교계의 선각자들에 의하면 인간은 탄생하여 2~3살 때 전생(前生)의 기억이 가장 뚜렷이 떠오른다고 한다. 이분들도 제한적(制限的)이지만 윤회와 환생에 대한 믿음을 갖고 있다. 성경에서도 솔로몬의 인생론(전도서) 12:13-14를 보면 "이제 모든 것을 다 들었으니 결론은

75　바르도란 불교 용어다. 티베트에서는 사람이 죽은 후 다시 환생하기까지 머물게 되는 중간 상태를 '바르도'라고 부른다. 그 상태에 머무는 기간은 49일로 알려져 있다.

이것이다. 하나님을 두려운 마음으로 섬기고 그의 명령에 순종하라. 이것이 사람의 본분이다. 선(善)하건 악(惡)하건 하나님은 우리가 하는 모든 일을 은밀한 것까지 다 심판하실 것이다" 라고 기록하고 있다.

성경의 측면만이 아니라 불교의 가르침에서도 바르도의 기간을 지나는 동안, 자신이 선(善)이 아니라 구원받지 못할 악(惡)의 경지에 놓여 있다면 어떻게 되겠는가? 진실로 반성하고 회개하며, 이 가르침을 잘 받들지 않으면 안 된다. 두려운 마음으로 하나님의 명령에 또 부처님의 가르침에 순종하고 계율을 지키는 것이 옳은 삶이 아닐 수 없다.

그렇게 하려면 무엇보다도 유신론자가 되어 신을 믿는 것이 중요하다. 만약에 신이 없다고 하더라도 이 세상의 삶이 순식간에 지나갈 진데, 어찌 양심을 속이면서 악(惡)을 저지를 수 있단 말인가? 현세는 물론 내세를 위해서도 생명을 가진 자(者)는 유신론자가 무신론자보다는 삶의 방법 면에서 훨씬 유익함은 틀림없는 사실이다. 본래 인간 세상이나 우주 자연을 보더라도 신을 부정할 수 없도록 그렇게 편재되어 있기 때문이다.

일찍이 타키투스[76]는 "신들의 행동에 관해서는 알려고 하기보다는

---

[76] 타키투스(55년 ~117 추정)는 로마 시대의 역사가이자 정치가. 도미티아누스(Domitianus) 황제의 공포 시대에 원로원(元老院) 의원이 되었으며, 97년 네르바 황제 밑에서 콘술(Consul: 최고 행정 기관)이 되었다. 당시 원수 정치 제도에 반대하고 공화제를 이상으로 삼았으며, 또 역사에 의하여 인생의 지침을 가르치려고 하였다. 만년에는 주로 저술 사업에 종사하였다. 그의 저서 『게르마니아』는 원시 게르만인의 풍속·습

믿는 것이 더 거룩하고 경건하다"고 말했다. 또한 소설이지만 파울로 코엘료의 책 『연금술사』에서도 "그는 만물의 정기 속으로 침잠해 들어가, 만물의 정기란 신(神)의 정기의 일부이며, 신의 정기가 곧 그 자신의 영혼임을 깨닫는다."라고 전한다.

인간은 누구나 자신의 마음속에서 신(神)을 만날 수 있어야 한다. 삶에 있어서 해결하고 풀 수 없는 일이 수없이 많기 때문이다. 만약 신을 만나지 않았다고 하더라도, 즉 신앙을 갖지 못하였음에도 자신의 마음 가운데에서 신에게 어떤 의미를 부여하고 자신의 뜻을 고(告)하게 된다.

우리가 신(神)을 만날 수 있는 일은 쉬운 일이 아니다. 이와 같은 계기를 마련하려면 그만큼이나 신(神)을 찾아야 한다. 즉 신을 만날 수 있다는 것은 자신의 마음속에서 본인이 믿을 수 있는 신을 섬기고 신과 교감해야 하는 것이다. 신(神)의 세계는 끝이 없이 넓고 깊다. 우리가 살고 있는 현현(顯現)한 현실보다도 더 넓고 깊은 줄 모른다. 이러한 것은 오직 자신의 마음속에서 찾아야 한다.

그리고 유신론자가 되기 이전에 영성(靈性)을 키워야 한다. 영성을 키우려면 영적인 문제와 가까워져야 한다. 예를 든다면 왜 이러한 꿈을 꾸게 되었을까? 영감이 주는 의미는 무엇인가? 우주는 이렇게 전개되어야만 하는가? 생명의 섬세하고 정밀한 구조는 어떠한 의미

관을 기록한 귀중한 역사 자료다. 그의 저술은 간결하면서도 신랄한 비판, 풍자를 풍기고 있다.

를 갖는가? 자연은 인간이 살아가는데 그렇게도 아름답고 조화로울까? 만상 만물은 각양각색으로 다양할까? 태양, 달, 물, 불, 바람은 우연적으로 생겨났을까? 하나님의 말씀으로 기록된 성경은 무슨 의미를 갖는가? 머릿속으로 스쳐 지나갔던 예감이 현실로 일어나는 경우는 우연일까? 간절한 기도의 소원성취는 왜 이루어질까? 조류·물고기·곤충류의 본능적인 삶은 어떻게 받아들여야 하는가? 무당이 죽은 자의 과거에 있었던 일을 알아맞히는 일을 어떻게 보아야 하는가? 자신이 남에게 피해를 입힌 것에 반(反)하여 이번에는 그 형태와 성질이 같은 죄로서 자기 자녀가 받게 되는 일 등은 어떤 의미를 지니는가? 이러한 일들을 깊이 생각하고 의문을 가져 보아야 한다. 앞에서 나열한 일들을 과학적으로 접근하여 증명한다는 것은 어쩐지 석연한 면이 있다. 여기에서는 오히려 신적(神的)인 면으로 접근해 보는 것이 맞을 것 아닌가?

그럼에도 불구하고 부처님도 형이상학적인 문제만 붙잡고 공론(空論)에 시간을 보내는 것을 바라지 않았다. 즉 '이 세상은 유한한가, 무한한가? 신(神)은 있는가, 없는가?' 하는 등의 문제는 인간의 의식으로 해결할 수 없는 문제라는 점이다. 형이상학적인 문제보다도 어떻게 보면 실존이 더 중요하다는 의미다. 아무튼 인생이라는 먼 길을 안전하게 가려면 신을 믿고 영원함을 추구하는 것이 참다운 삶의 길이 되는 것이다.

그리고 죽음은 신(神)에게 기도하는 과정 속에서 진행되어야 한다. "신이여! 이제는 내가 당신의 품에 안기게 될 시간입니다. 부디 살아생전 잘못된 부분은 용서해 주시고, 나를 당신의 품에 온당히 받아 주십시오. 이것이 내가 살아생전에 당신에게 전하는 마지막 간곡한 바람입니다. 부디 거룩한 신이시여!"라고 매일 기도를 올려야 한다.

자연과 통합을 이루어라

　인간의 삶과 자연지도(自然之道)에 관하여 살펴보면『노자』역시 도(道)가 무엇인지 정확히 말하지 않았다. 도(道)를 한마디로 표현하기는 어렵다는 점이다. 아무튼 우리의 느낌에『노자』의 도(道)는 이전(以前) 전통(傳統)에서의 하늘(天)을 대신하는 개념이다. 도(道)란 하늘의 뜻이며, 자연의 뜻, 부처님의 뜻이라고 생각되며, 도(道)를 지니고 행한다는 것은 하늘의 뜻, 자연의 뜻에 따른다는 의미로 풀이된다.

　인간에게 있어서의 도(道)는 '사람으로서 지켜야 할 도리(道理)'다. 김홍경의 책『노자』를 보더라도 길흉화복을 행위의 결과로 보았으며, 운명처럼 작용하는 어떤 보편법칙(命)을 파악하여 거기에 합당하게 행동함으로써 최대한 재앙을 피하려고 하였다.

　또한 지식과 욕망이라는 함입(陷入)에 대한 고찰(考察)을 보면 최효선 역해 책『장자』의 양생주편(養生主篇)의 포정해우(庖丁解牛)에서 설명이 있었듯이, '양생주'란 생(生)을 보존해 가는 근본적인 도(道)를 말한다. 장자가 말하는 것은 인간이란 자연의 운행과 온전히 하나가 되어야 하는 것처럼, 지식은 도(道)에 소속되어 있으면서 도의 조그마한 일부분이어야 한다. 지식의 함양이 인생의 전부가 될 수 없다는 말이다. 인간에게 있어서 지식욕은 끝이 없다. 자아실현이 이루어지는 데 단 하나의 조건이 있듯이, 오직 온전하게 자신이 건강한 상태에서 인생의 금자탑(金字塔)을 쌓아야 하는 것이다. 건강을 잃게 되어 있는데도 지식욕(知識慾)에 이끌려 이것만을 고집한다면 그것으로 인한 폐해(弊害)가 너무나도 클 것이다.

생명을 얻어 살아가면서 누구나 자신의 마음을 자연과 통합할 수 있겠는가? 도인(道人)으로서 수양은 물론 정신적인 도(道)의 목적이 본인에게 따르는 의식의 흐름에서 질투, 증오, 탐욕, 애욕 따위에서 벗어나, 그 흔적을 모두 지우면 그것이 하나의 자연과의 통합이라고 가르친다. 이러나저러나 노인이 훌륭한 죽음을 맞기 위해서는 자연과 통합하는 일밖에 없다. 자기의 의식에서 가족의 정(情)은 물론 물질로부터 어느 정도 벗어날 수만 있어도 자연과 통합에 가까운 것이 된다. 이 점은 노인에게 있어서 대단히 중요한 의미를 부여한다.

앤서니 케니의 책 『서양철학사』를 참고하면 "단일(單一)하며 무한하고 필연적인 우주의 부분으로서의 마음은 어떤 마음이든 일단 한 번 존재하면 영원히 존재한다는 것은 영원한 진리이다. 그런 의미에서 마음은 어느 것이나 영원하며 사후뿐만이 아니라 탄생 전에도 존재했던 것으로 생각될 수 있다."라는 내용이 담겨 있다.

이와 같이 마음의 문제를 영혼의 문제와 동일한 측면에서 찾아볼
수 있다. 영혼이니 마음이니 하는 것은 없어지는 것이 아니라는 점
이다. 우주라는 측면에서 보았을 때, 영혼이니 마음이니 하는 것은
우주의 일부분으로써 항상 존재하는 것이기 때문에 어디에선가 영
원히 존재한다는 의미이기도 하다. 그래서 없어지지 않는 것이라고
한다면 앞에서 말한 바와 같이 사후뿐만이 아니라 탄생 전에도 존
재해 왔다는 것이 사실이라고 받아들여진다.

그렇게 생각해 볼 때 인간은 자연과 통합을 이루는 데 한편 쉽게
접근할 수 있을 것으로 본다. 문제는 '인간은 자연과 무엇이 다른가'
다. 인식론적인 입장에서 볼 때. 생물적인 인간은 태어나고 죽음을
맞이한다. 그러나 자연은 변화만 있을 뿐 탄생하고 죽음에 이르지
않는다. 다만 자연의 변화에는 인간의 생멸이 포함되어 있다고 보아
야 할 것이다. 즉 자연이라는 큰 생명체에 인간이라는 작은 유기체
가 합해지는 과정이 죽음이다. 우리 인간은 자연이라는 생명체를
공포의 대상으로 생각하지 말고 어머니의 따스한 품 안과 같은 안
식처로 맞이하여야 한다. 자연의 입장에서 보면 인간의 죽음은 다
시 자연이라는 본래의 상태대로 귀의(歸依)하는 것이다. 이것이 자연
의 측면에서 본 인간의 죽음이다.

인간의 의식으로는 이해하기 힘든 부분이지만, 한당의 책 『천서』
를 보면 "하늘의 일은 우리가 생각하는 것보다 훨씬 더 세밀하며 빈
틈이 없고 이치에 어긋남이 없이 진행된다."라고 되어 있다. 여기에
서 보면 비록 과학적으로 증명하기 힘든 형이상학적인 문제로서 도

교(道敎)의 음양오행설과도 연관이 있겠지만, 천상(天上)에 있는 십일천계(十一天界, 天上界의 준말)[77]의 하늘신명들은 인간의 몸을 빌려 이 지상에 와 있다고 한다. 비록 형이상학적인 문제라 우리의 머리와 가슴에 와닿지 않을지라도 이들이 바로 도통군자(道通君子)들이라는 것이다.

이러한 의미에서 본다면 우리 인간들 중에서도 도통군자들은 이미 천신(天神)의 몸으로 이 땅에 거주한다고 할 수 있다. 그러고 보면 일반인들은 도통군자들의 말씀이 곧바로 하늘 신(神)의 말씀이라는 것을 인식할 수 있어야 한다.

비록 인간이 죽어서 천상(天上)의 십일천계(十一天界)에 진입하기 위해서라기보다도 현세에 있어서 인간의 삶이란 꿈과도 같이 한정된 시간에 잠시 머물다가 이 세상을 떠나야 하기 때문에 살아생전에 올바르고 착하게 살아서 후한(後恨)이 없도록 하는 것이 자연과 통합할 수 있는 도덕적인 삶이 되는 것이다.

---

77 한당의 책 『천서』에 의하면 인류가 수천 생(生)을 통하여 달려오고 달려오면서 이르고 자 한 자리가 이 완성의 계(界)인 십천계(十天界)다. 이제 때가 되면 하늘신이 구천(九天)에 오른 자들에게 문을 열어 입천(入天)시켜 이 십(十)의 자리에 앉게 된다. 십천(十天), 그 이상의 자리가 십일천(十一天)이다. 십일천계의 하늘신명들은 인간의 몸을 빌려 이 지상에 와 있다. 이들이 도통군자(道通君子)들이다. 우주 만물을 주관하는 십일천영계(十一天靈界), 여기에 계시는 하늘 신께서 인간의 몸으로 지상에 내려오시자 하늘신 이하 다른 모든 신들도 인간의 몸을 빌려 이 땅에 내려왔다. 십일천의 신명들도 그들 나름 서열이 있다. 편의상 1, 2, 3, 4등급식으로 표현하자면 그 수는 대략 1등급 2천 명 정도, 2등급 1만 명 정도, 3등급 수백만 정도, 4등급 수천만 정도다. 이중 1등급과 2등급의 신명들이 바로 도통군자들이다. 도통군자는 선·후천을 도통하여 십천완성 무극계에 오른 자를 말하는 게 아니고, 그 이상의 십일천계인 하늘 신(天神, 하늘의 신령)과 같은 위상의 자리에 앉은 자를 말한다.

인간은 하늘이나 자연이 하는 일에는 신경을 쓸 필요도 없으며 염려할 필요도 없는 것이다. 자연의 입장에서 볼 때, 죽음을 두려움이나 악(惡)으로 생각할 필요도 없다. 자연에 귀의한 이후에는 인간이 이 세상에서 살아가는 것보다 더 안락하며 좋은 곳으로 보아야 한다. 오직 인간인 자신을 자연에 맡기면 된다. 다만 인간으로서 살아 있는 동안의 종결(終結)을 위해 준비를 완수하는 일에 전념해야 할 것이다.

그러면 어떻게 자신을 자연에 귀의하고 통합할 것인가?

임종을 앞둔 사람들이 죽음을 수용하지 못해 얼마나 몸부림치는가? 이 세상에서 자기가 없어진다는 사실 앞에 하늘이 무너지고 땅이 꺼지는 아픔을 겪게 된다. 모든 것이 이제는 끝이며 빈손으로 이 세상을 떠나지 않으면 안 되는 운명 앞에 통곡하며 슬퍼해도 아무런 소용 없이 죽음의 날은 다가오고 만다. 쉽게 말하면 신(神)의 명령을 순순히 수용하지 못하고 그 길을 가지 않으려고 애써 보지만, 어쩔 수 없이 끌려가듯이 세상을 떠나게 된다.

죽음과 관련하여 다음과 같은 점을 새롭게 인식해야 한다.

- **진정한 우주의 원리와 생명 현상을 깨달아야 한다.**
- **이 세상은 생명체로서 영원히 머물 곳이 아니다.**

· 삶과 죽음에 대한 진실한 해답을 구해야 한다.

이러한 문제는 하루아침에 해결할 수 있는 것이 아니다. 한평생을 연구하여도 거의 불가능한 일이다. 최대한 이러함에 접근하기 위해서 노력하지 않으면 안 된다. 이것이 바로 신앙생활이다.

자연에는 학문과는 또 다른 배움의 세계가 있다. 선사(禪寺)의 선방(禪房)에 가면 입구에 '입차문내 막존지해(入此門內 莫存知解)'라는 글귀를 볼 수 있는데, 이는 유무에 얽매인 세간의 지식은 무용하다는 뜻이다. 즉 선방에서 화두(話頭)를 풀기 위하여 도(道)를 깨치기 위해서는 세속의 지식은 필요 없다는 것이다. 우주의 신명함과 무형(無形)을 탐색하는 도(道)의 세계에서는 적어도 그러하다.

김홍경의 책 『노자』를 참고하면 "사람은 어떻게 도(道)를 아는가? 마음이다. 마음이 어떻게 그것을 알 수 있는가? 비우고 전일(專一)하게 하고 고요히 함으로써이다."라고 가르친다. 그렇다면 앞에서 노자의 가르침대로 마음을 전일(專一)하고 고요함을 유지하면 마음은 편안함을 되찾게 되고 죽음에 대한 두려움이 적어지는 것이다. 그리고 앞으로 어떻게 살아가야 하는지 묘안(妙案)과 영감(靈感)도 얻을 수 있다. 특히 죽음과 삶이 완전히 다르지 않다는 것도 느끼게 된다.

우리가 자연을 생각할 때 떠오르는 것은 고요함이다. 천지 만물이 생(生)하려면 고요함을 유지해야 한다. 만약에 고요하지 못하면 천지 만물이 생(生)할 수 없다. 인간의 마음 또한 고요해지면 생동

하는 기운이 생긴다. 마음을 고요하게 하면 무언(無言)이지만 자연
의 소리를 들을 수 있을 것이다.

이 세상을 잘 마무리한다

인간은 본의 아니게 태어나 바둥바둥하며 살다가
삶을 완성하지 못한 채 눈물로서 생을 마감하게 된다.

어리석은 삶은 영원히 살 것처럼 죽음을 잊고 사는 것이다. 이러한 삶은 생(生)이 지향(志向)하는 목표가 불분명하며 시간관념 또한 없다. 즉 삶의 본질을 망각하고 있는 셈이다. 언제나 죽음 속에서 절망적인 삶을 생각하며 살아가라는 뜻은 결코 아니다. 생명의 한계를 인정하고 살아가라는 것이다. 라틴어에서 온 말로서 'Mementomori'라는 용어가 있다. 이 말의 뜻은 명령어로서 '언젠가는 죽음이 온다는 것을 기억하라'이다. 살아 있을 때 잘 살라는 경고의 말로 사용된다. 솔로몬의 인생론(전) 7:1-2를 보면 "좋은 명성은 값진 향수보다 낫고 죽는 날이 출생하는 날보다 나으며 초상

집에 가는 것이 잔칫집에 가는 것보다 낫다. 모두 죽을 수밖에 없으니 살아 있을 때 이것을 명심하는 것이 좋다."라고 기록되어 있다.

오세균의 『매일 묵상공부』를 참고하면 죽음에는 세 가지 유형이 있다.

첫째, 영적인 죽음이다.

이는 사람(영(靈)과는 다름)과 하나님이 분리되어 자신의

영(靈)이 사람을 떠나 하나님으로 귀속되는 것이다.

둘째, 육적(肉的) 죽음이다.

이는 영혼과 육체의 분리를 뜻한다.

셋째, 영원한 죽음이다.

이는 영원히 지옥으로 떨어지는 것이다.

아무튼 죽음은 분리되는 것이다.

성공적인 죽음은 위에서 말한 영적인 죽음을 말한다. 이러한 죽음은 상식적으로 생각할 때 종교인들이 갖는 죽음이라고 할 수 있다. 그래서 유신론자가 되어야 함을 주장한다. 무신론자들의 죽음은 육적 죽음이나 영원한 죽음을 택하게 되는데, 이는 좋은 죽음이라고 말할 수 없다. 왜냐하면 이제까지 올바르게 삶을 살아왔다면 좋은 죽음을 선택해야 하고, 한순간의 죽음은 영원함으로 이어지기 때문이다. 순간적인 죽음을 위해 인간은 한평생 공(功)을 들이지 않으면 안 된다. 여기서 영적죽음은 사람과 하나님이 분리되어 자신의 영(靈)이 사람을 떠나 하나님으로 귀속 되는 것을 말한다. 이는 곧 다시 태어남을 의미하는 것이니 좋은 죽음이다.

이렇게 영적인 죽음을 갖기 위해서는 제나(ego)를 버리고 얼나(soul)를 깨닫고, 얼나(soul)로 삶을 살아갈 때 가능하다. 여기서 얼나(soul)는 자신이 신봉(종교, 신앙)하는 절대자, 즉 예수 그리스도나 석가모니 등의 정신을 이어받음을 말한다. 반대로 좋지 못한 죽음은 육적인 죽음과 영원한 죽음이다. 육적인 죽음은 영혼과 육체가 분리되었지만, 영혼이 하나님께로 가지 못하고 구천(九天)을 떠도는 신세가 되니 좋지 못한 죽음이다. 또 영원한 죽음은 이것으로 영원히 끝나는 것이니 완전히 없어져 버림이다. 여기서 떠올릴 수 있는 것은, 평소 삶에 있어서 죄를 짓고 나쁘게 살아왔기 때문에 자신의 자화상이 자기를 부정하고 세상을 원망하며 삶의 종결을 맞이하게 되는 것이다. 결과는 좋지 않은 삶으로 끝나는 것을 의미한다.

노인의 뜻은 어떤 사고(事故)를 당하는 것이 아니고 자연적인 변화의 흐름에 의해서 늙어 쇠약한 상태에 이르는 것이다. 실패와 절망이 아닌 순리와 자연 현상이고 보니 정상적인 변화의 과정이다. 여기서 한 번 더 주목해야 할 점은, 인생이란 잘 태어나는 것보다 잘 죽는 것이 진정 복(福)이 있는 삶의 종결이다.

노인이란 '늙은 사람'이다. '늙은 사람'에는 더 거룩하면서 순수한 뜻이 담겨져 있다. 그것은 무엇인가? '인생이라는 위대한 결과물은 한순간에 이루어지지 않는 것이다. 동양의 속담처럼 "시간과 인내(忍耐)는 뽕잎을 비단으로 만들어 준다."라는 의미다.

노인기에는 인생의 결과물인 삶의 성과를 거두어야 함을 잊어서는 안 된다. 노인기 하면 인생이라는 짧기도 하면서도 길다고도 할 수 있는 이 기간에서 시간과 함께 금자탑을 하루도 빠짐없이 꾸준히 쌓아 올려 마지막 단계에 와 있는 것이다. 이 결과물이 충실한 열매를 맺었든 아니면 쭉정이든 결과가 있어야 하는 것이 노인기다. 이미 흘러가 버린 세월 속에서 자신은 늙은 사람이 되어 버린 것이다.

다만 뽕잎을 먹은 누에는 성숙함으로써 비단의 실을 토해 내는 순간이 되어야 한다. 이처럼 되는 것이 곧 노인으로서 인생의 결과물이다. 젊은이들이 한 사람의 노인을 만났을 때 간과해서는 안 될 점은, 이 노인의 배후에 숨어 있는 젊은 시절의 정체성을 깊이 파악하고 살아온 과거를 아는 일이다. 인간의 삶이란 시간의 조각들이 모여서 높은 가치를 발현하기 때문이다.

인생의 허무함에 관하여 시(詩) 한 구절을 인용해 본다.

인생은 바람이며 구름인 것을

누가 날더러 청춘이 구름이냐고 묻거든

나, 그렇다고 말하리니

그 누가 날더러 인생도 구름이냐고 묻거든

나, 또한 그렇다고 답하리라.

- 경허선사, 「경어록」 중

이와 관련하여 노인의 심리 상태를 살펴보면 다음과 같다.

- 죽음에 대한 두려움과 공포감이 내면에 언제나 자리하고 있다.
- 나이만큼이나 본인의 가슴을 닫고 마음을 있는 그대로 표현하지 않는다.
- 후손들이 잘못될까 봐 지속적으로 노심초사(勞心焦思)한다.
- 젊은 사람들로부터 지지(支持)나 존경을 받지 못할까 봐 염려한다.
- 자신이 살아온 삶의 실적을 남과 비교한다.

노인들은 후손의 번창, 재물의 보유 정도, 사회적인 출세 등에 의하여 성공 여부를 가늠하기도 한다. 여기서 자아실현의 꿈도 배제할 수 없을 것이다. 소수의 노인을 제외하고 나면 여기까지 살아오면서 이루지 못한 삶에 대한 회한(悔恨)을 가슴에 그대로 간직하게 된다. 그렇게 하여 점차 세월의 흐름에 매몰되어 생(生)을 마감하게 되는 것이다.

노인들은 죽음에 대하여 어쩔 수 없는 숙명적인 문제라고 생각하며 잊고 지내려고 한다. 그러다가 갑자기 찾아오는 죽음에 당황하고 놀라서 겁에 질려 죽어 가게 된다. 성현들은 죽음을 편안하게 맞이하기 위하여 한평생을 연구한다. 죽음의 강을 순조롭고 후회 없이 건너기 위하여 제각기 현재까지 살아오면서 쌓아 온 모든 경험과 지혜를 총동원하게 되는 것이다.

죽음에는 살아생전 본인의 삶의 철학이 그대로 반영된다는 것을 잊어서는 안 된다. 죽음이 따로 존재하는 것이 아니라 삶의 한 부분으로서 확고한 자신의 인생철학의 반영이다. 한 평생 삶을 선(善)하게 영위해 왔다면 죽음은 그 이상 두려운 것이 아니다. 죽음은 태어나기 이전으로 돌아가는 것인데, 여기에는 악(惡)은 존재할 수 없다.

오세균의 『미수(米壽)에 깨달음 공부』를 참고하면 "중세 신학자들은 목록을 만들어 순번 매기기를 좋아했다. 그들은 죽음에 이르는 죄(罪)에는 1. 교만, 2. 질투, 3. 분노, 4. 폭음(暴飮), 5. 나태함, 6. 육체적 욕망, 7 탐욕이 있다."라고 말하였다. 노인은 이 세상 삶과 이별하기 전에 자기가 지은 잘못을 참회하며 속죄(贖罪)하는 것이 우선적으로 이루어져야 할 것이다.

권오민의 책 『인도철학과 불교』에서 고대인도의 '마누법전'에 따르면, 그들의 삶을 네 단계[78]로 구분하였다. "가장(家長)은 이마에 주름이 생기고 머리가 희어지며 자식의 자식이 생겨나게 되면 이제 숲

---

[78] 네 단계란 "곧 그들은 인간의 삶을 학생기(學生期), 가주기(家住期), 임서기(林棲期), 그리고 유행기(遊行期)"다. 학생기는 배우는 시기고, 가주기는 사회에서 열심히 살아가는 시기며, 임서기(林棲期)는 나이가 많아 이른바 사회적 삶으로부터 은퇴하는 시기로, 더 이상 세속의 욕망과 쾌락에 물들지 않고 숲으로 들어가는 시기다. 단, 임서기는 세속의 의무를 마친 이들이 이제 바야흐로 해탈이라는 지고의 가치를 추구하기 위해 숲에 깃드는 시기다. 유행기에서는 임서기에서 해탈한 노인이 이제 떠돌아다니며 살다가 세상을 마감하는 시기다.

에 의지해야 한다. 마을에서 경작하던 모든 곡식과 소유물을 버리고 처(妻)를 자식에게 맡기거나 혹은 데리고 숲으로 가야 한다."라고 기록하고 있다. 물론 숲으로 들어갈 자격은 당연히 인간으로서의 의무를 다한 자(者)만이 해당한다. 숲으로 들어가서 남은 기간 동안 자신의 삶을 되돌아보고, 마음을 정리하며 모든 것을 비우는 것이 남은 과제 인 것이다. 그다음 단계로 마지막 유행기(遊行期)를 맞게 되면, 모든 일은 인연과 운명의 탓으로 돌리고 하루속히 인간 세속의 욕망에서 벗어나 유유히 떠돌면서 자연의 섭리를 받아들이고 이에 순응해야만 한다. 아마도 여기에서 순응은 죽음을 맞이하는 것이다.

여기서 우리가 주목해야 할 것은 특별히 노인기라고 하여 존재하지 않았던 불안과 우울함이 새롭게 생겨난 것은 아니다. 인간의 조건은 본래 불안하고 우울한 것이다. 하지만 대부분의 사람들이 불안을 망각하기 위하여 어떻게 해서든 즐거움 속에서 삶을 영위해 간다. 젊어서는 불안과 우울함이 그 이면(裏面)에 가려져 있었을 뿐이며, 아직도 죽음이 멀리 있다는 생각 때문에 잘 나타나지 않은 것에 불과하다.

노인의 마지막 길이라는 점에서 시 한 수를 지어 본다.

나는 어디를 향해 가고 있는가?

기름진 평야와 메마른 산악지대를 지나

지금은 더 높은 창천에서 이 세상 끝을 향해 달려가고 있다.

죽음의 불안을 최대한 줄이는 법은 다음과 같다.

- 우주 자연 현상을 이해한다.

- 후손을 잘 기른다.

- 자기완성을 이룬다.

- 자아실현을 이룬다.

- 마음속에 신(神)을 간직한다.

인생에서 행복은 쉽게 찾아오는 것이 아니라 참을성과 인내심을 갖춘 자만이 만날 수 있다. 새뮤얼 스마일스의 책『자조론 인격론』에 의하면 "괴테는 건강했으며 명예와 권력, 그리고 이 세상의 좋은 것들을 충분히 갖추고 누렸다. 그러나 그가 진정으로 기쁨을 누린 시간은 일생을 통틀어 채 5주도 안 된다고 말했다. 50년 동안 성공적으로 나라를 다스린 칼리프 아브달라만은 진정으로 행복했던 날이 14일밖에 되지 않는다고 실토했다."라고 전해진다. 단순히 행복을 추구한다는 것은 환상일 수도 있는 것인가 하는 의문마저 든다. 삶이란 그 정도로 험난하며 힘든 과정임에는 틀림없다.

그리고 세상을 잘 마무리하려면 노인기까지 살아오면서 이제까지 쌓인 한(恨)을 잘 풀어야 한다. 한(恨)의 사전적인 뜻은 '억울하고 원통한 일이 풀리지 못하고 응어리져 맺힌 마음'이다. 자신이 겪어 온 한(恨). 이것을 풀지 못하면 세상을 잘 마무리할 수 없게 된다. 심수명의 책『한국적 이마고 부부치료』를 참고하면 "한(恨)은 두 가지 조건, 즉 욕구와 의지의 좌절이라는 상황적 조건과 이 좌절을 파국으로 받아들이고 마음의 상처를 받는 심리적 조건에서 생성된다. 또한 한(恨)의 심리는 '억울함'을 그 기저에 깔고 있다."라고 말하고 있다.

이와 관련하여 오세균의 책『매일 묵상공부』를 참고하자면, 마음에 상처가 생기는 원인을 "① 남으로부터 거절당했을 경우, ② 자신이 저지른 과거의 치명적인 실수 그리고 돌이킬 수 없는 죄, ③ 타인에게서 받은 모욕, 학대, 폭행 등이다."라고 말한다. 그래서 문제는 이 억울함을 어떻게 해결할 수 없기 때문에 한(恨)이 가슴에 남아 응어리가 되어 지속적인 아픔을 만들어 낸다는 것이다.

한(恨)은 바꾸어 말하면 억울함이다. 이 점에 대하여 원인은 두 부류가 있는데, 첫 번째는 자신의 잘못이고, 두 번째는 타인의 잘못이다. 그러니 첫 번째 자신의 잘못에 대하여 반성하고 회개하는 동시에, 신(神)에 의지하고 귀의하며 용서를 빌게 된다. 두 번째 타인의 잘못에 대하여 용서라는 큰 산맥의 장벽을 넘어야 하는 어려움이 따르기 때문에 이는 거의 불가능하다. 그래서 선각자(先覺者)들은 여기에서 오히려 해제(解制)[79]라는 말을 사용한다.

79　불가(佛家)의 용어로 해제(解制)라는 말이 있다. 이 해제(解制)란 말의 뜻은 마음을 풀

또한 앞에서 말한 한(恨)과 관련하여 유사한 작용으로써 억울하게 되는 화병(火病)이 있는데, 이는 자신의 감정적인 욕구를 미충족(未充足)하였을 때 생긴다. 그러니 반드시 남으로부터 사랑을 받아서 자존감이 생기게 되면 화병은 자연스럽게 치유된다고 한다. 우리의 세상살이가 남으로부터 사랑을 받고 자존심을 회복하기가 어디 쉬운 일인가? 누구나 화(火)가 가장 심하게 일어날 때는 남으로부터 모욕을 받았을 때일 것이다.

이때, 앞의 모든 것을 해결하기 위해 필요한 것이 통합[80]이다. 통합이 이루어지면 미소를 지을 수 있는 만족을 자신과 타인에게 보일 수 있으며, 이웃과 타인이 자신을 평가하는 결과에 긍정적인 반응을 보인다. 만약에 통합을 이루지 못하면 절망하게 된다. 절망이란 지나온 세월을 돌이켜 볼 때, 자신이 이루어 낸 실적이 없고 앞으로 무

어 버리는 것, 즉 내 마음에 무언가 억울하게 맺어져 있는 마음을 풀어 버리는 것을 말한다. 인간은 원한(怨恨)이라는 감정(感情), 즉 업정(業情)에 끌려다니기 때문에 정작 자신의 마음을 풀어 버리지 못한다. 더 나아가 해제란 마음에서 감정이라는 업정을 완전히 풀어서 화두(話頭)로 만들어 버리는 것을 말하는데, 이것은 또한 홀연히 깨닫는 것을 의미하기도 한다. 하지만 평범한 인간인 우리가 불교의 스님도 아니면서 깨닫게 되는 경지에 이르는 것은 너무나 거리가 먼 일이다. 아무튼 여기에서는 우리의 마음속에 있는 억울하게 맺어진 원한을 풀어 버리는 것이 해제고, 보면 더 큰 삶을 위하여, 더 큰 인생의 목표를 정하고 그것을 이루기 위하여, 아니, 더 좋은 죽음을 맞이하기 위하여 마음을 회개하여 원한을 녹여 버리고 버려야 할 것은 틀림없는 사실이다.

80 통합이란? 대상관계이론에서 보면 자아의 심리적인 발달은 여러 가지 형상들(images)로 구성되어 이루어지게 된다. 내면적으로 자아를 발전시키는 과정에서 자신이 경험하여 수용해야 할 좋은 형상들과 나쁜 형상들이 일정한 방식으로 생기어 모이는 과정을 통합이라고 부른다. 통합을 이룬 자아는 여러 가지 다른 복잡한 경험을 하면서 더 많은 형상들을 내면화하고 이를 일정한 방식으로 통합하는 과정을 계속한다(이영실 외, 가족치료, 양서원, 2010. 참조).

언가 이룰 수 있는 남은 세월이 없어 인생이 실패로 끝난다는 생각이다. 절망적인 노인은 모든 상태, 즉 삶을 포기하는가 하면 비생산적으로 남은 시간을 허비하고 현실과 접촉을 회피하며 황폐화된다. 그리하여 때로는 불안, 우울, 자살을 생각하게 되는 것이다. 그러니 노인기의 삶을 통합할 수 있도록 젊음을 가치 있게 보내는 일이 그 없이 중요하다.

더욱이 자신의 마음속에서 그 아픈 상처의 기억을 조금이라도 없애려고 한다면 그것이나마 가톨릭(catholic)에서 말하는 고해성사(告解聖事)와 같은 의식을 행한다든지, 아니면 불교에서는 말하는 참회(懺悔)의 눈물을 흘려서 과거의 죄를 깨닫고 뉘우쳐야 할 것이다. 하지만 대부분의 노인들이 자신의 원한을 세월 속에 묻고 그리고 본인의 가슴에 담고 세상을 떠나게 된다. 그러니 무엇보다도 한(恨)을 줄이고, 억울함을 당하지 않기 위해서 일단 본인부터 대오각성(大悟覺醒)하여 은인자중(隱忍自重)하고 독신(獨愼)하며 조심스럽게 살아가야 할 뿐이다.

태연하게 죽음을 수용하라

언제나 죽음에 대한 준비를 충분히 하고 있는 사람만이
참으로 자유로운 사람이다.

- 에픽테노스

예수가 세상을 떠나기 전 마지막으로 남긴 말(누가 23:46)이 있다.

"아버지, 제 영혼을 아버지 손에 맡깁니다."

인생이란 삶과 죽음의 문제로 귀결(歸結)된다. 삶의 문제가 곧 죽
음과 연결되고, 죽음이 곧 삶과 연관된다. 오랫동안 잘 살려고 하면
죽음을 망각할 수 없고, 좋은 죽음을 맞도록 하려면 잘 살아야 하
기 때문이다. 인생은 두 가지로 요약된다. 하나는 후회 없는 삶이요

다른 하나는 좋은 죽음을 맞이하는 것이다.

죽음과 관련하여 시(詩) 한 편을 소개한다.

> **나의 무덤가에 서서 울지 마세요**
>
> **나 거기 없어요**
>
> **나 잠들지 않았어요**
>
> **나는 천의 바람이 되어 불고 있으리라**
>
> — 작자미상, 「영시(英詩)」

죽음 앞에 필요한 것은 바로 믿음이다.

노인이 믿음을 가져야 할 이유는 다음과 같다.

'죽어야 비로소 새로운 삶이 시작된다.'

이 믿음은 무언가 우리에게 의미 있는 메시지를 전한다. 믿음이 없으면 죽음은 상실(喪失)이다. 믿음이 있으면 죽음은 곧 부활을 뜻한다. 죽음을 앞둔 노인에게는 믿음은 전부인 것이다. 그러함에도 일부 노인들은 믿음을 갖지 못하고, 또 인생의 마지막이 다가온다는 사실을 받아들이지 아니하려고 한다.

죽음과 관련하여 삶에서 가장 중요한 이슈(Issue)는?

"내가 이 땅에서 해야 할 임무를 다 이루었는가"다.

"그렇다"라고 답변할 수 있다면 죽음을 태연하게 수용할 수 있을 것이다. "아니오"라고 한다면 죽음을 수용할 수 없음을 나타낸다. 즉 해야 할 일을 다 하지 못해서 안타까움과 슬픔이 계속 우리 곁에 머물며 죽음으로 가는 나를 붙잡을 것이기 때문이다.

그래서 죽음을 잘 수용하기 위해서는 다음 사항에 주목하지 않으면 안 된다.

- 부끄럽지 않게 살아가야 한다.
- 인생의 길을 명확하게 규정(規定)해야 한다.
- 죽음은 공평하고 진리인 동시에 정의고 평화로움이다.
- 신(神)의 행위에 대해서는 이유는 있을 수 없다.
- 인생의 의무를 완수해야 한다.
- 애당초 목숨은 신(神)의 것이다.

당신은 묵묵히 죽음을 수용할 수 있는가? 이 문제는 삶을 후회 없이 살았느냐, 그러하지 않았느냐의 차이에서 판가름 난다. 인간은 오래 살고 보아야 한다. 오래 살면서 얼마나 가치 있는 욕구를 충족하며 살았느냐, 그것이 관심사가 된다. 중요한 것은 '가치 있는 욕구'다. 여기에 나름대로 개인별 차이와 가치관이 요구된다. 최고의 가치관이 충족되었을 때 잘 살았다고 말할 수 있을 것이다.

각자 나름대로 최고의 수준 높은 가치관이 무엇인지 생각하고 이루도록 노력해야 한다.

이를 위해 고려해야 할 점은 다음과 같다.

- 남과 비교하지 말라. 나는 나 자신일 뿐이다.
- 생의 목적, 건강, 시간, 돈은 중요하다.
- 최고의 가치관을 선정하라.
- 한 가지 목표를 이루어라.
- 삶을 기록으로 남겨라.
- 자연의 흐름에 순응하라.

아름답게 죽음을 받아들이기 위해서는 이 세상에서 가장 가치 있는 것과 자기의 생명을 바꿔야 한다는 결론에 이른다. 즉 내 생명을 던지고 가치 있는 일을 실현하는 일이다. 아마도 이것이 성공적인 죽음을 맞이하는 것이라고 정리를 해 본다. 이는 곧 자기완성이며 자아실현인 동시에 성공적인 삶이면서 좋은 죽음을 맞이하게 되는 것이다. 가치 있는 일이라고 스스로 생각할 수 있는 것은 행복이든 자기희생이든 선(善)의 실현이든 오직 그것은 자기만의 유일한 선택에서 비롯된다.

우리는 좋은 죽음을 위해서 어떻게 준비해야 하는가?

첫째, 도덕의 질서 속으로 자신을 합일해야 한다. 마이클 샌델의 책 『왜 도덕인가』에서의 결론은 "도덕의 실천은 공동선(共同善)에 기여한다. 그리고 우주적 질서와의 통합"이라고 말한다. 인간이 가장 두려워하고 있는 죽음의 공포에서 벗어나기 위한 확실한 방편은, 곧 도덕의 질서 속으로 자신을 합일하는 일이다. 이것으로 우리는 죽음의 공포로부터 자유로울 것이라고 믿게 되며, 이와 같은 이론과 원리는 죽음을 이해하는 데 크게 도움이 될 것으로 판단된다. 아무튼 도덕은 인간의 삶에 최고의 가치로 여겨지며, 인간이 가장 두려워하는 공포의 대상인 죽음을 도덕은 경멸한다. 즉, 도덕적으로 살아온 사람은 결코 마지막 인생에서 죽음을 기꺼이 받아들일 수 있음을 의미하기도 한다. 도덕은 바로 신(神)이 인간에게 바라는 뜻이기 때문이다.

둘째, 우주의 원리와 자연 현상에 대하여 확실한 견해를 가져야 한다. 삶과 죽음을 제대로 알려면 이를 정확히 알아야 하기 때문이다. 우주에는 자연계(自然界)와 영계(靈界)가 존재한다고 한다. 인간의 영(靈)은 영계(靈界)에서 내려와 육체에 깃든다고 하고 영(靈)은 육신을 근거(根據)로 성장한다고 하며, 육신 생활은 영에 기속(羈束)된다고 한다. 즉 삶에 있어서 죄를 범하는 것은 전부 영(靈)에 각인되어 저승에까지 간다는 의미가 아니겠는가? 그래서 속죄(贖罪)는 반드시 지상에서 이루어져야 한다고 말한다. 삶과 죽음은 우주의 원리와 자연의 현상과 항상 함께한다.

셋째, 인생을 원(願)도 한(恨)도 없이 전부 살아야 한다. 최대한 삶이 후회 없도록 해야 하기 때문이다. 주어진 수명대로 다 살아야 하는가 하면, 자신의 삶에서 최고의 가치라고 할 수 있는 목표를 정하여 그것을 실현하여야 한다.

넷째, 죽음이라는 현상에 대하여 본인 스스로 알아야 한다. 죽음에 대하여 정확히 알게 된다면 죽음은 공평함이고 평화이며 고요함이 아니겠는가? 죽음 그 자체는 좋음도 나쁨도 악도 선도 아니다. 죽음은 영혼으로 본다면 본원지로 귀속되는 것이다. 즉 우주와 내가 하나가 되는 것이 곧 죽음이다.

다섯째, 신(神)의 의미를 깊게 깨달아야 한다. 왜 인간은 신(神)을 찾게 되는가? 눈에 보이지도 않는 신을 존재한다고 확신할 수 있겠는가? 삶과 죽음 그리고 신의 문제는 분리하려고 해도 분리할 수 없는 문제로, 삶과 늘 함께한다. 삶은 한순간이지만 죽음의 세계는 영원한 것이기에 신을 찾게 되고, 신의 존재성이 당연시된다. 성경에서는 신(神)을 영(靈)이라고도 기록하고 있다. 이 점에 한 번 더 주목하지 않으면 안 된다.

여섯째, 세월의 흐름에 순응하여야 한다. 좋은 죽음은 자신의 수명을 다하도록 살면서 천명을 기다리는 것이다. 어떤 사고나 변고

(變故) 등, 이러한 참변을 당하지 않기 위해서는 시대의 조류와 자연의 변화를 중시하고, 세월의 흐름에 순응하는 자세가 필요하다. 인간의 삶이란 시류(時流)를 정확히 인식하는 일부터 시작하여야 한다. 그래야 죽음은 우리가 원하는 자연사(自然死)로 이어질 것이기 때문이다.

이와 관련하여 장 프랑수아 르벨, 마티유 리카르의 책『승려와 철학자』를 참고 하면 "안락사는 죽어가는 사람들이 자신의 내면에서 어떠한 원천도 영감도 발견하지 못한다. 티베트 사회에서는 안락사는 생각할 수도 없는 상황이다. 그들은 자신이 살아오면서 성찰(省察)했던, 즉 죽음을 준비할 수 있게 해주었던 가르침들에 의지한 채 죽음을 맞이한다. 그들은 지표(指標)와 내적인 힘을 지니고 있다. 왜냐하면 그들은 삶과 죽음 모두에 의미를 부여한다."라고 말한다. 여기서 티베트인들이 우리에게 더 중요한 의미를 부여하는 것은 인간의 삶은 시련에 직면하는 것이라고 말한다. 이 점은 삶과 죽음에서 대단히 중요한 문제로 받아들이고 깊이 새겨야 할 것이다. 자살은 말할 것도 없고, 안락사 역시 시련에 직면하여 좌절에 굴복당하는 것으로 보기 때문이다. 시련을 극복한다는 것은 그 장애를 발전적으로 변화시키는 것이다. 이러한 커다란 시련을 극복한 사람들은 그 시련을 통해 교훈과 정신적 구도(求道)에 대한 강한 영감을 끌어낸다고 한다. 그래서 좋은 죽음이란 성찰이나 고통 그리고 시련 속에서 함께 하는 것으로 생각된다.

그렇게 하여 죽음이 필연적이라고 볼 때 도덕적이고 이치에 맞게 순리적으로 살아서, 자신의 인생을 꽃피웠다면 이제는 그것을 마음의 기저에 깔고 자연의 흐름에 자신을 맡겨야 할 것이다.

참고 문헌

- 이영실 외, 『가족치료』, 양서원, 2010

- 조지 베일런트, 이덕남 번역, 『행복의 조건』, 프런티어, 2010

- 법정, 류시화 엮음, 『살아 있는 것은 다 행복하라』, 조화로운 삶, 2006

- 파울로 코엘료, 최정수 번역, 『연금술사』, 문학동네, 2011

- 권오민, 『인도철학과 불교』, 민족사, 2004

- 이상태, 김종록, 『독서와 작문의 길잡이』, 형설출판사, 2024

- 박지원, 『열하일기 (상)』, 그린비, 2009

- 장 프랑수아 르벨, 마티유 리카르, 이용철 번역, 『승려와 철학자』, 창작시대, 1999

- 지허 글, 견동한 그림/만화, 『선방일기』, 불광출판사, 2010

- 현진, 『행복은 지금 여기에』, 조계종출판사, 2017

- 최평규, 『달라이라마, 물음에 답하다』, 모시는사람들, 2012

- 몽테뉴, 손우성 번역, 『몽테뉴 수상록』, 동서문화사,, 2007

- 신용주, 김혜, 『새로운 부모교육』, 형설출판사, 2002

- 쇠렌 키에르케고르, 임규정 번역, 『불안의 개념』, 한길사, 1999

- 도몬 후유지, 이정환 번역, 『도쿠가와 이에야스 인간경영』, 경영정신, 2004

- 심수명, 『한국적 이마고 부부치료』, 다세움, 2006

- 고미숙 외, 『인문학 콘서트』, 이숲, 2010

- 권오돈 역해, 『예기』, 홍신문화사, 1996

- 최효선 역해, 『장자』, 고려원, 1994

- 톨스토이, 유상우 번역, 『톨스토이 인생론』, 홍신문화사, 1991

- 정옥분, 『성인·노인심리학』, 학지사, 2008

- 앤서니 케니, 김영건 외 옮김, 『서양철학사』, 이제이북스, 2004

- 마르쿠스 아우렐리우스, 『명상록』, 신세계북스, 2007

- 한당, 『천서』, 석문출판사, 2006

- 사마천, 김원중 번역, 『사기열전』, 민음사, 2013

- 새뮤얼 스마일스, 장만기 번역, 『자조론 인격론』, 동서문화사, 2007

- 서대원, 『주역강의』, 을유문화사, 2008

- 프리드리히 니체, 강두식 번역, 『인간적인 너무나 인간적인』, 동서문화사, 2013

- 공무원연금, 공무원연금공단, 2018년 4월호

- 필립 짐바르도, 이충호/임지원 번역, 『루시퍼 이펙트』, 웅진지식하우스, 2007

- 이종우, 『19·20세기 한국 성리학의 심성논쟁』, 심산, 2005

- (사)대한 노인회 회장 이심, 「노인생활」, 유유자적 편집부, 2010년 통권 183호

- 법정, 『인연 이야기』, 문학의 숲, 2009

- 정동수, 『킹제임스흠정역 큰글자 성경전서』, 그리스도예수안에, 2021

- 잭 캔필드, 마크 빅터 한센, 류시화 번역, 『영혼을 위한 닭고기 수프 2』, 푸른 숲, 2016

- 프랑수아 라블레, 『가르강티아(gargantua)』, 민중서관, 1535

- 야마오 산세이, 최성현 번역, 『더 바랄게 없는 삶』, 달팽이, 2003

- 달라이 라마, 빅터 챈, 진우기 번역, 『달라이 라마 행복의 지혜』, 반니, 2014

- 오세균, 『미수(米壽)에 깨달음 공부』, 상지기획, 2021

- 생명의말씀사 편집부, 『한영(NIV)현대인의 성경』, 생명의말씀사, 1997

- 오세균, 『팔십 대 중반 발자취』, 예술의 숲, 2021

- 이창재, 『후회 없이 살고 있나요?』, 수오서재, 2015

- 정호승, 내 인생에 힘이 되어준 한마디』, 비채, 2006

- 정호승 글, 황문성 사진,『내 인생에 용기가 되어준 한마디』, 비채, 2013

- 제드 다이아몬드, 김기영 번역,『남자의 아름다운 폐경기』, 뜰, 2004

- 모리야 히로시, 양억관 번역,『남자의 후반생』, 모멘텀, 2013

- 이근후,『백 살까지 유쾌하게 나이 드는 법』, 메이븐, 2019

- 한홍,『기독교 에센스』, 규장, 2014

- 홍혁기,『기독교 바로 알기』, 북치는마을, 2012

- 한경직,『한경직 목사의 기독교란 무엇인가』, 코리아닷컴, 2008

- 차동엽 엮음,『김수환 추기경의 친전』, 위즈앤비즈, 2012

- 조현삼,『삶을 찾아서』, 생명의말씀사, 2011

- 스캇 펙, 신우인 번역,『저 하늘에서도 이 땅에서처럼』, 포이에마, 2018

- 오세균,『매일 묵상공부』, 예술의 숲, 2020

- 쇼펜하우어,『사는 게 다 그래』, 춤추는고래, 2023

- 랄프 비너, 최흥주 번역, 유쾌하고 독한 쇼펜하우어』, 시아출판사, 2024

- 정이천 주해, 심의용 옮김,『주역』, 글항아리, 2015

- 마르쿠스 툴리우스 키케로, 천병희 번역,『노년에 관하여』, 숲, 2005